铁路科技图书
出版基金资助出版

车辆系统动力学计算方法研究

陆冠东 著

中国铁道出版社

2011年·北京

内容简介

本书详细讨论了轨道车辆动力学系统方程的建立和各种典型问题的解决方法，按系统方程的分类，由简而繁地逐章展开，每章都配以翔实的计算实例，详细介绍解决动力学问题的步骤和方法。

作为全书的基础，详细讨论了建立多自由度系统运动方程的规范化方法——组合矩阵法，对"蠕滑速度"给予了完整而清晰的诠释，推导得出了蠕滑速度和蠕滑率的完整表达式，逐一介绍了蠕滑率和蠕滑力关系的3种常用的理论。讨论了计算机自动建模的方法，介绍了系统参数文件的编制以及不同输入方式的转换。

随系统运动方程由简而繁的变化，逐章讨论了各类动力学问题：准静态性能分析、特征值和稳定性分析、线性频率响应分析、瞬态仿真响应分析和列车纵向动力学分析，还用了一定的篇幅介绍列车碰撞动力学的计算方法。

本书适用于从事机车车辆设计研究的工程技术人员，车辆动力学软件工程师和大专院校、科研机构的专家学者等参考使用。

图书在版编目(CIP)数据

车辆系统动力学计算方法研究/陆冠东著. —北京：中国铁道出版社，2011. 11
ISBN 978-7-113-13766-3

Ⅰ. ①车… Ⅱ. ①陆… Ⅲ. ①机车车辆-系统动力学-计算方法-研究 Ⅳ. ①U260. 11②U270. 1

中国版本图书馆 CIP 数据核字(2011)第 226544 号

书　　名：车辆系统动力学计算方法研究
作　　者：陆冠东　著

责任编辑：王明容　　电话：010-51873138　　电子信箱：tdpress@126. com
封面设计：郑春鹏
责任校对：孙　玫
责任印制：郭向伟

出版发行：中国铁道出版社（100054，北京市西城区右安门西街8号）
网　　址：http://www. tdpress. com
印　　刷：北京精彩雅恒印刷有限公司
版　　次：2011年11月第1版　2011年11月第1次印刷
开　　本：787 mm×960 mm　1/16　印张：10. 75　字数：192千
印　　数：1～2 000册
书　　号：ISBN 978-7-113-13766-3
定　　价：38. 00元

序

《车辆系统动力学计算方法研究》一书的特点是在于全面系统地介绍了车辆系统动力学所涉及的实际问题的解决方法。这是一本以车辆动力学理论的实际应用为主导的技术性专著。

本书的内容新颖,章节的安排是围绕系统运动方程的组建和外部干扰力性质的不同而逐步展开,这与传统的教材和参考书籍的结构不一样,很有特色。

要研究机车车辆动力学问题,首先要解决的是如何建立系统的模型,也就是建立系统的运动方程。机车车辆都是具有好几十个自由度的复杂系统,因此必须要有一套规范化的建模方法,才能保证方程的准确性。作者开门见山,第一章讨论的就是建立系统运动方程的规范化方法——组合矩阵法;在讨论轨道车辆特有的作用力——由轮轨之间相对速度而产生的蠕滑力和由轮轨之间相对位移而产生的复原力时,作者的诠释方法十分有新意,与众不同,清晰而又明白。讨论动力学问题的分析计算,第一章是不可或缺的基础。

作者把轴重转移、悬挂弹簧加垫调整车轮载荷、扭曲轨道上的轮重减载和稳态曲线通过,这些看起来不太相关的专题,放在一起研究,看似有些奇怪,其实不然。作者从系统方程的角度把它们放在准静态分析计算里一起讨论,实际上传递了这样一个信息:车辆系统的准静力学问题,都可以归结为建立系统刚度矩阵和确定外力矢量的固定模式,系统刚度矩阵在第一章里已经详细讨论过了,接下来着力要解决的就是外力矢量了。本书第二章详细地讨论了以上四种典型的准静态实例,它们的外力矢量表达的方式完全不同,极具参考价值。

同样,在车辆动力学性能分析中,作者也是按系统外力干扰矢量的性质,分为三章来详细讨论:

特征值和特征向量分析,是一种不考虑线路干扰的线性分析方法,这是研究列车稳定性的主要方法之一。作者在第三章的一开始,简要地介绍了特征值和特征向量分析与工程振动分析的关系,这对学工程的专业人员来讲,很有必要。

线性频率响应分析,这是考量车辆系统在周期性干扰下(横向或垂向)的动态响应分析。

系统瞬态响应分析,研究的是车辆系统在无规则的干扰下(横向或垂向)的动态响应分析。作者在第五章的开始将传统的解析法和数值计算的方法作了比较,介绍了数值计算的原理和步骤。瞬态响应分析适用于非线性系统的动力学性能分析，应用十分广泛。

第六章的列车纵向动力学分析，运用的也是系统瞬态分析方法，与以上动态分析不同的是，它的研究对象不是悬挂元件而是车辆之间的连接缓冲装置，因而在计算技巧上，与第五章有所不同。

从第二章到第六章，每章都配有典型的实例，由浅入深，由简单到复杂，详细介绍解决问题的步骤和方法，内容具体实用，这也是本书的又一大特点。

最后一章则是讨论如何用计算机来取代人工实现系统建模，详细阐述了编制车辆系统动力学方程及程序的方法和步骤，为编制动力学软件提供了极好的范例。

作者曾先后任教于唐山铁道学院、西南交通大学和上海铁道学院，多年的教学科研工作打下了非常扎实的理论基础。在阿尔斯通公司工作期间，参与了地铁车辆、干线列车、电动车组、柴油动车组、高速列车和摆式列车等几乎所有现代车辆类型的10多个项目的动力学分析计算，积累了极为丰富的实践经验。《车辆系统动力学计算方法研究》一书是作者多年来在机车车辆动力学领域里理论研究和实践工作所取得的成果的展现。与现有的各类以介绍车辆动力学理论为主的教材和参考书籍相比，本书在难度和深度上都超过对一般性理论的讲解和讨论。

相信本书能为提高国内机车车辆动力学的研究和实际应用水平，早日与国际接轨起到积极的作用。

西南交通大学 [signature]

同 济 大 学 [signature]

2011 年 8 月

前 言

车辆动力学理论在大学教科书中有详细介绍[1][2][3]，本书在结构和内容上与国内现有的大学教材和参考书籍不同，本书把重点放在介绍动力学系统方程的建立和各种典型问题的解决方法上，每章都配以翔实的计算实例，详细介绍解决动力学问题的步骤和方法。各章的内容概要如下。

第一章介绍系统建模方法。高等数学教材和理论力学教材都谈到建立振动方程和解方程的步骤。在高等数学里讲的是常系数齐次和非齐次线性微分方程，举例提到自由振动和强迫振动方程的解，侧重于数学方法。在理论力学里讲的是振动的基本理论，侧重于物理概念和数学应用，重点介绍了一个自由度和两个自由度的振动系统，绝少有涉及两个以上多自由度振动系统的。机车车辆都是具有好几十个自由度的复杂系统，要研究机车车辆的运动，首先要解决的是如何建立多自由度系统的运动方程。沿用理论力学里讲的分离体的方法，所耗时间长而且容易出错。因而在分离体方法的基础上，发展出了适合于计算机计算的组合矩阵法。这一方法在英国和美国的知名车辆动力学软件里已得到应用，但在我国的文献中鲜有提及。本书第一章第一节就是介绍车辆建模的组合矩阵法，从由分离体方法导出的系统方程，经过矩阵变换，得到组合矩阵表达式的一般形式。有了系统方程还要有作用外力才能构成完整的运动方程，第二节“蠕滑率和蠕滑力”介绍的是由相对速度而造成的轨道车辆系统所特有的轮轨作用力，第三节“重力刚度和重力角刚度”则是讲由相对位移造成的轮轨作用力。

“蠕滑率和蠕滑力”在许多教材和参考书籍中都有介绍和讨论，这是车辆动力学的基础，因此有必要把这个关键性的概念完整而清晰地诠释，所以在第二节中详细推导得出了蠕滑速度和蠕滑率的完整表达式。另外，还详细地介绍了蠕滑率和蠕滑力关系的 3 种理论[24]，便于读者应用。第一章讲的是基础，以后几章的计算分析都要用到这章的知识。

从第二章开始，按系统运动方程的分类，逐一介绍各种动力学的问题，这与现今著名的车辆动力学软件里的分类是一致的。

第二章：准静态性能分析　　$\boldsymbol{Kx}=\boldsymbol{F}$

第三章：特征值和稳定性分析　$\boldsymbol{M\ddot{x}}+\boldsymbol{C\dot{x}}+\boldsymbol{Kx}=0$

第四章：频率响应分析　　$\boldsymbol{M\ddot{x}}+\boldsymbol{C\dot{x}}+\boldsymbol{Kx}=F(\boldsymbol{\omega})$

第五章：瞬态响应分析 $\boldsymbol{M}\ddot{\boldsymbol{x}}+\boldsymbol{C}\dot{\boldsymbol{x}}+\boldsymbol{K}\boldsymbol{x}=F(t)$

第六章：列车纵向动力学 $\boldsymbol{M}\ddot{\boldsymbol{x}}=F(t)-\boldsymbol{C}\dot{\boldsymbol{x}}-\boldsymbol{K}\boldsymbol{x}$

第二章准静态性能分析中，介绍了 4 个最典型的也是应用最广泛的事例。这 4 个典型事例的最大特点是它们的系统方程的组建方式是完全一样的，而它们的外力矢量的组建却是完全不一样的，具有相当的代表性，读者可以用从这里学到的方法，解决绝大多数的机车车辆的准静态计算的课题，这都是非常有用的实际案例。

第三章介绍特征值和稳定性分析方法。在讨论列车的稳定性时，一定要谈到特征值和特征向量的计算，它是求解工程振动问题和进行稳定性分析的重要数学工具。特征值和特征向量的性质及计算方法是线性代数的主要内容之一，然而高等院校工程数学线性代数教材中很少有讨论特征值和特征向量在工程领域里的应用的，而在车辆动力学的教科书里，也欠缺特征值方法原理的介绍，也就是说在"线性代数"和"车辆动力学"之间存在一条沟。本章第一节旨在"线性代数"和"车辆动力学"之间架座桥梁，介绍特征值和特征向量与振动计算分析之间的关系，这部分的内容，对学工程的专业人员来讲很有必要。接下来从自由轮对、弹性定位轮对到转向架，一步一步由简而繁地介绍了特征值计算和稳定性分析的方法和步骤。

第四章介绍线性频率响应分析，频率响应分析和特征值分析一样，是用于线性系统的运动分析方法。本章从一个自由度系统着手，推导出了频率响应方程的一般形式，然后再推广到两个自由度，三个自由度，垂向频率响应，横向频率响应；在逐渐增加系统的复杂程度的同时，也引进了不同的干扰形式和时间延迟的表达方式，使得读者对线性频率响应分析方法有全面而完整的了解，能够用案例中所讲的方法去解决实际问题。

第五章介绍系统瞬态响应分析，也就是通常所说的仿真计算，特别适用于非线性系统的分析计算，是应用十分广泛的适用于计算机计算的现代化计算方法。本章对数值分析方法的原理、方法和步骤作了详细的介绍，并附有相应的"程序语言"帮助读者加深理解和发展独立设计程序的能力。这部分的内容也是国内现有参考书籍的薄弱环节之一。本章第二节"系统瞬态响应分析的频率特性"详细介绍了利用"一个自由度系统"的频率响应特性，运用瞬态响应分析的方法，把系统变成一个兼具高通和低通性能的"滤波装置"，本节对读者加深系统频率响应和瞬态响应的理解十分有帮助，这在其他参考文献里是没有的 。第三节轮轨垂向冲击详细介绍了如何处理 "赫兹"非线性接触理论的方法。第四节和第五节则是非常详尽地介绍了如何运用"平方根"蠕滑理论和"非线性"蠕滑理论来求解轮对和转向架在线路横向不规则干扰下的响应。本章讲述的内容和方法由浅入深，由简单到复杂，使得读者对非线性瞬态响应分析方法有全面深刻的了解，可按照事例中所讲的方法去解决实际问题，对从事科研、设计和教学的专业人员非常有用。

第六章介绍列车纵向动力学。一般的车辆动力学软件中不包括列车纵向动力学的内容。列车纵向动力学的计算分析属于系统瞬态响应分析的范畴，这里研究的重点不是悬挂元件，而是车辆之间的连接缓冲装置，解题的方法和路径也与上面所讲的不一样。在介绍了 5 种不同的缓冲器特性后，详细地介绍了 4 种不同工况下的计算方法，冲击、制动、牵引和碰撞。列车碰撞研究在国内开展得比较晚，本章中用了一定的篇幅介绍列车碰撞的计算方法[16][17]，希望能对国内的碰撞研究有所帮助。

第七章介绍计算机建模的基本方法。这一章与第一章的车辆系统建模的组合矩阵法相互呼应，在第一章组合矩阵法里讲的是建模的基本方法，第七章讲的是如何用计算机取代人工来实现这个方法。本章介绍了系统参数文件最基本章节的编制，重点讲解了质量参数、阻尼参数、刚度参数的输入，并附有相应的“程序语言”帮助读者进行不同表达方式的转换。最后的案例可以帮助读者自己编制动力学程序软件。

本书适用于从事机车车辆设计研究的工程技术人员，车辆动力学软件工程师和大专院校、科研机构的专家学者等参考使用。

作者谨向支持和关心本书出版的家人、老同学、老朋友和老教授们表示诚挚的谢意，特别感谢中国铁道出版社和铁路科技图书出版基金的大力支持。

陆冠东

2011 年，11 月于家中

目 录

第一章 系统建模方法

系统建模就是建立系统的运动方程组,以便于进行分析计算。对于轨道车辆来讲,系统建模可分成三个部分:上部、下部和外部。上部建模是要建立轮对以上部分车辆本身的力学模型,包括车体、转向架、轮对以及所有的悬挂元件等,这一部分的建模方法完全适用于一般机械或工程系统的建模。下部建模是要确立轮对以下部分由于轮轨之间相对速度和位置而产生的作用力,这一作用力与轮轨接触点处的几何形状以及车辆运行的速度密切相关,这一部分的建模方法是轨道车辆所特有的,所以要与其他外力区分开来单独讨论。外部建模就是要根据不同的计算工况建立系统的干扰外力矢量,包括线路不规则造成的干扰、牵引电机力矩的作用、线路曲率和离心力的作用等。

轨道车辆系统运动方程的普遍形式见式(1—1):

$$\boldsymbol{M}\ddot{\boldsymbol{x}}+\boldsymbol{C}\dot{\boldsymbol{x}}+\boldsymbol{K}\boldsymbol{x}=\boldsymbol{F} \tag{1—1}$$

式中:$\boldsymbol{M}$——系统的质量矩阵;

$\boldsymbol{C},\boldsymbol{K}$——悬挂系统形成的阻尼矩阵和刚度矩阵;

$\boldsymbol{F}$——系统的外力矢量;

$\ddot{\boldsymbol{x}},\dot{\boldsymbol{x}},\boldsymbol{x}$——系统的加速度,速度和位移矢量。

上部建模要解决的是建立 $\boldsymbol{M}$、$\boldsymbol{C}$、$\boldsymbol{K}$ 矩阵的问题,下部建模和外部建模则是要确定由轮轨相互作用形成的作用在轮对上的力和力矩,以及其他外部干扰力的 $\boldsymbol{F}$ 矢量。

这一章主要讨论上部建模和下部建模的方法,外部建模问题将在后面的章节里根据实际事例详细讨论。

第一节 车辆建模的组合矩阵方法

本节旨在讨论建立车辆力学模型的方法和过程,详细推导构建车辆悬挂系统刚度矩阵 $\boldsymbol{K}$、阻尼矩阵 $\boldsymbol{C}$ 和质量矩阵 $\boldsymbol{M}$ 的方法。

一、力学系统平衡方程式

图 1—1(a) 所示系统由一根横梁和两个支承弹簧组成,弹簧刚度分别为 k_1 和

k_2，横梁重心与支点的距离为 a 和 b。横梁具有两个自由度：垂向移动和绕重心的回转。假定在外力 P 和外力矩 M 的作用下，梁的垂向和转动位移分别为 x 和 θ，取梁为分离体，则可得梁的位移和受力如图 1—1(b) 所示。

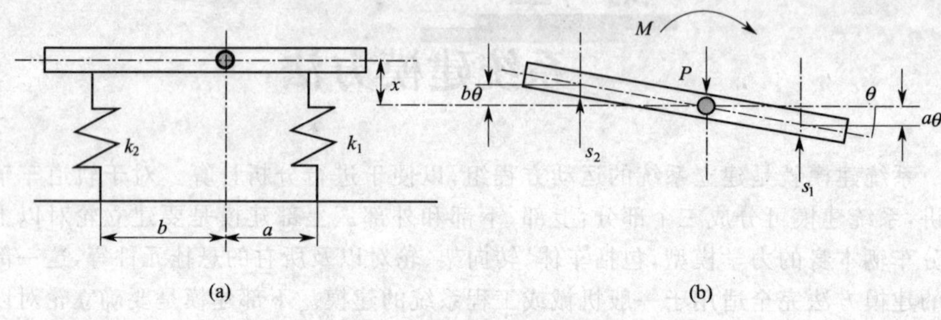

图 1—1

由图 1—1(b)可知，弹簧 k_1 和 k_2 的变形为：

$$\begin{aligned}\delta_1&=x+a\theta\\\delta_2&=x-b\theta\end{aligned}\tag{1—2}$$

弹簧的作用力为：

$$\begin{aligned}s_1&=k_1\delta_1\\s_2&=k_2\delta_2\end{aligned}\tag{1—3}$$

取垂向力和回转力矩的平衡，可得系统静力平衡方程：

垂向力：

$$\begin{aligned}P&=s_1+s_2\\&=k_1(x+a\theta)+k_2(x-b\theta)\\&=(k_1+k_2)x+(k_1a-k_2b)\theta\end{aligned}$$

回转力矩：

$$\begin{aligned}M&=s_1a-s_2b\\&=k_1a(x+a\theta)-k_2b(x-b\theta)\\&=(k_1a-k_2b)x+(k_1a^2+k_2b^2)\theta\end{aligned}$$

将上述两个平衡方程式用矩阵形式来表示，可得：

$$\begin{bmatrix}(k_1+k_2) & (k_1a-k_2b)\\(k_1a-k_2b) & (k_1a^2+k_2b^2)\end{bmatrix}\begin{bmatrix}x\\\theta\end{bmatrix}=\begin{bmatrix}P\\M\end{bmatrix}\tag{1—4}$$

或

$$\boldsymbol{Kx}=\boldsymbol{F}$$

此处

$\boldsymbol{K}=\begin{bmatrix}(k_1+k_2) & (k_1a-k_2b)\\(k_1a-k_2b) & (k_1a^2+k_2b^2)\end{bmatrix}$为系统刚度矩阵；

$\boldsymbol{x}=\begin{bmatrix}x\\\theta\end{bmatrix}$为系统位移矢量；

$\boldsymbol{F}=\begin{bmatrix}P\\M\end{bmatrix}$为外力矢量。

因为本例中横梁只有两个自由度，所以运动联立方程组只包括两个方程，刚度矩阵是二阶方阵，位移和外力矢量也都是二阶列向量。

运动方程组的大小，取决于系统的规模，以普通客车为例，车体和前后转向架的构架，每个都有 6 个自由度：纵向(x)，横向(y)，垂向(z)，绕 x 轴的滚动(T)，绕 y 轴的点头(P)，和绕 z 轴的摇头(W)；四个轮对每个都有 5 个自由度(x,y,z,T,W)；一节车至少就有 38 个自由度。如果再计入车体的一阶弯曲振动自由度(M)和轮对上每个轴箱的点头自由度(P)，一共就是 47 个自由度。系统方程就是由 47 个方程式组成的联立方程组。倘若要计算三节车连挂的列车的系统方程，除了三节车之外，还要加上两个车钩连接装置的自由度，一共就是 153 个自由度($3\times47+2\times6$)，联立方程组由 153 个方程式组成。

要对有几十个自由度甚至上百个自由度的系统，采用上述传统的分离体的方法来组建联立方程式是可以做得到的，但是工作量很大，要耗费很多时间，而且非常容易造成疏漏并导致差错。其主要原因是，为了建立力学平衡方程式，必须要同时考虑悬挂元件(弹簧或减振器)两端所连接的两个物体的所有运动自由度在悬挂元件上所造成的影响(位移或速度)。因此有必要找到一个简捷方便，规格化的方法来构建系统方程式以应对自由度越来越多的复杂系统。

二、组建系统刚度的组合矩阵法

图 1—1(a)系统中，表达弹簧 k_1 和 k_2 变形的公式(1—2)可改写为如下矩阵形式：

$$\boldsymbol{\delta}=\begin{bmatrix}\delta_1\\\delta_2\end{bmatrix}=\begin{bmatrix}1 & a\\1 & -b\end{bmatrix}\begin{Bmatrix}x\\\theta\end{Bmatrix}$$

或

$$\boldsymbol{\delta}=\boldsymbol{T}\boldsymbol{x} \tag{1—5}$$

式中：$\boldsymbol{\delta}$——弹簧变形矩阵；

$\boldsymbol{T}$——刚度关联矩阵，$\boldsymbol{T}=\begin{bmatrix}1 & a\\1 & -b\end{bmatrix}$。

刚度关联矩阵是一个简单但却非常重要的关系表达式，从公式(1—5)可以看到，刚度关联矩阵 $\boldsymbol{T}$ 表达的是系统位移 $\boldsymbol{x}$ 和弹簧变形 $\boldsymbol{\delta}$ 的关系。

表达弹簧作用力的公式(1—3)也可改写为如下矩阵形式：

$$\boldsymbol{S}=\begin{bmatrix}s_1\\s_2\end{bmatrix}=\begin{bmatrix}k_1\delta_1\\k_2\delta_2\end{bmatrix}=\begin{bmatrix}k_1&0\\0&k_2\end{bmatrix}\cdot\begin{bmatrix}\delta_1\\\delta_2\end{bmatrix}=\boldsymbol{k}\cdot\boldsymbol{\delta} \tag{1—6}$$

式中：$\boldsymbol{S}$——弹簧作用力矩阵；

$\boldsymbol{k}$——刚度系数矩阵，由所有刚度元件组成，是对角线方阵，$\boldsymbol{k}=\begin{bmatrix}k_1&0\\0&k_2\end{bmatrix}$。

对一个保守系统，外力所作的功应当等于内力所作的功，即：

$$s_1\delta_1+s_2\delta_2=Px+M\theta$$

或

$$\begin{bmatrix}s_1&s_2\end{bmatrix}\begin{bmatrix}\delta_1\\\delta_2\end{bmatrix}=\begin{bmatrix}P&M\end{bmatrix}\begin{bmatrix}x\\\theta\end{bmatrix}$$

$$\boldsymbol{S}^{\mathrm{T}}\cdot\boldsymbol{\delta}=\boldsymbol{F}^{\mathrm{T}}\cdot\boldsymbol{x}$$

将公式(1—5)代入上式，可得：

$$\boldsymbol{S}^{\mathrm{T}}\cdot\boldsymbol{T}\cdot\boldsymbol{x}=\boldsymbol{F}^{\mathrm{T}}\cdot\boldsymbol{x}$$

$$\boldsymbol{S}^{\mathrm{T}}\cdot\boldsymbol{T}=\boldsymbol{F}^{\mathrm{T}}$$

将等式两边矩阵分别转置，得：

$$\boldsymbol{T}^{\mathrm{T}}\boldsymbol{S}=\boldsymbol{F}$$

将公式(1—6)代入上式：

$$\boldsymbol{T}^{\mathrm{T}}\boldsymbol{k}\boldsymbol{\delta}=\boldsymbol{F}$$

再将公式(1—5)代入上式，可得：

$$\boldsymbol{T}^{\mathrm{T}}\boldsymbol{k}\boldsymbol{T}\boldsymbol{x}=\boldsymbol{F} \tag{1—7}$$

或

$$\boldsymbol{K}\boldsymbol{x}=\boldsymbol{F}$$

此处：

$$\boldsymbol{K}=\boldsymbol{T}^{\mathrm{T}}\boldsymbol{k}\boldsymbol{T} \tag{1—8}$$

公式(1—8)就是建立系统刚度矩阵的组合矩阵公式。下面以图 1—1(a)系统为例来校验公式(1—8)。

$$\begin{aligned}\boldsymbol{T}^{\mathrm{T}}\boldsymbol{k}\boldsymbol{T}&=\begin{bmatrix}1&a\\1&-b\end{bmatrix}^{\mathrm{T}}\begin{bmatrix}k_1&0\\0&k_2\end{bmatrix}\begin{bmatrix}1&a\\1&-b\end{bmatrix}\\&=\begin{bmatrix}1&1\\a&-b\end{bmatrix}\begin{bmatrix}k_1&0\\0&k_2\end{bmatrix}\begin{bmatrix}1&a\\1&-b\end{bmatrix}\\&=\begin{bmatrix}1&1\\a&-b\end{bmatrix}\begin{bmatrix}k_1&k_1a\\k_2&-k_2b\end{bmatrix}\\&=\begin{bmatrix}k_1+k_2&k_1a-k_2b\\k_1a-k_2b&k_1a^2+k_2b^2\end{bmatrix}\end{aligned}$$

将此结果与式(1—4)相比，可得：

$$\boldsymbol{K}=\boldsymbol{T}^{\mathrm{T}}\boldsymbol{k}\boldsymbol{T}$$

证明公式(1—8)是正确的。

公式(1—8)表明，系统刚度矩阵可以用刚度系数矩阵和刚度关联矩阵相乘来得到。其中刚度系数矩阵是一个简单的对角线矩阵，刚度关联矩阵是一个表达系统位移和刚度元件变形之间的关系的矩阵。下面重点讨论如何求得系统的刚度关联矩阵。

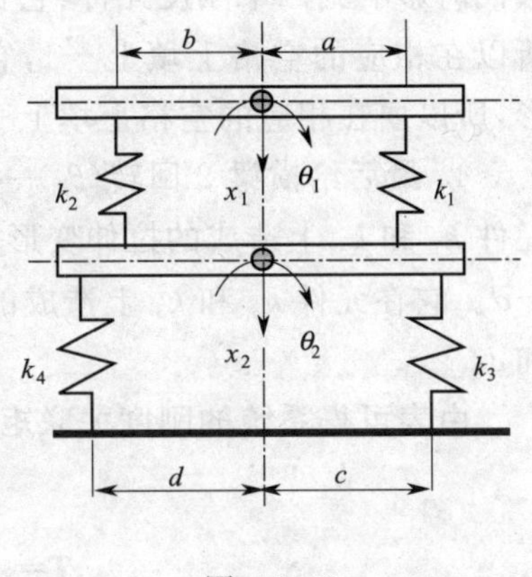

图 1—2

三、建立系统刚度关联矩阵的举例

图 1—2 所示系统由两根梁和四个弹簧组成，每根梁有两个自由度(x,θ)，总共 4 个自由度，可用列表的方法来求得系统的刚度关联矩阵。

表中有四列，分别代表系统的 4 个自由度，四排则代表四个刚度元件。刚度关联矩阵总共有 16 个元素。依次给每个自由度一个单位位移，求得位移在刚度元件上造成的变形，填入相应的空格中，刚度关联矩阵就完成了，见表 1—1。

表 1—1　刚度关联矩阵列表

自由度 / 刚度	垂向 x_1	回转 θ_1	垂向 x_2	回转 θ_2
k_1	1	a	-1	$-a$
k_2	1	$-b$	-1	b
k_3	0	0	1	c
k_4	0	0	1	$-d$

具体操作如下：

1. 首先给横梁 1 垂向(x_1)一个单位位移(系统的其他自由度位移为零)，它在刚度元件 k_1 和 k_2 上造成一个单位的压缩变形，所以在相应的空格上填上 1，这里把元件受压缩定义为正。因为横梁 1 的垂向位移不影响刚度元件 k_3 和 k_4，所以在相应的空格上填上 0。

2. 接着给横梁 1 回转(θ_1)一个单位位移(系统的其他自由度位移为零)，它在元件 k_1 上造成的压缩变形为 a，在元件 k_2 上造成的拉伸变形为 b，所以在相应的空格上填上 a 和 $-b$。同样因为横梁 1 的回转不影响刚度元件 k_3 和 k_4，所以在相应的空格上填上 0。

3. 再给横梁 2 垂向(x_2)一个单位位移(系统的其他自由度位移为零)，这一位移同时影响到四个刚度元件：它在刚度元件 k_1 和 k_2 上造成一个单位的拉伸变形，所以在相应的空格上填上 -1，它在刚度元件 k_3 和 k_4 上造成一个单位的压缩变形，所以要在相应的空格上填上 1。

4. 最后给横梁 2 回转(θ_2)一个单位位移(系统的其他自由度位移为零)，它在元件 k_1 和 k_4 上造成的拉伸变形分别为 a 和 d，所以要在相应的空格上填上 $-a$ 和 $-d$。它在元件 k_2 和 k_3 上造成的压缩变形为 b 和 c，所以在相应的空格上填上 b 和 c。

由表可得系统的刚度关联矩阵为：

$$\boldsymbol{T}=\begin{bmatrix}1 & a & -1 & -a\\ 1 & -b & -1 & b\\ 0 & 0 & 1 & c\\ 0 & 0 & 1 & -d\end{bmatrix}$$

系统的刚度系数矩阵为：

$$\boldsymbol{k}=\begin{bmatrix}k_1 & & & \\ & k_2 & & \\ & & k_3 & \\ & & & k_4\end{bmatrix}$$

所以系统的刚度矩阵为：

$$\boldsymbol{K}=\boldsymbol{T}^{\mathrm{T}}\boldsymbol{k}\boldsymbol{T}$$

$$=\begin{bmatrix}1 & 1 & 0 & 0\\ a & -b & 0 & 0\\ -1 & -1 & 1 & 1\\ -a & b & c & -d\end{bmatrix}\begin{bmatrix}k_1 & 0 & 0 & 0\\ 0 & k_2 & 0 & 0\\ 0 & 0 & k_3 & 0\\ 0 & 0 & 0 & k_4\end{bmatrix}\begin{bmatrix}1 & a & -1 & -a\\ 1 & -b & -1 & b\\ 0 & 0 & 1 & c\\ 0 & 0 & 1 & -d\end{bmatrix}$$

$$=\begin{bmatrix}k_1+k_2 & k_1a-k_2b & -k_1-k_2 & -k_1a+k_2b\\ k_1a-k_2b & k_1a^2+k_2b^2 & -k_1a+k_2b & -k_1a^2-k_2b^2\\ -k_1-k_2 & -k_1a+k_2b & k_1+k_2+k_3+k_4 & k_1a-k_2b+k_3c-k_4d\\ -k_1a+k_2b & -k_1a^2-k_2b^2 & k_1a-k_2b+k_3c-k_4d & k_1a^2+k_2b^2+k_3c^2+k_4d^2\end{bmatrix}$$

可以看到，最后的刚度矩阵 $\boldsymbol{K}$ 是相当复杂的，而用来求得刚度矩阵的刚度系数矩阵 $\boldsymbol{k}$ 和刚度关联矩阵 $\boldsymbol{T}$ 都十分简单。倘若用分离体的方法来求这个系统的刚度矩阵，过程会复杂得多。

四、组合矩阵法中矩阵相乘的力学意义

组合矩阵法为建立系统刚度矩阵提供了一个简捷方便，而且很规格化的方法，除此之外，还可以利用刚度关联矩阵和刚度系数矩阵来很方便地计算所有刚度元

件的变形和受力状态。由上面的分析可知，系统平衡方程式为：

$$\boldsymbol{Kx}=\boldsymbol{F}$$

或

$$\boldsymbol{T}^{\mathrm{T}}\boldsymbol{kTx}=\boldsymbol{F} \tag{1—9}$$

上述方程的解为：

$$\boldsymbol{x}=\boldsymbol{K}^{-1}\boldsymbol{F}$$

这里 $\boldsymbol{x}$ 是位移矢量，代表的是系统在所有自由度方向上的位移值。

求得系统位移之后，对公式(1—9)等号左侧的矩阵，按自右向左的顺序逐一相乘，可以得到：

$\boldsymbol{x}$：系统在所有自由度方向上的位移值；

$\boldsymbol{Tx}$：所有刚度元件的变形[公式(1—5)]；

$\boldsymbol{kTx}$：所有刚度元件的作用力[公式(1—6)]；

$\boldsymbol{T}^{\mathrm{T}}\boldsymbol{kTx}$：刚度元件的作用力在各个自由度方向上的总和。

可以看到，刚度关联矩阵和刚度系数矩阵为求解系统刚度元件的变形和受力状态提供了极为方便的条件。

有文献认为上述组合矩阵法用三个矩阵相乘来求系统刚度矩阵，耗时太多，提出只用两个矩阵相乘的方法。仔细分析可以发现，所谓的两个矩阵相乘的方法，其实只是公式(1—8)运算的一个中间过程。

至于运算的时间问题，矩阵乘法运算是一种基本而又简单的运算方法，对于一个 153 个自由度的系统（三节车连挂），无论是两个矩阵或三个矩阵相乘，系统刚度矩阵的计算，都只是一瞬间的事情，耗费时间一说不能成立。评定一种方法的适用与否，还得从它能提供的信息量和方便程度来考量。在两矩阵相乘法中，由于没有单独的刚度系数矩阵，所以就没有办法很方便地得到刚度元件作用力的信息。例如，在对车辆的轮重减载率$\left(\frac{\Delta P}{P}\right)$进行安全校核时，计算轮重减载($\Delta P$)需要用到刚度系数矩阵，输入的线路扭曲也需要用到刚度系数矩阵来进行变换，从实用性来看，两矩阵相乘法的不足之处就显现出来了。尤为重要的是，本节所介绍的方法特别适用于计算机自动建模，组合矩阵法是构建系统刚度矩阵和阻尼矩阵的一种简便而又规范化的方法，因而被一些知名的车辆动力学软件所采用，例如英国专门为轨道车辆开发的动力学软件 VAMPIRE 就采用组合矩阵法，它的运算速度和精度都是得到认可的。

五、系统阻尼矩阵的建立

构建系统阻尼矩阵的方法和构建系统刚度矩阵的方法完全一样。为了求得系统阻尼矩阵的阻尼关联矩阵，只需把前面表中的刚度元件改成阻尼元件，把位移改成速度即可。

系统阻尼矩阵的组合矩阵表达式为：

$$\boldsymbol{C}=\boldsymbol{T}_c{}^{\mathrm{T}}\boldsymbol{c}\boldsymbol{T}_c \tag{1—10}$$

式中：$\boldsymbol{C}$——系统阻尼矩阵；

$\boldsymbol{T}_c$——阻尼关联矩阵；

$\boldsymbol{c}$——阻尼系数矩阵，是由阻尼元件的系数组成的对角线矩阵。

六、系统质量矩阵的建立

车辆系统的质量矩阵是一个对角线矩阵，它包括了车体、转向架、和轮对的质量和转动惯量，以最简单的研究转向架横向稳定性的计算为例，包括 6 个自由度，转向架横移和摇头、轮对 1 的横移和摇头、轮对 2 的横移和摇头。系统的质量矩阵如公式(1—11)所示，式中 m_b、I_b 是转向架的质量和摇头转动惯量，m_{w1}、I_{w1} 是轮对 1 的质量和摇头转动惯量，m_{w2}、I_{w2} 是轮对 2 的质量和摇头转动惯量。

$$\boldsymbol{M}=\begin{bmatrix} m_b & & & & & \\ & I_b & & & & \\ & & m_{w1} & & & \\ & & & I_{w1} & & \\ & & & & m_{w2} & \\ & & & & & I_{w2} \end{bmatrix} \tag{1—11}$$

第二节　蠕滑率和蠕滑力

本节旨在讨论由于轮轨之间的相对运动而产生的作用力。这种相对运动是介于纯滚动和纯滑动之间的一种中间形式，称之为蠕滑，也称为弹性滑动。由于车轮踏面和钢轨轨头剖面的特殊几何形状，轮对在轨道上滚动时，在轮轨接触点处会造成纵向、横向和旋转三个方向上的蠕滑，进而产生作用力，这一因蠕滑而产生的力称之为蠕滑力。本节要建立轮轨接触点处的蠕滑与作用在轮对上的力和力矩的关系。

一、蠕滑速度和蠕滑率

车轮与钢轨在接触点处的相对速度称为蠕滑速度，蠕滑速度与车轮前进速度 v 之比定义为蠕滑率。

计算轮轨作用力的过程分为两个阶段，第一阶段是计算轮轨接触点的蠕滑速度和蠕滑率，第二阶段就是确定由蠕滑率而产生的轮轨接触点处的蠕滑作用力。

与轮轨蠕滑力直接有关的轮对运动自由度有纵向 x、横向 y、摇头 ϕ 和滚动 ω，坐标的方向如图 1—3 所示。在车辆动力学计算中，车辆的前进速度 v 通常都已预先设定，轮对滚动圆半径 r_0 也已知，所以滚动角速度 $\omega=\dfrac{v}{r_0}$ 也是已知数。下面讨论由于轮对纵向 x、横向 y 和摇头 ϕ 的位移而产生的左右轮轨接触点处的蠕滑速度变化。

如图 1—3 所示，轮对前进速度为 v，轮对中心与线路中心线一致，左右轮接触点的间距为 $2s$，左右轮的滚动半径均为 r_0，轮对的滚动角速度 $\omega=\dfrac{v}{r_0}$，车轮与轨道接触点处的合成速度为$(v-\omega\cdot r_0)=0$，接触点处的车轮与钢轨没有相对速度。

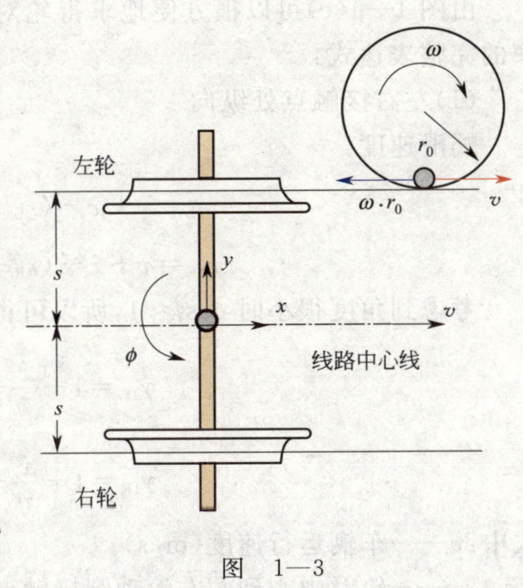

图 1—3

当轮对的运动受到干扰，偏离线路中心线，左右轮便以不同的滚动半径在轨道上滚动，使轮对在纵向、横向和摇头方向上产生运动。图 1—4(a)所示为受到干扰的轮对运动，$\dot{x}$、$\dot{y}$ 和 $\dot{\phi}$ 分别代表轮对中心的纵向、横向和摇头运动速度。轮对的横向位移 y 使得左右车轮的滚动圆半径发生变化，如图 1—4(b)所示分别为 r_L 和 r_R，圆周的滚动线速度分别为 $r_L\omega$ 和 $r_R\omega$。轮对的转角 ϕ 使得轮轨接触点上由滚动和摇头而产生的线速度与线路中心线之间形成偏角，左右轮轨接触点处的瞬时速度如图 1—4(c)所示，图中 $s_L\dot{\phi}$ 和 $s_R\dot{\phi}$ 是因轮对摇头 $\dot{\phi}$ 在左右车轮上产生的纵向线速度，s_L 和 s_R 分别为轮对中心到左右滚动圆接触点距离。

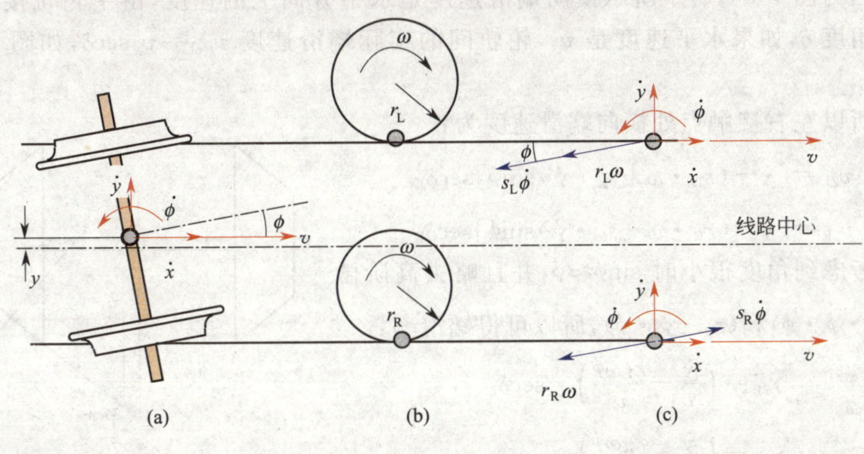

图 1—4

由图 1—4(c)可以很方便地求得轮对左右接触点处的纵向、横向和自旋蠕滑率的完整表达式：

(1)左右接触点处纵向

蠕滑速度：

$$v_{1L}=v+\dot{x}-(r_L\cdot\omega+s_L\cdot\dot{\phi})\cos\phi$$

$$v_{1R}=v+\dot{x}-(r_R\cdot\omega-s_R\cdot\dot{\phi})\cos\phi$$

考虑到角度很小时 $\cos\phi\approx1$，所以可得蠕滑率：

$$\gamma_{1L}=1+\frac{\dot{x}}{v}-\frac{r_L\omega}{v}-\frac{s_L\dot{\phi}}{v}$$

$$\gamma_{1R}=1+\frac{\dot{x}}{v}-\frac{r_R\omega}{v}+\frac{s_R\dot{\phi}}{v}$$

式中：v——车辆运行速度(m/s)；

s_L,s_R——轮对中心到左右滚动圆接触点距离(m)；

$\dot{\phi}$——轮对摇头角速度(rad/s)；

r_L,r_R——左右轮滚动半径(m)；

ω——轮对前进滚动角速度(rad/s)；

$\dot{x}$——轮对纵向振动速度(m/s)。

(2)左右接触点处横向

由图 1—4 (c) 可得左右接触点处横向蠕滑速度为：

$$v_{2L}=\dot{y}-(r_L\cdot\omega+s_L\cdot\dot{\phi})\sin\phi$$

$$v_{2R}=\dot{y}-(r_R\cdot\omega-s_R\cdot\dot{\phi})\sin\phi$$

因为图 1—4(c)中所示横向蠕滑速度是水平方向上的速度，由于轮轨接触有一个角度 δ，如果水平速度是 v_y，轮轨间的实际蠕滑速度 $v_{real}=v_y\sec\delta$，如图 1—5 所示。

所以左右接触点处横向蠕滑速度为：

$$v_{2L}=[\dot{y}-(r_L\cdot\omega+s_L\cdot\dot{\phi})\sin\phi]\sec\delta_L$$

$$v_{2R}=[\dot{y}-(r_R\cdot\omega-s_R\cdot\dot{\phi})\sin\phi]\sec\delta_R$$

考虑到角度很小时 $\sin\phi\approx\phi$，并且略去高阶微量$(s_L\cdot\dot{\phi}\cdot\phi)$和$(s_R\cdot\dot{\phi}\cdot\phi)$，所以可得蠕滑率：

$$\gamma_{2L}=\left(\frac{\dot{y}}{v}-\frac{r_L\omega\phi}{v}\right)\cdot\sec\delta_L$$

$$\gamma_{2R}=\left(\frac{\dot{y}}{v}-\frac{r_R\omega\phi}{v}\right)\cdot\sec\delta_R$$

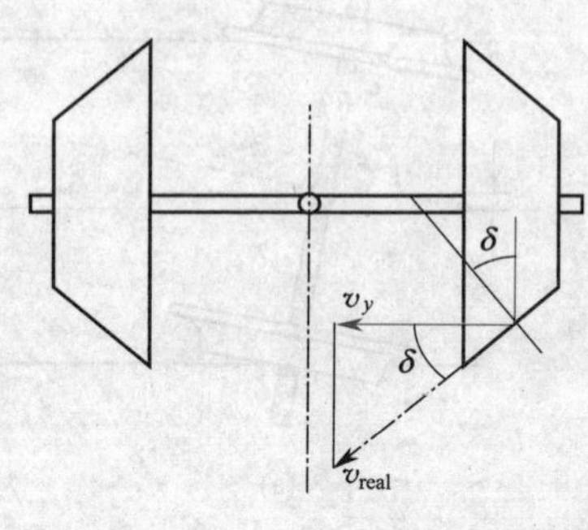

图 1—5

式中：$\dot{y}$——轮对横向振动速度(m/s)；

ϕ——轮对摇头角度(rad)；

δ_L, δ_R——左右轮轨接触点的接触角(rad)。

(3)左右接触点处的自旋

左右车轮接触点处的自旋蠕滑速度$\bar{\psi}$是由轮对前进滚动速度$\bar{\omega}$及摇头速度$\bar{\dot{\phi}}$在接触角法线上的投影之和，矢量关系见图 1—6。

蠕滑速度：

$$v_{3L} = -\omega \cdot \sin\delta_L + \dot{\phi} \cdot \cos\delta_L$$

$$v_{3R} = \omega \cdot \sin\delta_R + \dot{\phi} \cdot \cos\delta_R$$

蠕滑率：

$$\gamma_{3L} = -\left(\frac{\omega}{v}\right) \cdot \sin\delta_L + \frac{\dot{\phi}}{v}\cos\delta_L$$

$$\gamma_{3R} = \left(\frac{\omega}{v}\right) \cdot \sin\delta_R + \frac{\dot{\phi}}{v}\cos\delta_R$$

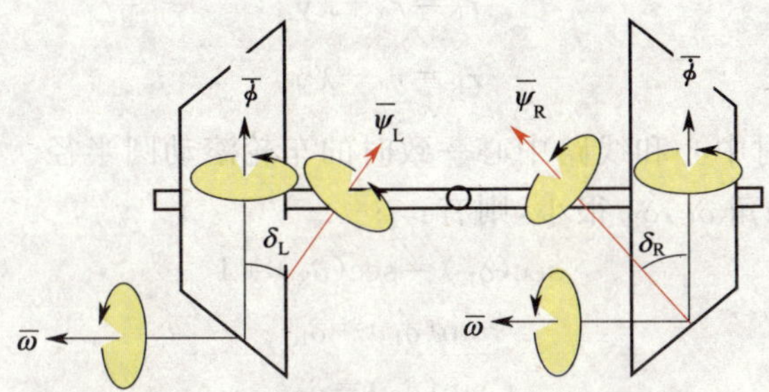

图　1—6

求得了蠕滑率，就可确定由此而产生的蠕滑力。有许多种不同的理论来表述蠕滑率/蠕滑力的关系，其中比较典型的三种是线性理论、平方根理论和非线性理论。线性的蠕滑率/蠕滑力关系通常使用于线性分析计算，例如特征值分析和线性响应分析，而对于非线性分析计算，例如瞬态响应分析和曲线通过计算，三种理论都可以选用。一般建议在非线性瞬态响应分析中使用平方根理论和非线性理论，在曲线通过计算中使用非线性理论。

非线性蠕滑理论使用上述完整的蠕滑率表达式，线性理论和平方根理论都对上述蠕滑率表达式作了简化。如上所述，蠕滑率/蠕滑力的关系是非线性的，并受到轮轨间摩擦系数的限制。不同的蠕滑理论采用不同的方式来处理这一影响。轮轨间的相对速度和蠕滑力之间的关系是很复杂而非线性的，如果需要详细地预测轮轨接触力的话，就必须把非线性因素都考虑进去。然而，为了计算车辆一系悬挂以上部分的位移和加速度，例如车辆的运行品质、还有设计初期的稳定性研究，只要踏面斜率不小于 0.1，用线性的蠕滑率/蠕滑力的关系就能得到满意的结果。

二、蠕滑率和蠕滑力

1. 线性蠕滑理论

为了要把非线性的轮轨蠕滑率线性化，必须要作一些简化的假设，这些假设已经提出多年，并得到了验证，只要轮对在线路上偏离中心位置的位移和相对速度不大，这些假设与实际工况相当符合，就能够得到满意的近似结果。

一般来讲，线性蠕滑理论对运行品质和稳定性计算来说，是一个很合情合理的近似理论，除非踏面斜率小于 0.1。对于踏面斜率在 0.05 和 0.1 之间的计算结果，要谨慎处理。如若踏面斜率小于 0.05，则不应当采用线性蠕滑理论，因为即使是很小的线路不规则，轮对的响应也肯定要造成轮缘接触。

(1)蠕滑率计算

如果踏面等效斜率 λ 是常数，轮对横向移动 y 时，左右车轮滚动圆半径为：

$$r_L = r_0 + \lambda y$$

$$r_R = r_0 - \lambda y$$

这里 r_0 是轮对中心和线路中心一致时的车轮滚动圆半径。

假设左右接触角 δ_L，δ_R 很小，则有：

$$\sec(\delta_L) = \sec(\delta_R) = 1$$

$$\sin(\delta_L) = \delta_L$$

$$\sin(\delta_R) = \delta_R$$

忽略轮对纵向振动速度 $\dot{x}$ 对纵向蠕滑和摇头速度 $\dot{\phi}$ 对自旋蠕滑的影响，并有

$$\omega = \frac{v}{r_0}$$

假设轮轨左右接触点到轮对中心是等距离的

$$s_L = s_R = s$$

蠕滑率的表达式就可简化为：

$$\gamma_{1L} = -\frac{s\dot{\phi}}{v} - \frac{\lambda y}{r_0}$$

$$\gamma_{1R} = \frac{s\dot{\phi}}{v} + \frac{\lambda y}{r_0}$$

$$\gamma_{2L} = \frac{\dot{y}}{v} - \phi$$

$$\gamma_{2R}=\frac{\dot{y}}{v}-\phi$$

$$\gamma_{3L}=-\frac{\delta_L}{r_0}$$

$$\gamma_{3R}=\frac{\delta_R}{r_0}$$

(2)蠕滑率和蠕滑力的关系

真实的蠕滑率和蠕滑力的关系是高度非线性的(图 1—7),蠕滑力的极限是库伦摩擦力,当蠕滑力接近库伦摩擦力时,蠕滑率和蠕滑力的关系呈现饱和曲线状态。对于线性蠕滑理论,这种饱和曲线要用近似的直线来替代。

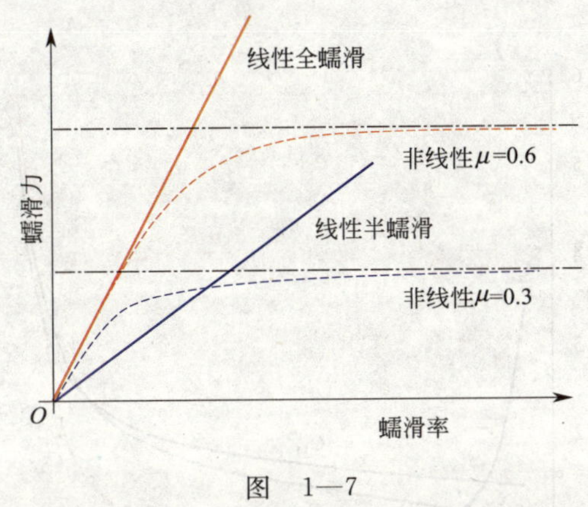

图 1—7

根据 Kalker 的线性理论,作用在车轮上的蠕滑率和蠕滑力的关系可表达为:

$$F_{XL}=-f_{11}\cdot\gamma_{1L}$$

$$F_{XR}=-f_{11}\cdot\gamma_{1R}$$

$$F_{YL}=-f_{22}\cdot\gamma_{2L}-f_{23}\cdot\gamma_{3L}$$

$$F_{YR}=-f_{22}\cdot\gamma_{2R}-f_{23}\cdot\gamma_{3R}$$

式中:F_{XL},F_{XR}——左右轮的纵向蠕滑力;

F_{YL},F_{YR}——左右轮的横向蠕滑力;

f_{11},f_{22},f_{23}——蠕滑系数,由下列公式求得:

$$f_{11}=E\cdot C_{11}\cdot ab$$

$$f_{22}=E\cdot C_{22}\cdot ab$$

$$f_{23}=E\cdot C_{23}\cdot(ab)^{3/2}$$

其中: E——杨氏模量;

a,b——接触椭圆长短轴;

C_{11},C_{22},C_{23}——Kalker 系数,是接触椭圆椭圆度(a/b 或 b/a)的函数,如表 1—2 和图 1—8 所示。

表 1—2 Kalker 系数表

a/b	C_{11}	C_{22}	C_{23}	C_{33}	b/a	C_{11}	C_{22}	C_{23}	C_{33}
0.1	1.35	0.98	0.195	3.34	1	1.65	1.43	0.579	0.458
0.2	1.37	1.01	0.242	1.74	0.9	1.7	1.49	0.628	0.425
0.3	1.4	1.06	0.288	1.18	0.8	1.75	1.56	0.689	0.396
0.4	1.44	1.11	0.328	0.925	0.7	1.81	1.65	0.768	0.366
0.5	1.47	1.18	0.368	0.766	0.6	1.9	1.76	0.875	0.336
0.6	1.5	1.22	0.41	0.661	0.5	2.03	1.93	1.04	0.304
0.7	1.54	1.28	0.451	0.588	0.4	2.21	2.15	1.27	0.275
0.8	1.57	1.32	0.493	0.533	0.3	2.51	2.54	1.71	0.246
0.9	1.6	1.39	0.535	0.492	0.2	3.08	3.26	2.64	0.215
1	1.65	1.43	0.579	0.458	0.1	4.6	5.15	5.81	0.183

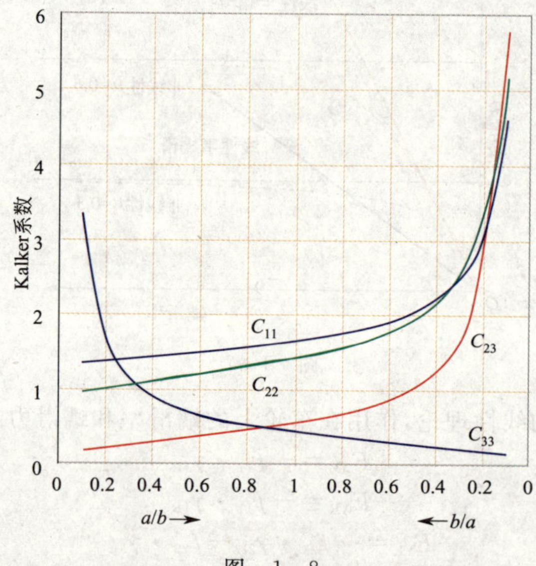

图 1—8

在线性蠕滑理论里，假设接触椭圆是个圆形，这样可得：

$$C_{11}=1.65$$

$$C_{22}=1.43$$

$$C_{23}=0.579$$

如果车轮和钢轨是同样的材料，乘积$(a \cdot b)$由下式计算：

$$a \cdot b=\left[1.5 \cdot (1-\nu^2) \cdot N \cdot \frac{r_0}{E}\right]^{2/3}$$

式中：N——车轮载荷(N)；

ν——泊松比。

需要提请注意的是，以上计算所得的 Kalker 系数适用于表面干燥、清洁，轮轨

摩擦系数 $\mu=0.6$ 的情况，并假设还没有达到极限值 μN，这些条件往往只能在实验室里实现。实践中的黏着系数比较低，因而得到比较低的蠕滑力的饱和曲线。对于线性蠕滑理论，需要对 Kalker 蠕滑系数乘一个系数 $\frac{\mu}{0.6}$，μ 为实际摩擦系数，如果 $\mu=0.6$，则称为“全蠕滑”，$\mu=0.3$，则称为“半蠕滑”，如图 1—7 所示。

(3)作用在轮对上的力

把作用在每一个轮子上的纵向力和横向力加在一起，就可以得到作用在每一个轮对上的横向力 F_y 和摇头力矩 F_ϕ：

$$F_y=F_{YL}+F_{YR}=-2f_{22}\left(\frac{\dot{y}}{v}-\phi\right)+\frac{f_{23}}{r_0}(\delta_L-\delta_R)$$

$$F_\phi=-(F_{XL}-F_{XR})\cdot s=-2f_{11}\left(\frac{s^2\dot{\phi}}{v}+\frac{s\lambda y}{r_0}\right)$$

负号是因为纵向力形成的摇头力矩与轮对摇头转角的正向相反。上述公式中的接触角差$(\delta_L-\delta_R)$与轮对横向移动相关，可用接触角参数 ε 来近似表达：

$$(\delta_L-\delta_R)=2y\cdot\frac{\varepsilon}{s}$$

因此在线性计算中，作用在轮对上的外力 $\boldsymbol{F}_0$ 可表达为：

$$\boldsymbol{F}_0=\begin{bmatrix}F_y\\F_\phi\end{bmatrix}=-\begin{bmatrix}\dfrac{2f_{22}}{v} & 0\\ 0 & \dfrac{2f_{11}s^2}{v}\end{bmatrix}\begin{bmatrix}\dot{y}\\ \dot{\phi}\end{bmatrix}-\begin{bmatrix}-\dfrac{2f_{23}\varepsilon}{r_0 s} & -2f_{22}\\ \dfrac{2f_{11}s\lambda}{r_0} & 0\end{bmatrix}\begin{bmatrix}y\\ \phi\end{bmatrix}$$

接触角参数，理论上可根据车轮踏面形状和轨头的截面形状来确定。铁路车辆轮对的接触角参数和有效锥度有关。对于锥角为 λ_0 的锥形踏面(图 1—9)，轮对横移 y 时，轮对侧滚角为：

$$\theta=\frac{r_L-r_R}{2s}=\frac{(r_0+\lambda_0 y)-(r_0-\lambda_0 y)}{2s}$$

$$=\frac{\lambda_0 y}{s}$$

接触角差成为：

$$(\delta_L-\delta_R)=(\delta_0+\theta)-(\delta_0-\theta)=2y\cdot\frac{\lambda_0}{s}$$

由此可得：

$$\varepsilon=\lambda_0$$

也就是说，锥形踏面轮对的接触

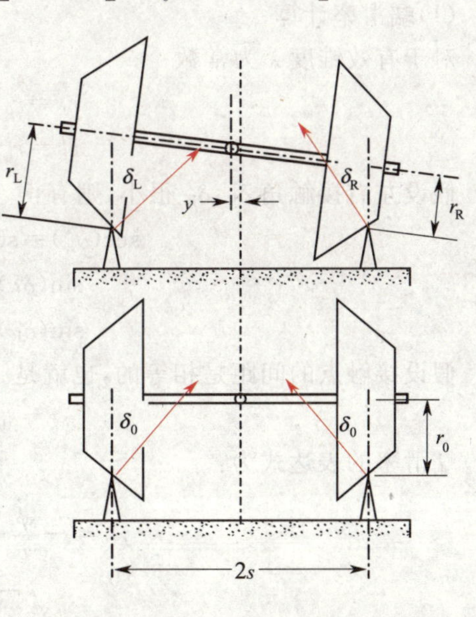

图 1—9

角参数 ε 等于它的踏面锥度。

因为自旋对横向力的影响较小，所以作用在轮对上的外力 $\boldsymbol{F}_0$ 可表达为：

$$\boldsymbol{F}_0=\begin{bmatrix}F_y\\F_\phi\end{bmatrix}=-\begin{bmatrix}\dfrac{2f_{22}}{v} & 0\\ 0 & \dfrac{2f_{11}s^2}{v}\end{bmatrix}\begin{bmatrix}\dot{y}\\ \dot{\phi}\end{bmatrix}-\begin{bmatrix}0 & -2f_{22}\\ \dfrac{2f_{11}s\lambda}{r_0} & 0\end{bmatrix}\begin{bmatrix}y\\ \phi\end{bmatrix}$$

根据线性蠕滑理论，自由轮对的运动方程可表达为：

$$\begin{bmatrix}M & 0\\ 0 & J\end{bmatrix}\begin{bmatrix}\ddot{y}\\ \ddot{\phi}\end{bmatrix}=-\begin{bmatrix}\dfrac{2f_{22}}{v} & 0\\ 0 & \dfrac{2f_{11}s^2}{v}\end{bmatrix}\begin{bmatrix}\dot{y}\\ \dot{\phi}\end{bmatrix}-\begin{bmatrix}0 & -2f_{22}\\ \dfrac{2f_{11}s\lambda}{r_0} & 0\end{bmatrix}\begin{bmatrix}y\\ \phi\end{bmatrix}$$

式中：M——轮对质量；

J——轮对摇头转动惯量。

2. 平方根蠕滑理论

平方根蠕滑理论运用线性化的关系由等效锥度来确定蠕滑率，但是当蠕滑力接近由轮轨摩擦系数 μ 和轮载荷 N 确定的饱和值时，允许使用非线性的蠕滑力/蠕滑率的关系。平方根蠕滑理论通常用在瞬态分析和曲线通过分析中。

当轮对处于踏面接触时，平方根蠕滑理论的解非常接近完全非线性蠕滑理论的解，而且计算速度比较快。但是当轮对接近轮缘接触，接触角比较大时，它的近似性就不怎么好了。

(1)蠕滑率计算

对于有效锥度 λ 为常数

$$r_L=r_0+\lambda y$$
$$r_R=r_0-\lambda y$$

假设左右接触角 δ_L,δ_R 很小，则有：

$$\sec(\delta_L)=\sec(\delta_R)=1$$
$$\sin(\delta_L)=\delta_L$$
$$\sin(\delta_R)=\delta_R$$

假设接触点的间距是相等的，也就是

$$s_L=s_R=s$$

蠕滑率的表达式为：

$$\gamma_{1L}=-\frac{s\dot{\phi}}{v}-\frac{\lambda y}{r_0}+\frac{\dot{x}}{v}$$

$$\gamma_{1R}=\frac{s\dot{\phi}}{v}+\frac{\lambda y}{r_0}+\frac{\dot{x}}{v}$$

$$\gamma_{2L}=\frac{\dot{y}}{v}-\phi-\frac{\omega\phi\lambda y}{v}$$

$$\gamma_{2R}=\frac{\dot{y}}{v}-\phi+\frac{\omega\phi\lambda y}{v}$$

$$\gamma_{3L}=-\frac{\delta_L}{r_0}+\frac{\dot{\phi}}{v}$$

$$\gamma_{3R}=\frac{\delta_R}{r_0}+\frac{\dot{\phi}}{v}$$

考虑到自旋项很小，所以用 γ_{3L} 和 γ_{3R} 的平均值来替代：

$$\gamma_{3L}=\gamma_{3R}=-\frac{\delta_L-\delta_R}{2r_0}+\frac{\dot{\phi}}{v}$$

用接触角参数 ε 来表示接触角的差，

$$(\delta_L-\delta_R)=2y\cdot\frac{\varepsilon}{s}$$

可得：

$$\gamma_{3L}=\gamma_{3R}=-\frac{\varepsilon y}{r_0 s}+\frac{\dot{\phi}}{v}$$

(2)蠕滑力与蠕滑率的关系

要找出一个分析函数来非常近似地表达非线性的蠕滑力和蠕滑率的关系，它是下列两种极端条件的渐近线：

小蠕滑率：

$$F_X=f_{11}\cdot\gamma_1$$

$$F_Y=f_{22}\cdot\gamma_2+f_{23}\cdot\gamma_3$$

大蠕滑率：

$$F_X=\mu N\frac{\gamma_1}{\gamma}$$

$$F_Y=\mu N\frac{\gamma_2}{\gamma}$$

这里：N 代表轮载荷；

$\gamma=\sqrt{\gamma_1^2+\gamma_2^2}$。

这一能满足两种极端条件和近似饱和曲线的函数是：

纵向：

$$F_X=\frac{\gamma_1}{\sqrt{\left(\frac{1}{f_{11}}\right)^2+\left(\frac{\gamma}{\mu N}\right)^2}}$$

横向：

$$F_Y=\frac{\gamma_2+\gamma_3\frac{f_{23}}{f_{22}}}{\sqrt{\left(\frac{1}{f_{22}}\right)^2+\left(\frac{\gamma}{\mu N}\right)^2}}$$

纵向蠕滑力和横向蠕滑力近似曲线如图 1—10 和图 1—11 所示，图中蓝线代表线性关系，紫色间断线代表 摩擦力的最大值 μN。可以看到，小蠕滑率时，曲线符合线性变化规律，大蠕滑率时逐渐逼近摩擦力的最大值。

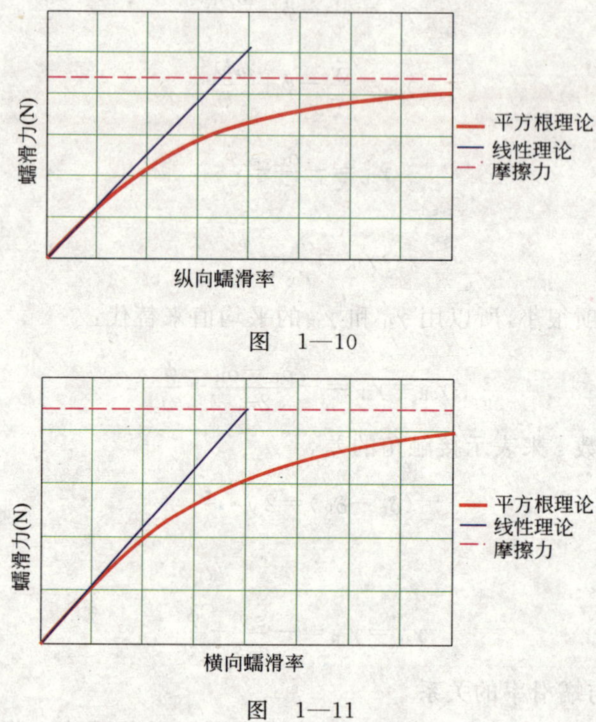

图 1—10

图 1—11

与线性蠕滑理论一样，假设轮轨接触斑点是圆形的。

除了饱和曲线的非线性之外，平方根蠕滑理论还允许轮缘接触的非线性。

如果轮对和线路的相对位移的绝对值 Y 大于轮缘间隙 Y_f 时，就要引进一个额外的横向力：

$F_f=K_t(Y-Y_f)$，如果 $Y>Y_f$

$F_f=K_t(Y+Y_f)$，如果 $Y<-Y_f$

此处 K_t 为线路横向刚度。

把作用在每一个轮轨接触点处的横向力和纵向力合在一起，就形成了作用在每一个轮对上的力和力矩。

作用在轮对上的外力可表达为：

$$\boldsymbol{F}_0=\begin{bmatrix} 2F_Y \\ -2F_X\cdot s \end{bmatrix}$$

要注意的是，蠕滑力 F_X 和 F_Y 的方向与蠕滑率 γ_1 和 γ_2 的方向相反。

3. 非线性蠕滑理论

当轮对偏离线路中心线的位移不再是很小，线性和平方根理论中的近似假设就不再有效，就有必要对轮轨的接触几何参数作更为详尽的描述。非线性蠕滑理论包括两个方面，首先是蠕滑率的计算公式是非线性的，再有就是蠕滑力的计算也是非线性的。

(1)蠕滑率计算

$$\gamma_{1L}=1+\frac{\dot{x}}{v}-\frac{r_L\omega}{v}-\frac{s_L\dot{\phi}}{v}$$

$$\gamma_{1R}=1+\frac{\dot{x}}{v}-\frac{r_R\omega}{v}+\frac{s_R\dot{\phi}}{v}$$

$$\gamma_{2L}=\left(\frac{\dot{y}}{v}-\frac{r_L\omega\phi}{v}\right)\cdot\sec\delta_L$$

$$\gamma_{2R}=\left(\frac{\dot{y}}{v}-\frac{r_R\omega\phi}{v}\right)\cdot\sec\delta_R$$

$$\gamma_{3L}=-\left(\frac{\omega}{v}\right)\cdot\sin\delta_L+\frac{\dot{\phi}}{v}\cos\delta_L$$

$$\gamma_{3R}=\left(\frac{\omega}{v}\right)\cdot\sin\delta_R+\frac{\dot{\phi}}{v}\cos\delta_R$$

为了要精确计算蠕滑率,通常是把预先计算好的详尽的轮轨接触几何参数放在一个轮轨接触数据文件里,以备调用。每一步计算,先要根据计算所得的轮对横向位移,利用线性插值,由轮轨接触数据表中查到接触斑点的位置、滚动圆半径和接触角,这样就可以按上面的表达式求得轮对每个车轮的完全非线性蠕滑率。

轮轨接触数据文件包含有最多两个接触参数表,主表和附加表。主表里包含的是轮对相对于线路的横向位移而得到的接触参数,附加表里包含的是轮对相对于线路的摇头位移而得到的接触参数,附加表是一个选择项,不是必要文件。

接触参数文件只适用于特定的车轮截面形状,和特定的钢轨截面形状,在特定的轨距下,以特定的摇头角相接触的情况。只要实际车轮直径和载荷处于计算所用的名义值左右一定的范围里,数据仍然有效。通常都使用摇头角为零的接触数据。倘若要调查曲线通过或脱轨事故,因为这类工况下的摇头角很大,这时就需要用到由合适的摇头角而计算得到的接触参数。如果摇头角很大而且它的变化也很大,建议要增加一个额外的附加表。

轮轨接触参数表的样本如表 1-3 所示,轮轨的特定条件为:

①车轮踏面形状为英国 P8,轮缘内侧距 1 360 mm,轮径 840 mm,轮对摇头角为 0.0 mrad;

②钢轨为英国 113A,轨底坡 1/20,轨距 1 432.34 mm,轴重 120 kN。

(2)蠕滑力与蠕滑率的关系

完全非线性蠕滑力的计算需要每一个接触斑点的面积和形状,这些都可从轮轨接触数据表中插值得到。表中的接触斑点面积只适用于计算时所用的名义轮对载荷,在非线性程序的计算中,要用瞬时车轮载荷对表中的面积进行修正,以得到

表 1—3　轮轨接触参数表

横移量 (mm)	接触半径增量 (mm)		接触角 (degree)		接触距离 (mm)		接触椭圆面积 (mm^2)		接触椭圆半径比 a/b	
	左轮	右轮	左轮	右轮	左轮	右轮	左轮	右轮	左轮	右轮
12	24.055	−1.228	45.34	0.53	702.25	777.28	21.06	38.96	17.111	4.622
11	23.208	−1.228	49.96	−0.17	703.05	777.28	19.75	38.49	18.595	4.716
10	22.013	−1.228	55.07	−1.16	704	776.93	20.03	40.97	19.461	4.306
9	20.104	−1.228	61.18	−1.16	705.19	775.05	23.01	52.09	18.876	2.992
8	15.002	−1.227	69.13	0.11	707.45	769.79	26.9	62.62	19.848	2.226
7	1.85	−1.224	10.5	0.18	725.36	767.5	93.14	72.49	1.125	1.731
6	1.068	−1.218	7.7	0.18	730.28	766.45	87.75	75.13	1.247	1.622
5	0.686	−1.208	6.24	0.18	733.51	765.41	70.27	75.15	1.85	1.621
4	0.575	−1.186	6.23	0.43	734.55	763.75	66.27	77.11	2.042	1.551
3	0.437	−1.155	6.02	0.6	735.89	762.09	63.35	83.31	2.207	1.348
2	0.305	−0.596	5.82	4.04	737.23	748.59	62.86	104.76	2.236	0.862
1	0.148	−0.14	5.48	5.05	738.9	742.22	65.83	77.1	2.058	1.563
0	0	0	5.19	5.19	740.56	740.56	69.18	69.18	1.894	1.894
−1	−0.14	0.148	5.05	5.48	742.22	738.9	77.1	65.83	1.563	2.058
−2	−0.596	0.305	4.04	5.82	748.59	737.23	104.76	62.86	0.862	2.236
−3	−1.155	0.437	0.6	6.02	762.09	735.89	83.31	63.35	1.348	2.207
−4	−1.186	0.575	0.43	6.23	763.75	734.55	77.11	66.27	1.551	2.042
−5	−1.208	0.686	0.18	6.24	765.41	733.51	75.15	70.27	1.621	1.85
−6	−1.218	1.068	0.18	7.7	766.45	730.28	75.13	87.75	1.622	1.247
−7	−1.224	1.85	0.18	10.5	767.5	725.36	72.49	93.14	1.731	1.125
−8	−1.227	15.002	0.11	69.13	769.79	707.45	62.62	26.9	2.226	19.848
−9	−1.228	20.104	−1.16	61.18	775.05	705.19	52.09	23.01	2.992	18.876
−10	−1.228	22.013	−1.16	55.07	776.93	704	40.97	20.03	4.306	19.461
−11	−1.228	23.208	−0.17	49.96	777.28	703.05	38.49	19.75	4.716	18.595
−12	−1.228	24.055	0.53	45.34	777.28	702.25	38.96	21.06	4.622	17.111

所需的面积用在计算中。这一修正过程对一定范围的载荷变化是有效的。要提醒注意的是，计算时所用的名义轮对载荷和实际轮对载荷要尽量接近。

根据由表中查到的接触椭圆半径比(a/b)，从 Kalker 系数表里插值求得相应的 Kalker 系数 C_{11}，C_{22} 和 C_{23}。

接下来要把计算所得的蠕滑率转换成无量纲形式，再从图 1-12 和图 1-13 中插值求得无量纲的蠕滑力。

图 1—12 和图 1—13 是根据 J. J. Kalker 完全非线性接触理论分析而得到的无量纲的蠕滑率和蠕滑力曲线，图 1—12 是纵向蠕滑率与蠕滑力的关系，图 1—13 是横向蠕滑率与蠕滑力的关系。图 1—12 横坐标的换算公式为 $x=\dfrac{E\cdot ab}{3\mu N}C_{11}\cdot\gamma_1$，纵坐标的换算公式为 $y=\dfrac{F_X}{\mu N}$。图 1—13 横坐标的换算公式为 $x=\dfrac{E\cdot ab}{3\mu N}C_{22}\cdot\gamma_2$，纵坐标的换算公式为 $y=\dfrac{F_Y}{\mu N}$。

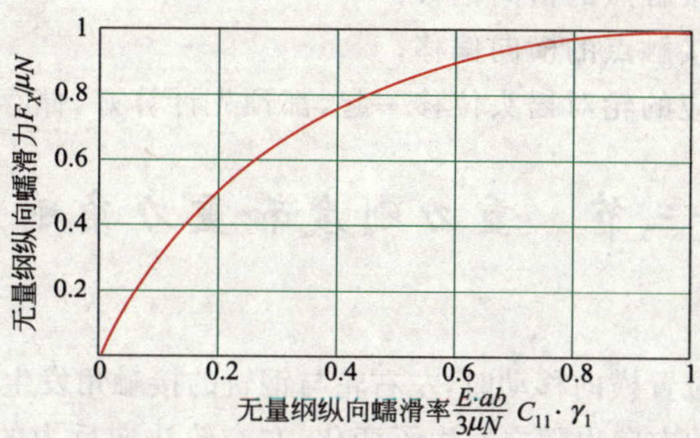

图 1—12

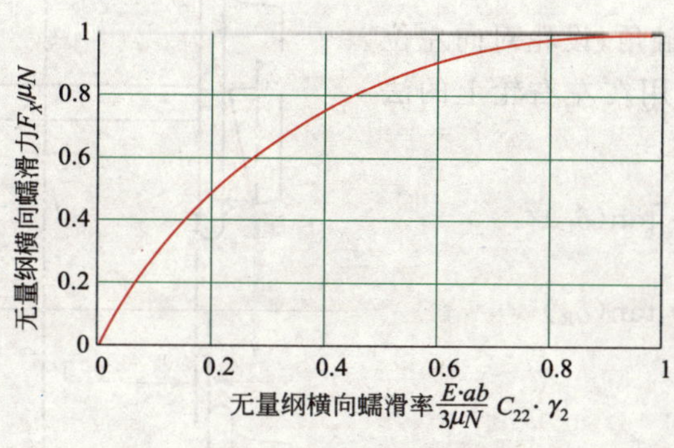

图 1—13

然后再把无量纲的蠕滑力转换成蠕滑力作用在每一个轮轨接触点处。继而再把这些轮轨接触力转换到轮对的坐标系里。

作用在轮对上的横向力和摇头力矩可表达为：

$$\boldsymbol{F}_0=\begin{bmatrix}F_Y\\F_\phi\end{bmatrix}=\begin{bmatrix}F_{YL}+F_{YR}\\-F_{XL}\cdot s_L+F_{XR}\cdot s_R\end{bmatrix}$$

式中的下标 L 和 R 分别代表左轮和右轮。

摇头接触数据表(附加表)包含下述参数：

①左侧轮缘接触点的纵向偏移；

②右侧轮缘接触点的纵向偏移；

③左侧轮缘背接触点的纵向偏移；

④右侧轮缘背接触点的纵向偏移；

⑤左侧轮缘接触点的横向偏移；

⑥右侧轮缘接触点的横向偏移；

⑦左侧轮缘背接触点的横向偏移；

⑧右侧轮缘背接触点的横向偏移；

上述数据与对应的轮对摇头位移一起，都预先计算好，储存在附加表里。

第三节　重力刚度和重力角刚度

一、重力刚度

当轮对由中心位置横向移动时，左右轮与钢轨的接触角发生变化，左右轮由重力而产生的法向反力的方向也随之发生了变化，左右轮法向反力的横向分力的合成力有使轮对恢复到原来中心位置的作用。

如图 1—14 所示，δ_0 为轮对在中心位置时的轮轨接触角；设轮对向左位移为 y，此时钢轨作用在左右轮上的法向反力的横向分力：

左轮：$F_L=\frac{P}{2}\cdot\tan(\delta_L)$

右轮：$F_R=\frac{P}{2}\cdot\tan(\delta_R)$

式中：P——轴荷重。

复原力：

$$F_g=\frac{P}{2}\cdot[\tan(\delta_L)-\tan(\delta_R)]$$
$$\approx\frac{P}{2}\cdot(\delta_L-\delta_R)$$
$$=\frac{P\varepsilon}{s}y$$

复原力与横向位移之比称为等效重力刚度 K_g：

$$K_g=\frac{F_g}{y}=\frac{P\varepsilon}{s}$$

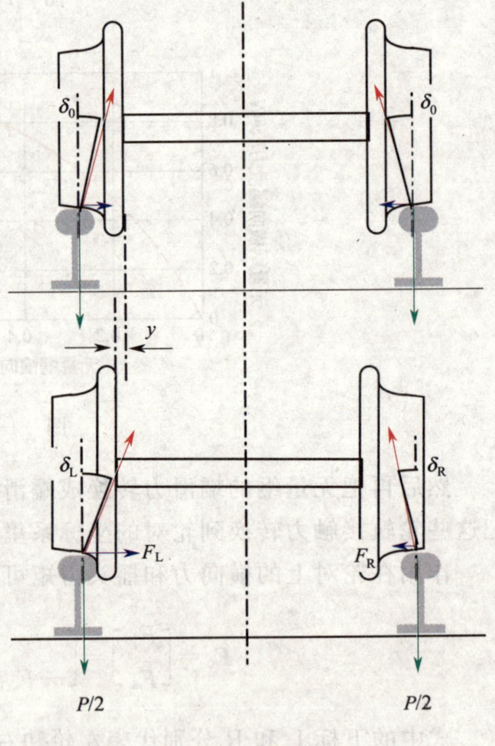

图　1—14

二、重力角刚度

当轮对有摇头角 ϕ 时(图 1—15)，作用在左右车轮上的由重力而产生的反力的横向分力形成一个摇头力矩。

横向分力 F_l 为：

$$F_l=\frac{P}{2}\tan(\delta_0)\approx\frac{P}{2}\delta_0$$

横向力 F_l 产生的摇头力矩 M_ϕ 为：

$$M_\phi=F_l\cdot 2s\cdot\phi\approx\frac{P}{2}\delta_0\cdot 2s\cdot\phi=P\cdot s\cdot\delta_0\cdot\phi$$

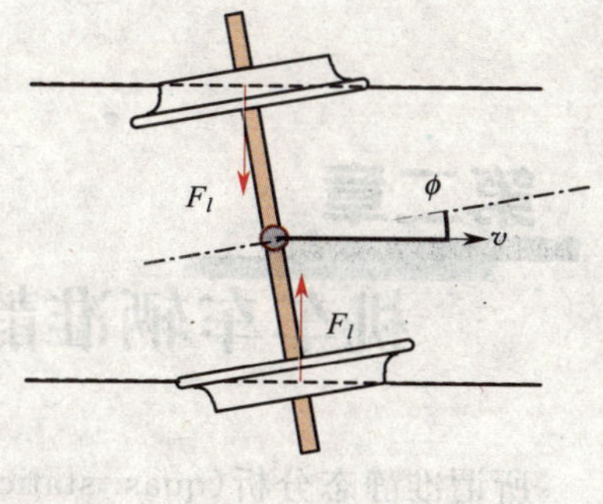

图 1—15

摇头力矩 M_ϕ 是因为轮对摇头角 ϕ 而产生的，其大小与 ϕ 成正比，其方向与 ϕ 的方向相同，即有使摇头角增大的作用。摇头力矩 M_ϕ 与摇头角 ϕ 之比称为轮对的摇头重力角刚度：

$$K_\phi=\frac{M_\phi}{\phi}=P\cdot s\cdot\delta_0$$

轮轨接触角 δ_0 可用踏面斜率 λ 来表示，则轮对的摇头重力角刚度可表达为：

$$K_\phi=P\cdot s\cdot\lambda$$

三、由重力引起的轮对外力

由重力引起的轮对外力可表达为：

$$\boldsymbol{F}_G=\begin{bmatrix}F_y\\F_\phi\end{bmatrix}=-\begin{bmatrix}K_g & 0\\0 & -K_\phi\end{bmatrix}\begin{bmatrix}y\\\phi\end{bmatrix}$$

对于线性分析程序（特征值和频率响应分析），在重力和蠕滑力共同作用下的轮对外力可表达为：

$$\boldsymbol{F}=\boldsymbol{F}_0+\boldsymbol{F}_G=-\begin{bmatrix}\dfrac{2f_{22}}{v} & 0\\0 & \dfrac{2f_{11}s^2}{v}\end{bmatrix}\begin{bmatrix}\dot{y}\\\dot{\phi}\end{bmatrix}-\begin{bmatrix}K_c & -2f_{22}\\2f_{11}\dfrac{s\lambda}{r_0} & -K_\phi\end{bmatrix}\begin{bmatrix}y\\\phi\end{bmatrix}$$

式中：

$$K_c=K_g-\frac{2f_{23}\varepsilon}{r_0 s}$$

或：

$$\boldsymbol{F}=-\boldsymbol{D}\dot{\boldsymbol{x}}-\boldsymbol{E}\boldsymbol{x}$$

式中：$\boldsymbol{D}=\begin{bmatrix}\dfrac{2f_{22}}{v} & 0\\0 & \dfrac{2f_{11}s^2}{v}\end{bmatrix}$ 为轮轨接触点处由蠕滑力组成的阻尼矩阵；

$\boldsymbol{E}=\begin{bmatrix}K_c & -2f_{22}\\2f_{11}\dfrac{s\lambda}{r_0} & -K_\phi\end{bmatrix}$ 为轮轨接触点处由蠕滑力和重力组成的刚度矩阵。

第二章 机车车辆准静态性能分析的模型和方法

所谓准静态分析(quasi-static)是指系统加载或卸载的过程比较缓慢，系统的惯性力和黏滞阻尼力的作用因为影响较小而被忽略。典型的机车车辆准静态性能分析有：机车轴重转移分析；机车车辆弹簧加垫调整轴重和轮重的分析计算；机车车辆通过扭曲轨道时的车轮卸载分析$\left(\dfrac{\Delta P}{P}\right)$，车辆稳态曲线通过等。

机车准静态分析的通用方程为：

$$\boldsymbol{K}\boldsymbol{x}=\boldsymbol{F}_0$$

式中：$\boldsymbol{K}$——系统刚度矩阵；

$\boldsymbol{x}$——系统位移矢量；

$\boldsymbol{F}_0$——系统外力矢量。

下面详细介绍典型的机车车辆准静态分析的模型和方法。

第一节　机车轴重转移分析

机车总体布置设计时，要进行重量分配计算，以保证机车各轴的轴重相等。然而在牵引力(或制动力)作用下，由于轮周牵引力 F 和车钩阻力 R 不在一个高度上(图 2—1)，两者形成了力矩，作用在车体和转向架上，各轴的轴重因此而产生变化，有的增载，有的减载，这一现象称之为牵引力作用下的轴重转移。

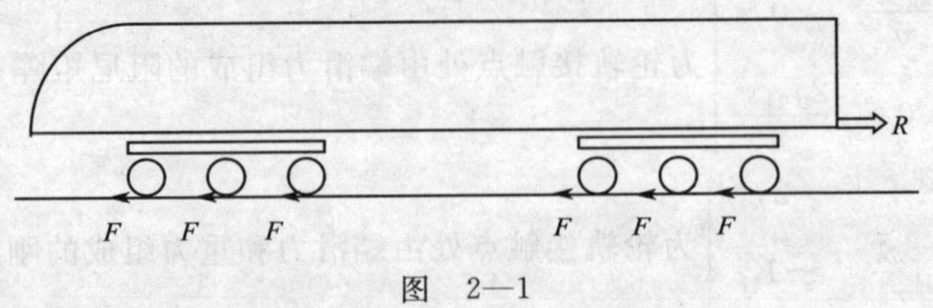

图　2—1

一、机车轴重转移分析模型

图 2—2 所示为典型的三轴转向架机车轴重转移分析模型，共有 6 个自由度：前转向架垂向位移 X_1，点头 α_2；后转向架垂向位移 X_3，点头 α_4；车体垂向位移 X_5，点头 α_6。

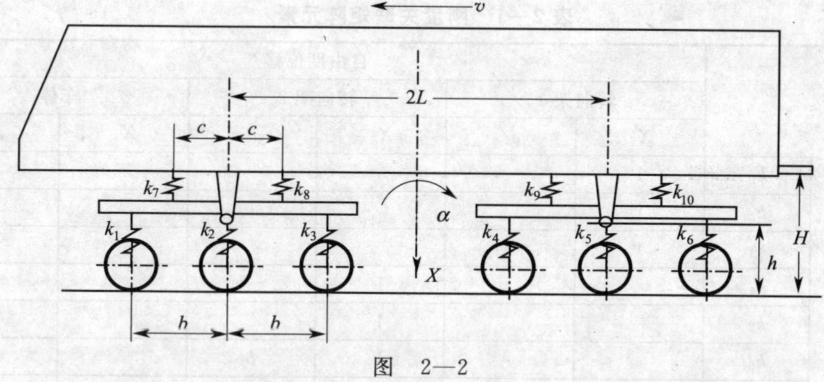

图 2—2

转向架轴距为 b；二系悬挂与转向架中心的距离为 c；转向架牵引点高度为 h；机车车钩高度为 H；前后转向架中心距为 $2L$。

二、系统刚度矩阵

系统的刚度矩阵可表示为：$\boldsymbol{K}=\boldsymbol{T}^{\mathrm{T}}\boldsymbol{kT}$

式中：$\boldsymbol{T}$——刚度关联矩阵，它建立了系统自由度位移和弹簧变形之间的关系；

$\boldsymbol{k}$——刚度系数矩阵；

$\boldsymbol{T}^{\mathrm{T}}$——刚度关联矩阵的转置矩阵。

可用列表的方法来求得系统的刚度关联矩阵。表 2—1 所示为刚度关联矩阵的元素，图 2—2 所示系统由总共 6 个自由度和 10 个弹簧组成，表 2—1 中有六列，分别代表系统的 6 个自由度，十行则代表 10 个弹簧刚度元件。依次给每个自由度一个单位位移，求得位移在弹簧上造成的变形，填入相应的空格中，刚度关联矩阵元素表就填好了。

元素正负号的规定是任意的，但必须统一，这里把元件受压缩定义为正。

具体操作如下：

(1)首先给转向架 1 垂向(X_1)一个单位位移(系统的其他自由度位移为零)，它在一系刚度元件 k_1、k_2 和 k_3 上造成一个单位的压缩变形，所以在相应的空格上填上 1；它在二系刚度元件 k_7 和 k_8 上造成一个单位的拉伸变形，所以在相应的空格上填上 −1，因为元件受拉伸，所以取负值；因为转向架 1 垂向(X_1)位移不影响其他刚度元件，所以相应的空格都为 0。

(2)接着给转向架 1 回转(α_2)一个单位位移(系统的其他自由度位移为零)，它在刚度 k_1 上造成的拉伸变形为 b，在刚度 k_3 上造成的压缩变形为 b，所以在相应的空格上填上 $-b$ 和 b；同样转向架 1 回转(α_2)在刚度 k_7 上造成的压缩变形为 c，在刚度 k_8 上造成的拉伸变形为 c，所以在相应的空格上填上 c 和 $-c$；因为转向架 1 的回转不影响其他刚度元件，所以相应的空格都为 0。

表 2—1　刚度关联矩阵元素

		自由度位移					
		转向架 1		转向架 2		车体	
		X_1	α_2	X_3	α_4	X_5	α_6
悬挂弹簧变形	k_1	1	$-b$				
	k_2	1					
	k_3	1	b				
	k_4			1	$-b$		
	k_5			1			
	k_6			1	b		
	k_7	-1	c			1	$-(L+c)$
	k_8	-1	$-c$			1	$-(L-c)$
	k_9			-1	c	1	$(L-c)$
	k_{10}			-1	$-c$	1	$(L+c)$

表中其他四列，可按照相同的方法求得，此处不再赘述。

由表 2—1 可得系统的刚度关联矩阵为：

$$\boldsymbol{T}=\begin{bmatrix} 1 & -b & 0 & 0 & 0 & 0 \\ 1 & 0 & 0 & 0 & 0 & 0 \\ 1 & b & 0 & 0 & 0 & 0 \\ 0 & 0 & 1 & -b & 0 & 0 \\ 0 & 0 & 1 & 0 & 0 & 0 \\ 0 & 0 & 1 & b & 0 & 0 \\ -1 & c & 0 & 0 & 1 & -(L+c) \\ -1 & -c & 0 & 0 & 1 & -(L-c) \\ 0 & 0 & -1 & c & 1 & L-c \\ 0 & 0 & -1 & -c & 1 & L+c \end{bmatrix}$$

刚度系数矩阵是系统刚度组成的对角矩阵：

$$\boldsymbol{k}=\begin{bmatrix} k_1 & 0 & 0 & 0 & 0 & 0 & 0 & 0 & 0 & 0 \\ 0 & k_2 & 0 & 0 & 0 & 0 & 0 & 0 & 0 & 0 \\ 0 & 0 & k_3 & 0 & 0 & 0 & 0 & 0 & 0 & 0 \\ 0 & 0 & 0 & k_4 & 0 & 0 & 0 & 0 & 0 & 0 \\ 0 & 0 & 0 & 0 & k_5 & 0 & 0 & 0 & 0 & 0 \\ 0 & 0 & 0 & 0 & 0 & k_6 & 0 & 0 & 0 & 0 \\ 0 & 0 & 0 & 0 & 0 & 0 & k_7 & 0 & 0 & 0 \\ 0 & 0 & 0 & 0 & 0 & 0 & 0 & k_8 & 0 & 0 \\ 0 & 0 & 0 & 0 & 0 & 0 & 0 & 0 & k_9 & 0 \\ 0 & 0 & 0 & 0 & 0 & 0 & 0 & 0 & 0 & k_{10} \end{bmatrix}=\begin{bmatrix} k_p & 0 & 0 & 0 & 0 & 0 & 0 & 0 & 0 & 0 \\ 0 & k_p & 0 & 0 & 0 & 0 & 0 & 0 & 0 & 0 \\ 0 & 0 & k_p & 0 & 0 & 0 & 0 & 0 & 0 & 0 \\ 0 & 0 & 0 & k_p & 0 & 0 & 0 & 0 & 0 & 0 \\ 0 & 0 & 0 & 0 & k_p & 0 & 0 & 0 & 0 & 0 \\ 0 & 0 & 0 & 0 & 0 & k_p & 0 & 0 & 0 & 0 \\ 0 & 0 & 0 & 0 & 0 & 0 & k_s & 0 & 0 & 0 \\ 0 & 0 & 0 & 0 & 0 & 0 & 0 & k_s & 0 & 0 \\ 0 & 0 & 0 & 0 & 0 & 0 & 0 & 0 & k_s & 0 \\ 0 & 0 & 0 & 0 & 0 & 0 & 0 & 0 & 0 & k_s \end{bmatrix}$$

式中，k_p 为一系悬挂刚度，k_s 为二系悬挂刚度。

三、系统外力矢量

系统外力有两个部分：纵向牵引力在车体和转向架构架上造成的力矩；电机力矩和齿轮箱的牵引反力矩而造成的作用在车轴和转向架构架上的垂向力和力矩。

1．纵向牵引力和车钩阻力造成的力矩

图 2—3(a) 所示为作用在车体上的牵引力和车钩阻力，两者方向相反，且不在同一高度上，形成一力矩 M_T，如图 2—3(b) 所示。

$$M_T = 6F(H-h)$$

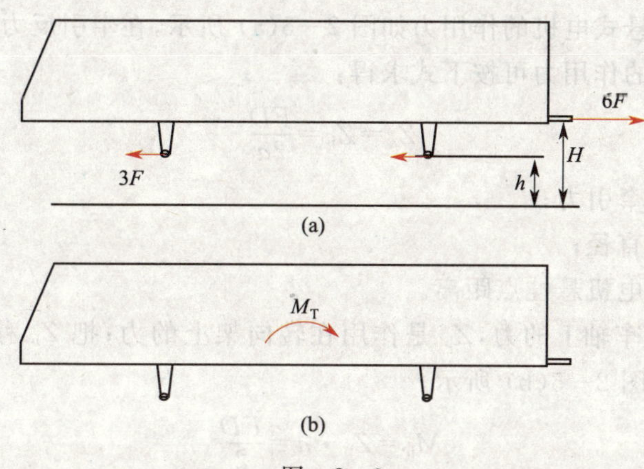

图 2—3

图 2—4(a) 所示为作用在转向架构架上的牵引力和牵引阻力，牵引力来自轴箱，牵引阻力来自牵引销，两者方向相反，且不在同一高度上，形成一力矩 M_c，如图 2—4(b) 所示。

$$M_c = 3F\left(h - \frac{D}{2}\right)$$

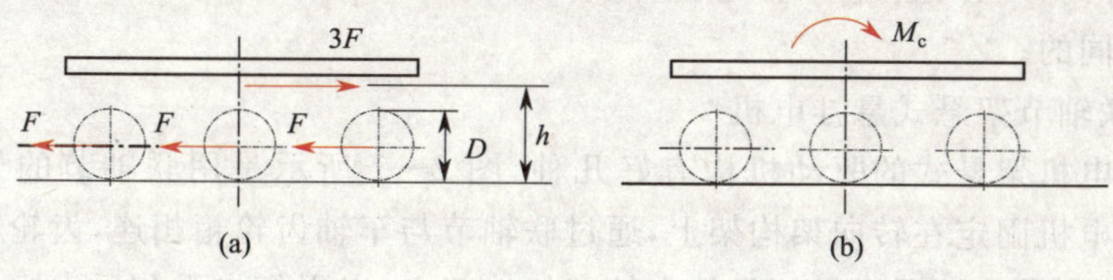

图 2—4

2．牵引电机产生的外力

这里讨论牵引电机三种不同悬挂方式下产生的作用力。

(1)轴悬式悬挂电机

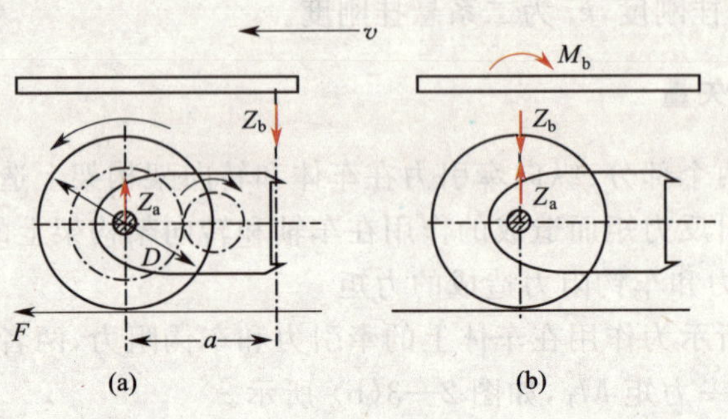

图 2—5

轮对前置轴悬式电机的作用力如图 2—5(a) 所示，在牵引反力矩的作用下，牵引电机对支承点的作用力可按下式求得：

$$Z_a = Z_b = \frac{FD}{2a}$$

式中：F——轮周牵引力；

D——车轮直径；

a——牵引电机悬挂点距离。

Z_a 为作用在车轴上的力，Z_b 是作用在转向架上的力；把 Z_b 移到车轴中心线得一力矩 M_b，如图 2—5(b) 所示。

$$M_b = Z_b \cdot a = \frac{FD}{2}$$

从以上分析可以看到，轮对前置的情况，牵引电机会产生一个作用在车轴上的力 Z_a；作用在转向架上的力 Z_b 和力矩 M_b。Z_a 方向向上，使轮对减载。Z_b 方向向下，使一系悬挂弹簧压缩。

轮对后置轴悬式电机的作用力如图 2—6 所示。可以看到，Z_a 和 Z_b 的方向与图 2—5 的正好相反，作用在车轴上的力 Z_a 方向向下，使轮对增载；作用在转向架上的力 Z_b 的方向向上，使一系悬挂弹簧拉伸。图 2—5 和图 2—6 中的力矩 M_b 的方向是相同的。

(2)联轴节架悬式悬挂电机

牵引电机架悬式的驱动机构有好几种，图 2—7 所示是用联轴节的架悬式结构。牵引电机固定在转向架构架上，通过联轴节与车轴齿轮箱相连，齿轮箱一端支承在车轴上，另一端通过吊杆悬挂在转向架构架上，以平衡自重和反力矩。

轮对前置架悬式一级减速驱动机构的作用力如图 2—8 所示。作用在齿轮箱上的力矩有电机输入力矩 M_0 和牵引反力矩 M_1'：

$$M_0 = \frac{FD}{2 \cdot i}$$

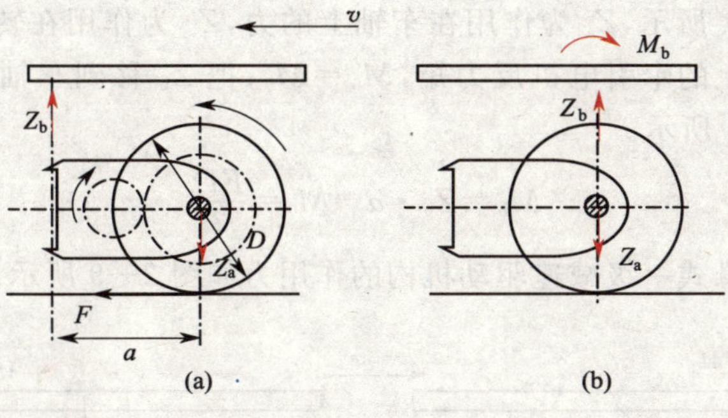

图　2—6

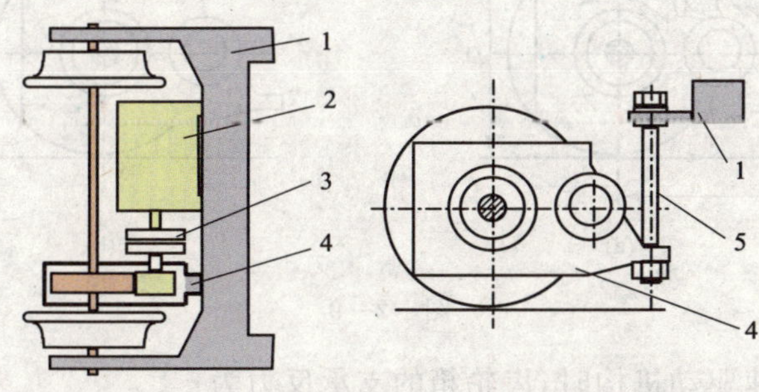

图　2—7

1—转向架构架；2—牵引电机；3—联轴节；4—车轴齿轮箱；5—齿轮箱吊杆

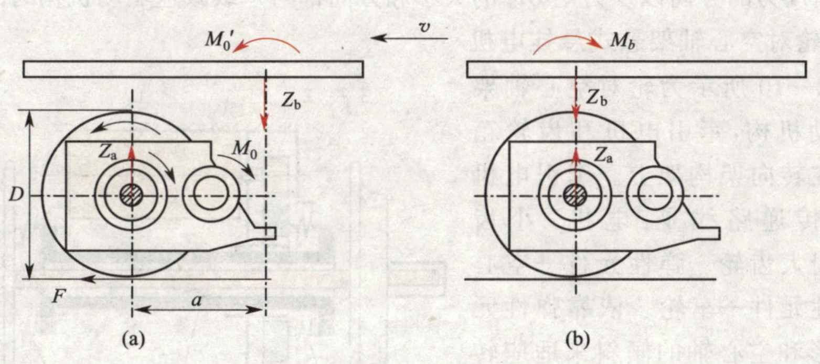

图　2—8

$$M_1'=\frac{FD}{2}$$

式中，i 为减速箱速比。

齿轮箱对支承点的作用力可按下式求得：

$$Z_a=Z_b=\frac{M_1'+M_0}{a}=\left(1+\frac{1}{i}\right)\frac{FD}{2a}$$

如图 2—8(a) 所示，Z_a 为作用在车轴上的力，Z_b 为作用在转向架上的力，M_0' 是作用在转向架上的牵引电机反力矩，$M_0'=M_0$；把 Z_b 移到车轴中心线得一力矩 M_b，如图 2—8(b) 所示。

$$M_b=Z_b\cdot a-M_0'=\frac{FD}{2}$$

轮对后置架悬式一级减速驱动机构的作用力如图 2—9 所示。

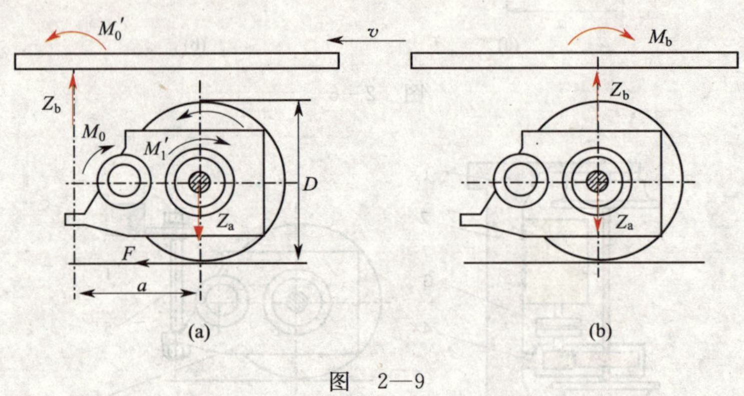

图 2—9

采用二级减速驱动机构时，齿轮箱的支承反力为：

$$Z_a=Z_b=\frac{M_1'-M_0}{a}=\left(1-\frac{1}{i}\right)\frac{FD}{2a}$$

支承反力的方向以及力矩 M_b 的大小和方向都与一级减速驱动机构时的相同。

(3)轮对空心轴架悬式悬挂电机

图 2—10 所示为轮对空心轴架悬式驱动机构，牵引电机和齿轮箱都固定在转向架构架上。牵引电机转矩的传递路线是：电机—小齿轮—牵引大齿轮—弹性元件—空心轴—弹性元件—车轮。依靠弹性元件的变形和空心轴的倾斜来适应转向架构架与轮对之间的相对位移。

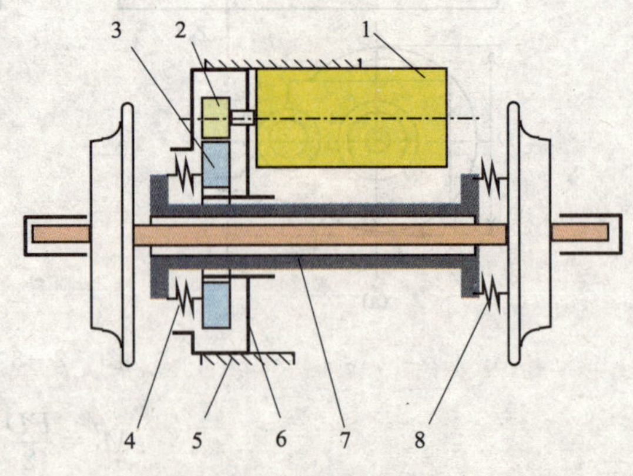

图 2—10

1—牵引电机；2—电机轴小齿轮；3—牵引大齿轮；4—弹性元件；5—转向架构架；6—齿轮箱；7—空心轴；8—弹性元件

轮对空心轴架悬式驱动机构的作用力如图 2—11 所示，因为牵引电机和齿轮箱都固定在转向架构架上，所以没有垂向力作用在车轴和转向架构架上，只有牵引反力矩 M_b 作用在构架上，轮对前置[图 2—11

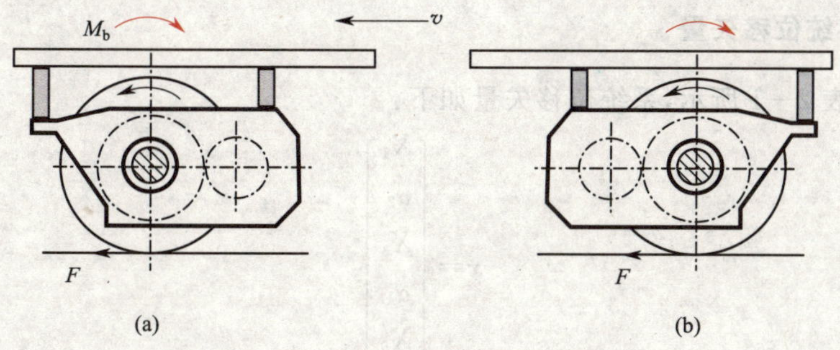

图 2—11

(a)]和轮对后置[图 2—11(b)]是一样的。

$$M_b = \frac{FD}{2}$$

3. 系统外力矢量

图 2—12 所示为系统综合外力,图中:

M_T——作用在车体上的外力矩,$M_T = 6F(H-h)$;

M_B——作用在转向架上的外力矩,$M_B = 3M_b + M_c = 3F \cdot h$;

Z_a, Z_b——作用在车轴和构架上的垂向力,$Z_a = Z_b$,其数值与电机悬挂方式有关。

根据图 2—12 可以很方便地列出系统的外力矢量:

$$\boldsymbol{F}_0 = \begin{bmatrix} 3Z_b \\ M_B \\ -3Z_b \\ M_B \\ 0 \\ M_T \end{bmatrix} = \begin{bmatrix} 3Z_b \\ 3Fh \\ -3Z_b \\ 3Fh \\ 0 \\ 6F(H-h) \end{bmatrix}$$

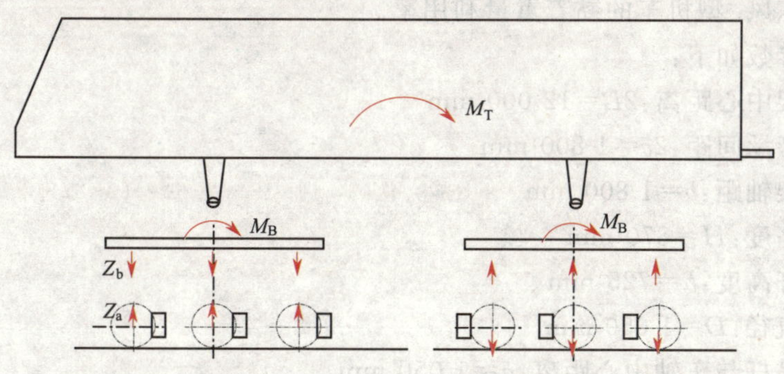

图 2—12

四、系统位移矢量

根据表 2—1 所示，系统位移矢量如下：

$$\boldsymbol{x}=\begin{bmatrix} X_1 \\ \alpha_2 \\ X_3 \\ \alpha_4 \\ X_5 \\ \alpha_6 \end{bmatrix}$$

五、方程求解

知道了刚度矩阵和合外力矩阵，便可以很方便地求得系统位移 $\boldsymbol{x}$ 和弹簧载荷 $\boldsymbol{Fs}$：

$$\boldsymbol{x}=\boldsymbol{K}^{-1}\boldsymbol{F}_0$$

$$\boldsymbol{Fs}=\boldsymbol{kTx}$$

式中：$\boldsymbol{K}^{-1}$——刚度矩阵 $\boldsymbol{K}$ 的逆矩阵；

$\boldsymbol{Fs}$——弹簧载荷矢量，包括一系和二系所有的弹簧。

一系弹簧载荷和车轴作用力 Z_a 的合力，便是轴重的变化。

黏着重量利用率 η 的定义为：

$$\eta=\frac{P+\Delta P}{P}$$

式中：P——轴重；

ΔP——轴重变化。

六、计算举例

计算东风$_4$ 型机车的黏着重量利用率。

机车参数如下：

转向架中心距离：$2L=12\ 000$ mm

二系旁承间距：$2c=1\ 800$ mm

转向架轴距：$b=1\ 800$ mm

车钩高度：$H=870$ mm

牵引杆高度：$h=725$ mm

车轮直径：$D=1\ 050$ mm

电机吊杆与车轴中心距离：$a=1\ 050$ mm

起动牵引力：$6F=447$ kN

一系弹簧刚度：$k_p = 1.54$ kN/mm

二系弹簧刚度：$k_s = 14.54$ kN/mm

轴重：$P = 225.4$ kN

计算结果列在表 2—2，表 2—3 和表 2—4 中。

表 2—2 所示为系统位移，值得注意的是车体的点头位移（α_6），力矩 M_T 是顺时针方向（图 2—12），而位移却是逆时针方向（负值）呈前低后高姿态，原因是在垂向力 Z_b 的作用下，前转向架高度（X_1）下降，后转向架高度（X_3）升高，由于这前后支承点高度的变化，造成了车体逆时针方向的位移。

需要指出的是，正是车体的前低后高的姿态，才使得这类机车具有高于轨平面的理想牵引高度。感兴趣的读者可以参阅文献[5]。

表 2—2　系 统 位 移

位移					
转向架 1		转向架 2		车体	
X_1(mm)	α_2(mrad)	X_3(mm)	α_4(mrad)	X_5(mm)	α_6(mrad)
18.187	2.815	−18.187	2.815	0	−2.872

表 2—3 所示为一系弹簧载荷变化。一般认为，在车体力矩 M_T 的作用下，前转向架应该减载，后转向架应该增载，然而从表 2—3 中看到的结果却恰恰相反，前转向架弹簧都增载，而后转向架弹簧都减载。这是因为转向架垂向力 $3Z_b$ 的影响大于车体力矩 M_T 的作用而造成的。

表 2—3　一系弹簧载荷变化

一系弹簧载荷变化					
前转向架			后转向架		
k_1(kN)	k_2(kN)	k_3(kN)	k_4(kN)	k_5(kN)	k_6(kN)
20.21	28.01	35.81	−35.81	−28.01	−20.21

表 2—4 所示为各轮对的轴重变化和黏着重量利用率。尽管前转向架一系弹簧是增载的，但它的轴重却是减载的；后转向架一系弹簧减载荷，但轴重却是增载的；这是因为在车轴上还作用有垂向力 Z_a 的缘故，前转向架车轴上的作用力 Z_a 方向向上，使轮对减载，后转向架车轴上的作用力 Z_a 方向向下，使轮对增载。

表 2—4　轴重变化和黏着重量利用率

	前转向架			后转向架		
	轮对 1	轮对 2	轮对 3	轮对 4	轮对 5	轮对 6
轴重变化 ΔP(kN)	−17.044	−9.242	−1.44	1.44	9.242	17.044
黏着重量利用率 η	0.924	0.959	0.994	1.006	1.041	1.076

从表 2—3 和表 2—4 的结果中可以看到,不能把一系弹簧的增减载与轴重的增减载简单地联系起来,还必须考虑由牵引电机或车轴齿轮箱所产生的垂向力的影响,感兴趣的读者可以参阅文献[6]。

假定所有参数不变,将轴悬式电机改为轮对空心轴架悬式电机,其结果如下。

表 2—5 系统位移

位移					
转向架 1		转向架 2		车体	
X_1(mm)	α_2(mrad)	X_3(mm)	α_4(mrad)	X_5(mm)	α_6(mrad)
−5.029	5.514	5.029	5.514	0	0.971

表 2—6 一系弹簧载荷变化

一系弹簧载荷变化					
前转向架			后转向架		
k_1(kN)	k_2(kN)	k_3(kN)	k_4(kN)	k_5(kN)	k_6(kN)
−23.031	−7.745	7.541	−7.541	7.745	23.031

表 2—7 轴重变化和黏着重量利用率

	前转向架			后转向架		
	轮对 1	轮对 2	轮对 3	轮对 4	轮对 5	轮对 6
轴重变化 ΔP(kN)	−23.031	−7.745	7.541	−7.541	7.745	23.031
黏着重量利用率 η	0.898	0.966	1.033	0.967	1.034	1.102

表 2—5,表 2—6 和表 2—7 为计算所得结果。因为转向架和车轴上没有垂向力 Z_b 和 Z_a 的作用,在力矩 M_T 的作用下,车体顺时针转动(表 2—5)呈前高后低姿态,一系弹簧载荷和轴重变化完全一致,如表 2—6 和表 2—7 所示。

第二节 机车车辆弹簧加垫调整车轮载荷

机车车辆在设计,制造和装配的过程中,由于构件和配件质量(重量)的偏差,装配位置的偏差等不可避免的因素,往往会造成重心位置的偏移,使轮对和车轮的载荷不均匀;悬挂元件性能的偏差也会造成轮对和车轮的载荷不均匀。倘若不均匀的程度超过了规定的范围,就需要采取措施进行调整,实践中最常采用的方法是弹簧加垫。这是一个典型的准静态分析领域的问题,这里重点讨论弹簧加垫调整车轮载荷的模型和计算方法。

一、弹簧加垫调整车轮载荷的模型

图 2—13 所示为弹簧加垫调整车轮载荷分析的模型，共有 9 个自由度：前转向架垂向位移 X_1，点头 α_2，侧滚 θ_3；后转向架垂向位移 X_4，点头 α_5，侧滚 θ_6；车体垂向位移 X_7，点头 α_8，侧滚 θ_9。

转向架轴距为 $2b$；二系弹簧的纵向间距为 $2c$；轮对左右滚动圆距离为 $2s$；一系弹簧左右间距为 $2a$；二系弹簧左右间距为 $2d$；前后转向架中心距为 $2L$。

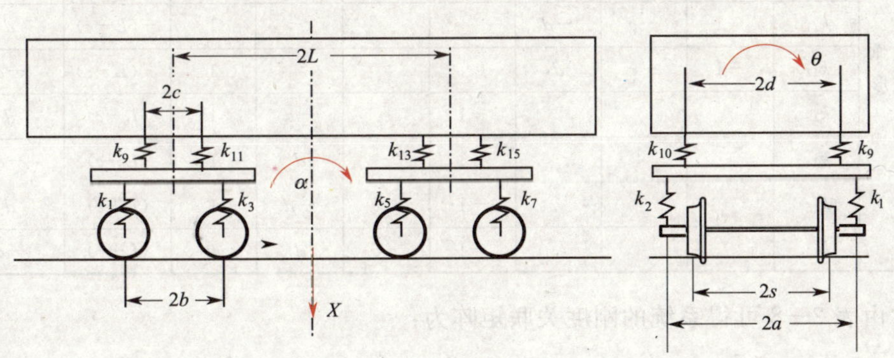

图 2—13

二、调整车轮载荷的系统刚度矩阵

系统的刚度关联矩阵元素如表 2—8 所示，系统由总共 9 个自由度和 16 个弹簧组成，表 2—8 中有 9 列，分别代表系统的 9 个自由度，16 行则代表 16 个弹簧刚度元件。依次给每个自由度一个单位位移，求得位移在弹簧上造成的变形，填入相应的空格中，刚度关联矩阵的元素就得到了。

表 2—8 弹簧加垫的系统刚度关联矩阵元素

		自由度位移								
		转向架 1			转向架 2			车体		
		X_1	α_2	θ_3	X_4	α_5	θ_6	X_7	α_8	θ_9
悬挂弹簧变形	k_1	1	$-b$	a						
	k_2	1	$-b$	$-a$						
	k_3	1	b	a						
	k_4	1	b	$-a$						
	k_5				1	$-b$	a			
	k_6				1	$-b$	$-a$			
	k_7				1	b	a			

续上表

		自由度位移								
		转向架 1			转向架 2			车体		
		X_1	α_2	θ_3	X_4	α_5	θ_6	X_7	α_8	θ_9
悬挂弹簧变形	k_8				1	b	$-a$			
	k_9	-1	c	$-d$				1	$-(L+c)$	d
	k_{10}	-1	c	d				1	$-(L+c)$	$-d$
	k_{11}	-1	$-c$	$-d$				1	$-(L-c)$	d
	k_{12}	-1	$-c$	d				1	$-(L-c)$	$-d$
	k_{13}				-1	c	$-d$	1	$(L-c)$	d
	k_{14}				-1	c	d	1	$(L-c)$	$-d$
	k_{15}				-1	$-c$	$-d$	1	$(L+c)$	d
	k_{16}				-1	$-c$	d	1	$(L+c)$	$-d$

由表 2—8 可得系统的刚度关联矩阵为：

$$
\boldsymbol{T}=\begin{bmatrix}
1 & -b & a & 0 & 0 & 0 & 0 & 0 & 0 \\
1 & -b & -a & 0 & 0 & 0 & 0 & 0 & 0 \\
1 & b & a & 0 & 0 & 0 & 0 & 0 & 0 \\
1 & b & -a & 0 & 0 & 0 & 0 & 0 & 0 \\
0 & 0 & 0 & 1 & -b & a & 0 & 0 & 0 \\
0 & 0 & 0 & 1 & -b & -a & 0 & 0 & 0 \\
0 & 0 & 0 & 1 & b & a & 0 & 0 & 0 \\
0 & 0 & 0 & 1 & b & -a & 0 & 0 & 0 \\
-1 & c & -d & 0 & 0 & 0 & 1 & -(L+c) & d \\
-1 & c & d & 0 & 0 & 0 & 1 & -(L+c) & -d \\
-1 & -c & -d & 0 & 0 & 0 & 1 & -(L-c) & d \\
-1 & -c & d & 0 & 0 & 0 & 1 & -(L-c) & -d \\
0 & 0 & 0 & -1 & c & -d & 1 & L-c & d \\
0 & 0 & 0 & -1 & c & d & 1 & L-c & -d \\
0 & 0 & 0 & -1 & -c & -d & 1 & L+c & d \\
0 & 0 & 0 & -1 & -c & d & 1 & L+c & -d
\end{bmatrix}
$$

系统的刚度系数矩阵为：

$$
\boldsymbol{k}=\begin{bmatrix} k_1 \\ & k_2 \\ & & k_3 \\ & & & k_4 \\ & & & & k_5 \\ & & & & & k_6 \\ & & & & & & k_7 \\ & & & & & & & k_8 \\ & & & & & & & & k_9 \\ & & & & & & & & & k_{10} \\ & & & & & & & & & & k_{11} \\ & & & & & & & & & & & k_{12} \\ & & & & & & & & & & & & k_{13} \\ & & & & & & & & & & & & & k_{14} \\ & & & & & & & & & & & & & & k_{15} \\ & & & & & & & & & & & & & & & k_{16} \end{bmatrix}
$$

或：

$$
\boldsymbol{k}=\begin{bmatrix} k_{\mathrm{p}} \\ & k_{\mathrm{p}} \\ & & k_{\mathrm{p}} \\ & & & k_{\mathrm{p}} \\ & & & & k_{\mathrm{p}} \\ & & & & & k_{\mathrm{p}} \\ & & & & & & k_{\mathrm{p}} \\ & & & & & & & k_{\mathrm{p}} \\ & & & & & & & & k_{\mathrm{s}} \\ & & & & & & & & & k_{\mathrm{s}} \\ & & & & & & & & & & k_{\mathrm{s}} \\ & & & & & & & & & & & k_{\mathrm{s}} \\ & & & & & & & & & & & & k_{\mathrm{s}} \\ & & & & & & & & & & & & & k_{\mathrm{s}} \\ & & & & & & & & & & & & & & k_{\mathrm{s}} \\ & & & & & & & & & & & & & & & k_{\mathrm{s}} \end{bmatrix}
$$

式中，k_{p} 为一系悬挂刚度，k_{s} 为二系悬挂刚度。

系统的刚度矩阵为：

$$\boldsymbol{K}=\boldsymbol{T}^{\mathrm{T}}\boldsymbol{k}\boldsymbol{T}$$

三、弹簧加垫形成的外力矢量

假设在各弹簧处加垫的厚度为 $\delta_i(i=1,\cdots,16)$，则可得加垫矢量：

$$\boldsymbol{\delta}=[\delta_1\quad\delta_2\quad\delta_3\quad\delta_4\quad\delta_5\quad\delta_6\quad\delta_7\quad\delta_8\quad\delta_9\quad\delta_{10}\quad\delta_{11}\quad\delta_{12}\quad\delta_{13}\quad\delta_{14}\quad\delta_{15}\quad\delta_{16}]^{\mathrm{T}}$$

弹簧加垫的系统方程为：

$$\boldsymbol{T}^{\mathrm{T}}\boldsymbol{k}(\boldsymbol{T}\boldsymbol{x}+\boldsymbol{\delta})=0$$

因为没有外力作用，所以方程右边为零。现移项整理成如下标准形式：

$$\boldsymbol{T}^{\mathrm{T}}\boldsymbol{k}\boldsymbol{T}\boldsymbol{x}=-\boldsymbol{T}^{\mathrm{T}}\boldsymbol{k}\boldsymbol{\delta}$$

$$\boldsymbol{K}\boldsymbol{x}=\boldsymbol{F}_0$$

由上式可见，弹簧加垫而造成的系统外力矢量为：

$$\boldsymbol{F}_0=-\boldsymbol{T}^{\mathrm{T}}\boldsymbol{k}\boldsymbol{\delta}$$

四、弹簧加垫的系统方程求解

因为弹簧加垫而产生的系统位移为：

$$\boldsymbol{x}=\boldsymbol{K}^{-1}\boldsymbol{F}_0$$

由此可得弹簧载荷变化为：

$$\boldsymbol{Fs}=\boldsymbol{k}(\boldsymbol{T}\boldsymbol{x}+\boldsymbol{\delta})$$

再由图 2—14 可求得各轮对车轮载荷变化：

$$R_1=\frac{Fs_1(a+s)-Fs_2(a-s)}{2s}$$

$$R_2=\frac{Fs_2(a+s)-Fs_1(a-s)}{2s}$$

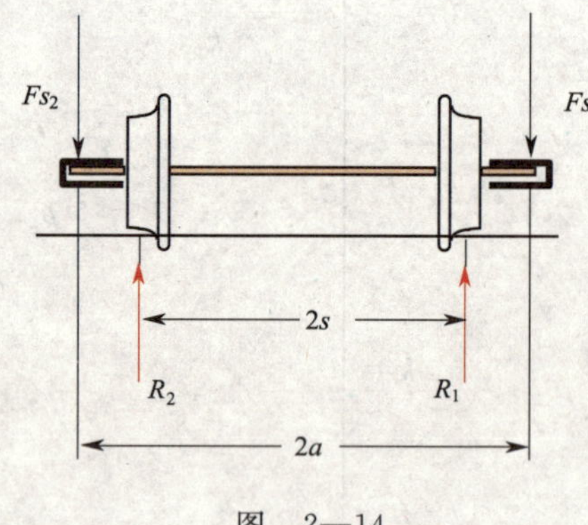

图 2—14

弹簧加垫后的车轮载荷为：

$$W_i=W_{0i}+R_i\qquad i=1,\cdots,8$$

式中：W_i——第 i 个车轮的载荷；

W_{0i}——第 i 个车轮的初始载荷；

R_i——弹簧加垫造成的第 i 个车轮的载荷变化。

五、计算举例

一轴式为 B_0—B_0 的高速机车(图 2—13)，平均轴重 21 t，技术要求之一为：每根轴左右两个车轮载荷之差不得超过 1 000 kg。

机车参数如下：

转向架中心距离：$2L=10.500\ \text{m}$

转向架轴距：$2b=3.35\ \text{m}$

左右滚动圆距离：$2s=1.5\ \text{m}$

二系弹簧纵向间距：$2c=0.5\ \text{m}$

二系弹簧横向间距：$2d=2.26\ \text{m}$

一系弹簧横向间距：$2a=2.0\ \text{m}$

二系弹簧刚度：$k_s=600\ \text{kN/m}$

一系弹簧刚度：$k_p=2\ 500\ \text{kN/m}$

【例 1】 实测初始车轮载荷如表 2—9 所示，请决定垫片的位置和厚度。

表 2—9 实测初始车轮载荷

	第一轮对		第二轮对		第三轮对		第四轮对	
	右轮	左轮	右轮	左轮	右轮	左轮	右轮	左轮
实测车轮载荷(kg)	9 780	11 450	10 940	10 190	9 590	11 100	10 700	9 910
左右轮载荷差(kg)	−1 670		750		−1 510		790	

由表 2—9 可以看到，第一轮对和第三轮对不符合技术要求，所以决定在第一轮对和第三轮对右轮的一系弹簧处加垫，如表 2—10 所示。因为实际使用的垫片都是 3 mm 厚，所以加垫就必须是 3 mm，6 mm，9 mm 等。

表 2—10 垫片位置和厚度

	第一轮对		第二轮对		第三轮对		第四轮对	
	右轮	左轮	右轮	左轮	右轮	左轮	右轮	左轮
一系垫片(mm)	6	0	0	0	6	0	0	0

加垫后的车轮载荷如表 2—11 所示。

表 2—11 加垫后的车轮载荷

	第一轮对		第二轮对		第三轮对		第四轮对	
	右轮	左轮	右轮	左轮	右轮	左轮	右轮	左轮
加垫后车轮载荷(kg)	10 292	10 941	10 427	10 698	10 103	10 592	10 188	10 419
左右轮载荷差(kg)	−649		−271		−489		−231	

由表 2—11 可以看到，加垫后，车轮载荷符合技术要求。

【例 2】 实测初始车轮载荷如表 2—12 所示，请决定垫片的位置和厚度。

从表 2—12 中看到，虽然只有第二轮对不符合技术要求，但因其左右轮载荷差别太大，如只在一系弹簧加垫，仍无法满足技术要求，必须在一系，二系同时加垫，

表 2—12　实测初始车轮载荷

	第一轮对		第二轮对		第三轮对		第四轮对	
	右轮	左轮	右轮	左轮	右轮	左轮	右轮	左轮
实测车轮载荷(kg)	10 390	10 760	9 560	11 720	10 550	10 020	10 170	10 630
左右轮载荷差(kg)	−370		−2 160		530		−460	

垫片位置和厚度如表 2—13 和表 2—14 所示。

表 2—13　一系垫片位置和厚度

	第一轮对		第二轮对		第三轮对		第四轮对	
	右轮	左轮	右轮	左轮	右轮	左轮	右轮	左轮
一系垫片(mm)	0	3	3	0	0	3	0	0

表 2—14　二系垫片位置和厚度

	前转向架				后转向架			
	右 1	左 1	右 2	左 2	右 3	左 3	右 4	左 4
二系垫片(mm)	6	0	6	0	0	6	0	6

加垫后的车轮载荷如表 2—15 所示，可以看到，采用本文所讲的方法，加垫后的计算结果和实际测量的结果是十分接近的。加垫后，车轮载荷符合技术要求。

表 2—15　加垫后的车轮载荷

		第一轮对		第二轮对		第三轮对		第四轮对	
		右轮	左轮	右轮	左轮	右轮	左轮	右轮	左轮
计算	计算车轮载荷(kg)	10 122	11 029	10 310	10 966	10 056	10 520	10 182	10 615
	左右轮载荷差(kg)	−907		−656		−464		−433	
实测	实测车轮载荷(kg)	10 120	11 020	10 330	10 960	10 120	10 460	10 190	10 600
	左右轮载荷差(kg)	−900		−630		−340		−410	

如果技术要求只是对轴重分配有规定，对车轮载荷分配没有具体要求，那么可以采用图 2—2 的模型和它的刚度矩阵，弹簧加垫所产生的外力矢量，解题的方法和步骤，都和上面讲的完全一样。有兴趣的读者还可以参阅文献[7]。

需要指出的是：

1. 因为车体和转向架的支承方式都是超静定的，所以才有可能用加垫的方法来调整支承弹簧载荷，对于静定系统，弹簧加垫是没有用的。

2. 弹簧加垫可以在一定程度上改变车轮间的载荷分配，但并不是为了、也不可能改变车体和转向架的重心位置；系统仍然遵守与重心有关的物理定律。

3. 弹簧加垫调整车轮载荷（或轴重），只要结果满足技术要求就行。要么是“通过”，要么就是“不通过”，不存在“最佳”的问题。

4. 如何确定加垫的位置和厚度，并不复杂，编一个简单的比较程序即可解决。

5. 模型里没有包括车体和转向架构架的结构扭转刚度，因为结构刚度对弹簧加垫造成的载荷变化影响极小，可以不予考虑。

第三节　机车车辆在扭曲轨道上的轮重减载

车轮的减载(ΔP)与车轮静态负荷($\overline{P}$)之比即是轮重减载率$\left(\frac{\Delta P}{\overline{P}}\right)$。当车辆运行在平坦的轨道上时，这个比率通常是零。如果轨道是扭曲的，则会造成车轮减载。一侧车轮减载过大，容易造成脱轨，控制车轮减载率是保证车辆安全运行的重要措施之一。

车辆在扭曲轨道上各个车轮的高度变化，引起车轮载荷的变化，有的增载，有的减载。在模型中引进线路刚度，就可以很方便地把扭曲轨道的高度变化转变为作用在车轮上的外力变化，车轮卸载问题也就迎刃而解了。车辆在扭曲轨道上的车轮减载也可以看作是弹簧加垫计算的延伸，可以通过在轮轨之间加垫来模拟轨道扭曲来求解。

一、机车车辆在扭曲轨道上的轮重减载分析模型

图 2—15 所示为机车车辆在扭曲轨道上的轮重减载分析模型。共有 17 个自由度，22 个弹簧刚度。

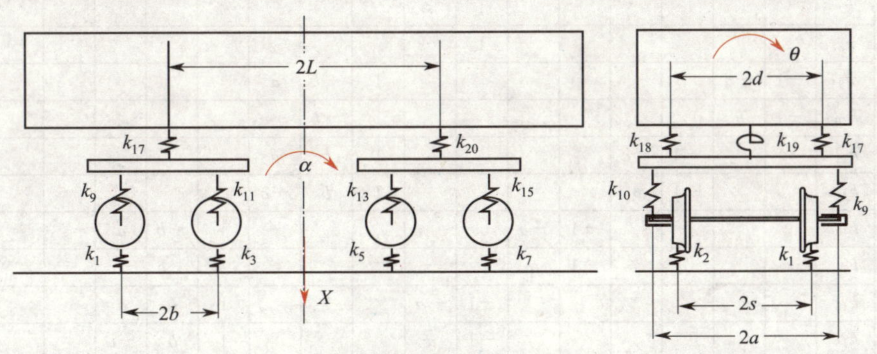

图　2—15

自由度：

四个轮对的垂向位移和侧滚自由度：X_1，θ_2，X_3，θ_4，X_5，θ_6，X_7，θ_8；

前转向架垂向位移 X_9，点头 α_{10}，侧滚 θ_{11}；

后转向架垂向位移 X_{12}，点头 α_{13}，侧滚 θ_{14}；

车体垂向位移 X_{15}，点头 α_{16}，侧滚 θ_{17}。

弹簧刚度：

$k_1 \sim k_8$：线路刚度；

$k_9 \sim k_{16}$：一系悬挂刚度；

$k_{17}, k_{18}, k_{20}, k_{21}$：二系悬挂刚度；

k_{19}, k_{22}：二系扭杆刚度。

转向架轴距为 $2b$；轮对左右滚动圆距离为 $2s$；一系弹簧左右间距为 $2a$；二系弹簧左右间距为 $2d$；前后转向架中心距为 $2L$。

二、系统的刚度矩阵

系统的刚度关联矩阵元素如表 2—16 所示，总共 17 个自由度和 22 个弹簧组成。

表 2—16　刚度关联矩阵元素

		系统自由度																
		轮对								前转向架			后转向架			车体		
		X_1	θ_2	X_3	θ_4	X_5	θ_6	X_7	θ_8	X_9	α_{10}	θ_{11}	X_{12}	α_{13}	θ_{14}	X_{15}	α_{16}	θ_{17}
悬挂弹簧变形	k_1	1	s															
	k_2	1	$-s$															
	k_3			1	s													
	k_4			1	$-s$													
	k_5					1	s											
	k_6					1	$-s$											
	k_7							1	s									
	k_8							1	$-s$									
	k_9	-1	$-a$							1	$-b$	a						
	k_{10}	-1	a							1	$-b$	$-a$						
	k_{11}			-1	$-a$					1	b	a						
	k_{12}			-1	a					1	b	$-a$						
	k_{13}					-1	$-a$						1	$-b$	a			
	k_{14}					-1	a						1	$-b$	$-a$			
	k_{15}							-1	$-a$				1	b	a			
	k_{16}							-1	a				1	b	$-a$			
	k_{17}									-1		$-d$				1	$-L$	d
	k_{18}									-1		d				1	$-L$	$-d$
	k_{19}											1						-1
	k_{20}												-1		$-d$	1	L	d
	k_{21}												-1		d	1	L	$-d$
	k_{22}														1			-1

由表 2—16 可得系统的刚度关联矩阵为：

$$
\boldsymbol{T}=\begin{bmatrix}
1 & s & 0 & 0 & 0 & 0 & 0 & 0 & 0 & 0 & 0 & 0 & 0 & 0 & 0 & 0 & 0 \\
1 & -s & 0 & 0 & 0 & 0 & 0 & 0 & 0 & 0 & 0 & 0 & 0 & 0 & 0 & 0 & 0 \\
0 & 0 & 1 & s & 0 & 0 & 0 & 0 & 0 & 0 & 0 & 0 & 0 & 0 & 0 & 0 & 0 \\
0 & 0 & 1 & -s & 0 & 0 & 0 & 0 & 0 & 0 & 0 & 0 & 0 & 0 & 0 & 0 & 0 \\
0 & 0 & 0 & 0 & 1 & s & 0 & 0 & 0 & 0 & 0 & 0 & 0 & 0 & 0 & 0 & 0 \\
0 & 0 & 0 & 0 & 1 & -s & 0 & 0 & 0 & 0 & 0 & 0 & 0 & 0 & 0 & 0 & 0 \\
0 & 0 & 0 & 0 & 0 & 0 & 1 & s & 0 & 0 & 0 & 0 & 0 & 0 & 0 & 0 & 0 \\
0 & 0 & 0 & 0 & 0 & 0 & 1 & -s & 0 & 0 & 0 & 0 & 0 & 0 & 0 & 0 & 0 \\
-1 & -a & 0 & 0 & 0 & 0 & 0 & 0 & 1 & -b & a & 0 & 0 & 0 & 0 & 0 & 0 \\
-1 & a & 0 & 0 & 0 & 0 & 0 & 0 & 1 & -b & -a & 0 & 0 & 0 & 0 & 0 & 0 \\
0 & 0 & -1 & -a & 0 & 0 & 0 & 0 & 1 & b & a & 0 & 0 & 0 & 0 & 0 & 0 \\
0 & 0 & -1 & a & 0 & 0 & 0 & 0 & 1 & b & -a & 0 & 0 & 0 & 0 & 0 & 0 \\
0 & 0 & 0 & 0 & -1 & -a & 0 & 0 & 0 & 0 & 0 & 1 & -b & a & 0 & 0 & 0 \\
0 & 0 & 0 & 0 & -1 & a & 0 & 0 & 0 & 0 & 0 & 1 & -b & -a & 0 & 0 & 0 \\
0 & 0 & 0 & 0 & 0 & 0 & -1 & -a & 0 & 0 & 0 & 1 & b & a & 0 & 0 & 0 \\
0 & 0 & 0 & 0 & 0 & 0 & -1 & a & 0 & 0 & 0 & 1 & b & -a & 0 & 0 & 0 \\
0 & 0 & 0 & 0 & 0 & 0 & 0 & 0 & -1 & 0 & -d & 0 & 0 & 0 & 1 & -L & d \\
0 & 0 & 0 & 0 & 0 & 0 & 0 & 0 & -1 & 0 & d & 0 & 0 & 0 & 1 & -L & -d \\
0 & 0 & 0 & 0 & 0 & 0 & 0 & 0 & 0 & 0 & 1 & 0 & 0 & 0 & 0 & 0 & -1 \\
0 & 0 & 0 & 0 & 0 & 0 & 0 & 0 & 0 & 0 & 0 & -1 & 0 & -d & 1 & L & d \\
0 & 0 & 0 & 0 & 0 & 0 & 0 & 0 & 0 & 0 & 0 & -1 & 0 & d & 1 & L & -d \\
0 & 0 & 0 & 0 & 0 & 0 & 0 & 0 & 0 & 0 & 0 & 0 & 0 & 1 & 0 & 0 & -1
\end{bmatrix}
$$

刚度系数矩阵为：

$$\boldsymbol{k}=\begin{bmatrix} k_1 & & & & & & & & & & & & & & & & & & & & & \\ & k_2 & & & & & & & & & & & & & & & & & & & & \\ & & k_3 & & & & & & & & & & & & & & & & & & & \\ & & & k_4 & & & & & & & & & & & & & & & & & & \\ & & & & k_5 & & & & & & & & & & & & & & & & & \\ & & & & & k_6 & & & & & & & & & & & & & & & & \\ & & & & & & k_7 & & & & & & & & & & & & & & & \\ & & & & & & & k_8 & & & & & & & & & & & & & & \\ & & & & & & & & k_9 & & & & & & & & & & & & & \\ & & & & & & & & & k_{10} & & & & & & & & & & & & \\ & & & & & & & & & & k_{11} & & & & & & & & & & & \\ & & & & & & & & & & & k_{12} & & & & & & & & & & \\ & & & & & & & & & & & & k_{13} & & & & & & & & & \\ & & & & & & & & & & & & & k_{14} & & & & & & & & \\ & & & & & & & & & & & & & & k_{15} & & & & & & & \\ & & & & & & & & & & & & & & & k_{16} & & & & & & \\ & & & & & & & & & & & & & & & & k_{17} & & & & & \\ & & & & & & & & & & & & & & & & & k_{18} & & & & \\ & & & & & & & & & & & & & & & & & & k_{19} & & & \\ & & & & & & & & & & & & & & & & & & & k_{20} & & \\ & & & & & & & & & & & & & & & & & & & & k_{21} & \\ & & & & & & & & & & & & & & & & & & & & & k_{22} \end{bmatrix}$$

或

$$
\boldsymbol{k}=\operatorname{diag}\left(k_{\mathrm{R}},k_{\mathrm{R}},k_{\mathrm{R}},k_{\mathrm{R}},k_{\mathrm{R}},k_{\mathrm{R}},k_{\mathrm{R}},k_{\mathrm{R}},k_{\mathrm{p}},k_{\mathrm{p}},k_{\mathrm{p}},k_{\mathrm{p}},k_{\mathrm{p}},k_{\mathrm{p}},k_{\mathrm{p}},k_{\mathrm{p}},k_{\mathrm{s}},k_{\mathrm{s}},k_{\mathrm{A}},k_{\mathrm{s}},k_{\mathrm{s}},k_{\mathrm{A}}\right)
$$

式中 k_{R} 为线路刚度，k_{p} 为一系悬挂刚度，k_{s} 为二系悬挂刚度，k_{A} 为二系扭杆刚度。

系统的刚度矩阵为：

$$
\boldsymbol{K}=\boldsymbol{T}^{\mathrm{T}}\boldsymbol{k}\boldsymbol{T}
$$

三、轨道扭曲形成的外力矢量

分析和测量轮重减载的轨道扭曲条件各国标准不尽相同，我国国家标准 GB 5599—1985 指出，试验时车辆应在通过 9 号单开道岔以及低速度通过小半径曲线的条件下测定(横向力为零或接近于零)。这里所规定的轨道扭曲条件就是 9 号单开道岔。

英国铁路标准 GM/RT 2141 规定分析时所用的轨道扭曲如图 2—16 所示：两根钢轨，一根处于水平状态，另一根带有 1/300 的斜度，上面还有一个腰长为 6 m，深度为 20 mm 的等腰三角坑。

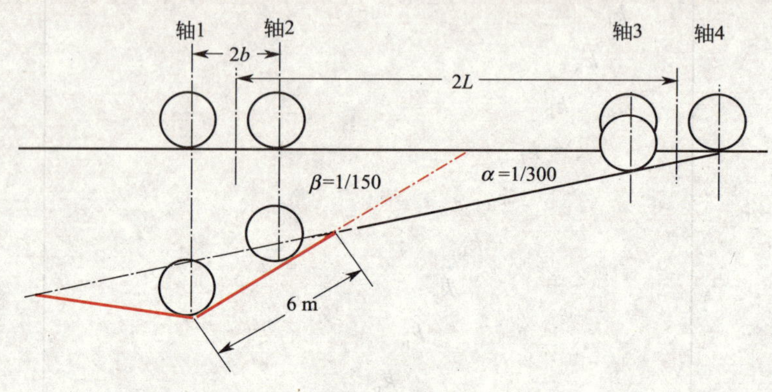

图 2—16

图 2—16 中 $2L$ 是两转向架的中心距，$2b$ 是转向架轴距。图中 1/300 的斜度代表在过渡曲线上线路超高的变化，三角坑则代表轨接头，道岔或线路状态恶化等形成的局部缺陷。三角坑也可能处于第二轴、第三轴或斜坡的任意位置。

假设图 2—16 中两转向架的中心距 $2L=16$ m，转向架轴距 $2b=2.6$ m，则可计算出两侧车轮的高度如表 2—17 所示。轨道位移如表 2—18 所示。

表 2—17　扭曲线路上的轨道高度

	轨道高度(mm)			
	轴 1	轴 2	轴 3	轴 4
水平轨	0	0	0	0
斜坡轨	82	65	8.33	0

表 2—18　扭曲轨道的位移

	轨道位移			
	轴 1	轴 2	轴 3	轴 4
轨道侧滚 θ_0(rad)	0.054	0.043	0.005 54	0
轨道中心垂向 x_0(m)	0.041	0.033	0.004 17	0

由图 2—17 可以看到，当轨道有垂向位移 x_0 和滚动位移 θ_0 时，作用在轮对上的力和力矩分别为 $2k_R \cdot x_0$ 和 $2k_R s^2 \cdot \theta_0$，来自线路扭曲的位移矢量 $\boldsymbol{X_0}$ 和由此而造成的系统外力矢量 $\boldsymbol{F_0}$ 如下：

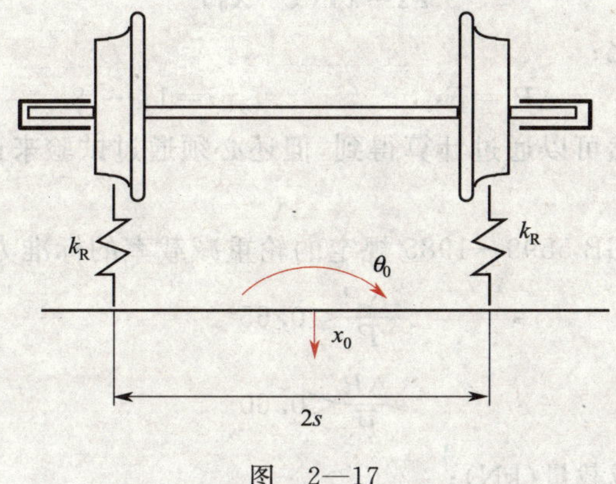

图 2—17

$$X_0 = \begin{bmatrix} x_{01} \\ \theta_{01} \\ x_{02} \\ \theta_{02} \\ x_{03} \\ \theta_{03} \\ 0 \\ 0 \\ 0 \\ 0 \\ 0 \\ 0 \\ 0 \\ 0 \\ 0 \\ 0 \\ 0 \end{bmatrix} \quad F_0 = \begin{bmatrix} 2k_R \cdot x_{01} \\ 2k_R s^2 \cdot \theta_{01} \\ 2k_R \cdot x_{02} \\ 2k_R s^2 \cdot \theta_{02} \\ 2k_R \cdot x_{03} \\ 2k_R s^2 \cdot \theta_{03} \\ 0 \\ 0 \\ 0 \\ 0 \\ 0 \\ 0 \\ 0 \\ 0 \\ 0 \\ 0 \\ 0 \end{bmatrix}$$

四、轨道扭曲造成车轮减载的系统方程求解

因为轨道扭曲而造成的系统位移为：

$$x = K^{-1} F_0$$

弹簧载荷变化为：

$$Fs = kT(x - X_0)$$

各车轮载荷变化：

$$\Delta P_i = Fs_i \qquad i=1,\cdots,8$$

车轮的减载虽然可以通过计算得到，但还必须通过试验来进行验证，以校核计算模型的正确性。

我国国家标准 GB 5599—1985 规定的轮重减载率的标准为：

第一限度 $\dfrac{\Delta P}{P}<0.65$

第二限度 $\dfrac{\Delta P}{\overline{P}}<0.60$

式中：ΔP——轮重减载量(kN)；

$\overline{P}$——减载和增载侧车轮的平均轮重(kN)。

上面的第一限度为评定车辆运行安全的合格标准，第二限度为增大了安全裕量的标准。

英国铁路标准对轮重减载率的要求是$\dfrac{\Delta P}{\overline{P}}<0.60$，与我国国标的第二限度相同。

五、计算举例

一轴式为 B_0—B_0 的高速动车(图 2—15)，计算该动车在图 2—16 所示扭曲轨道上的轮重减载率$\dfrac{\Delta P}{\overline{P}}$。

动车参数如下：

转向架中心距离：$2L=16$ m

转向架轴距：$2b=2.5$ m

左右滚动圆距离：$2s=1.5$ m

一系弹簧横向间距：$2a=2.04$ m

二系弹簧横向间距：$2d=1.81$ m

一系弹簧刚度：$k_p=777$ kN/m

二系弹簧刚度：$k_s=465$ kN/m

二系扭杆刚度：$k_A=1\,500$ kN/m

线路刚度：$k_R=62\,500$ kN/m

轮载荷：$P=61.8$ kN

扭曲轨道的位移如表 18 所示。

计算结果示于表 2—19 和表 2—20 中，表 2—19 所示为轮重变化，表 2—20 为轮重减载率，请注意轮重减载率$\left(\frac{\Delta P}{P}\right)$的符号，正号表示减载，负号表示增载。

表 2—19　轨道扭曲造成的轮重变化

	轮重变化 (kN)			
	轴 1	轴 2	轴 3	轴 4
左侧	15.88	4.248	—7.156	—12.97
右侧	—15.88	—4.248	7.156	12.97

表 2—20　轨道扭曲造成的轮重减载率

	轮重减载率$\left(\frac{\Delta P}{P}\right)$			
	轴 1	轴 2	轴 3	轴 4
左侧	—0.257	—0.069	0.116	0.21
右侧	0.257	0.069	—0.116	—0.21

如果在模型中包括车体和转向架的结构变形刚度，会有助于轮重减载率的下降。表 2—21 所示为模型中包括车体和转向架扭转刚度的计算结果，可以看到最大轮重减载率下降大约 8%左右。

计算中采用的刚度值为：

车体扭转刚度：(k_T＝14 000 kN·m/rad)；

转向架扭转刚度：(k_B＝7 700 kN·m/rad)。

表 2—21　轨道扭曲造成的轮重减载率

	轮重减载率$\left(\frac{\Delta P}{P}\right)$			
	轴 1	轴 2	轴 3	轴 4
左侧	—0.237	—0.074	0.115	0.196
右侧	0.237	0.074	—0.115	—0.196

六、结　　语

从上面所讨论的三个典型的机车车辆的准静态分析计算中可以看到，它们都可以用统一的系统方程 $\boldsymbol{Kx}=\boldsymbol{F}_0$ 来求解。

机车车辆准静态分析的方法和步骤可归纳如下：

1. 按计算要求，建立相应的车辆模型。
2. 根据车辆模型编制刚度关联矩阵 $\boldsymbol{T}$ 和刚度系数矩阵 $\boldsymbol{k}$。
3. 建立系统刚度矩阵，$\boldsymbol{K}=\boldsymbol{T}^{\mathrm{T}}\boldsymbol{kT}$。

4. 确定外力矢量 $\boldsymbol{F}_0$。

5. 求解系统位移 $\boldsymbol{x}=\boldsymbol{K}^{-1}\boldsymbol{F}_0$。

6. 计算悬挂弹簧载荷变化，

$$\boldsymbol{Fs}=\boldsymbol{kTx}$$

或
$$\boldsymbol{Fs}=\boldsymbol{k}(\boldsymbol{Tx}+\boldsymbol{\delta})$$

或
$$\boldsymbol{Fs}=\boldsymbol{kT}(\boldsymbol{x}-\boldsymbol{X}_0)$$

7. 计算轴重或轮重的变化。

有时为了方便，可以建立一个复杂的模型来求解上述所有的准静态分析问题，例如可用计算$\dfrac{\Delta P}{P}$的模型来计算弹簧加垫的问题，和牵引力作用下的轴重转移问题，模型里线路刚度载荷就是车轮载荷，不必再将一系弹簧载荷换算到车轮载荷，模型复杂了点，计算却方便了。

第四节　线性系统的转向架稳态曲线通过

曲线通过是机车车辆横向动力学研究的一个重要课题。对降低车辆阻力、减少磨耗以至行车安全都有十分重要的作用。线性系统稳态曲线通过研究的是曲线上轮缘不接触钢轨的导向问题，计算轮对在轨道上所处的位置，检查轮轨间隙。

一、基本假定

1. 转向架轮对为锥形踏面，在大半径曲线上稳态运行，没有轮缘接触；

2. 轮轨接触几何关系、蠕滑规律以及悬挂元件特性均为线性，略去自旋蠕滑的影响；

3. 左右车轮载荷没有明显变化。

在这样的假定条件下，车辆稳态曲线通过便可以按准静态方法来处理。

二、系统模型和方程

转向架模型如图 2—18 所示，它由两个轮对和转向架构架组成，轴距为 $2b$，轮轨接触间距为 $2s$，一系纵向弹簧的横向间距为 $2a$，每个质量有横向 y 和摇头 ϕ 两个自由度，平衡方程的普遍形式可表达为：

$$(\boldsymbol{E}+\boldsymbol{K})\boldsymbol{x}=\boldsymbol{F}$$

式中：$\boldsymbol{E}$——与轮轨接触几何有关的接触刚度矩阵；

$\boldsymbol{K}$——由悬挂元件构成的系统刚度矩阵；

$\boldsymbol{x}$——位移矢量；

$\boldsymbol{F}$——外力矢量。

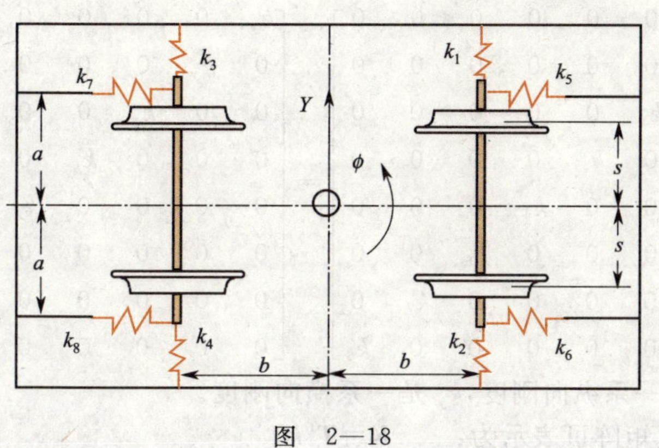

图 2—18

三、系统刚度矩阵和位移矢量

为建立系统刚度矩阵，先要确定自由度位移与弹簧变形之间关系的刚度关联矩阵元素，如表 2—22 所示。

表 2—22 刚度关联矩阵元素

		自由度位移					
		轮对 1		轮对 2		车体 3	
		Y_1	ϕ_1	Y_2	ϕ_2	Y_3	ϕ_3
悬挂弹簧变形	k_1	1				−1	$-b$
	k_2	−1				1	b
	k_3			1		−1	b
	k_4			−1		1	$-b$
	k_5		$-a$				a
	k_6		a				$-a$
	k_7				a		$-a$
	k_8				$-a$		a

由表 2—22 可得系统的刚度关联矩阵为：

$$
\boldsymbol{T}=\begin{bmatrix}
1 & 0 & 0 & 0 & -1 & -b \\
-1 & 0 & 0 & 0 & 1 & b \\
0 & 0 & 1 & 0 & -1 & b \\
0 & 0 & -1 & 0 & 1 & -b \\
0 & -a & 0 & 0 & 0 & a \\
0 & a & 0 & 0 & 0 & -a \\
0 & 0 & 0 & a & 0 & -a \\
0 & 0 & 0 & -a & 0 & a
\end{bmatrix}
$$

刚度系数矩阵是系统刚度组成的对角矩阵：

$$\boldsymbol{k}=\begin{bmatrix} k_1 & 0 & 0 & 0 & 0 & 0 & 0 & 0 \\ 0 & k_2 & 0 & 0 & 0 & 0 & 0 & 0 \\ 0 & 0 & k_3 & 0 & 0 & 0 & 0 & 0 \\ 0 & 0 & 0 & k_4 & 0 & 0 & 0 & 0 \\ 0 & 0 & 0 & 0 & k_5 & 0 & 0 & 0 \\ 0 & 0 & 0 & 0 & 0 & k_6 & 0 & 0 \\ 0 & 0 & 0 & 0 & 0 & 0 & k_7 & 0 \\ 0 & 0 & 0 & 0 & 0 & 0 & 0 & k_8 \end{bmatrix}=\begin{bmatrix} k_y & 0 & 0 & 0 & 0 & 0 & 0 & 0 \\ 0 & k_y & 0 & 0 & 0 & 0 & 0 & 0 \\ 0 & 0 & k_y & 0 & 0 & 0 & 0 & 0 \\ 0 & 0 & 0 & k_y & 0 & 0 & 0 & 0 \\ 0 & 0 & 0 & 0 & k_x & 0 & 0 & 0 \\ 0 & 0 & 0 & 0 & 0 & k_x & 0 & 0 \\ 0 & 0 & 0 & 0 & 0 & 0 & k_x & 0 \\ 0 & 0 & 0 & 0 & 0 & 0 & 0 & k_x \end{bmatrix}$$

式中，k_x 是一系纵向刚度，k_y 是一系横向刚度。

系统的刚度矩阵可表示为： $\boldsymbol{K}=\boldsymbol{T}^{\mathrm{T}}\boldsymbol{k}\boldsymbol{T}$

根据第一章线性蠕滑理论，本例中轮轨接触的刚度矩阵为：

$$\boldsymbol{E}=\begin{bmatrix} K_g & -2f_{22} & 0 & 0 & 0 & 0 \\ \dfrac{2f_{11}s\lambda}{r_0} & -K_\phi & 0 & 0 & 0 & 0 \\ 0 & 0 & K_g & -2f_{22} & 0 & 0 \\ 0 & 0 & \dfrac{2f_{11}s\lambda}{r_0} & -K_\phi & 0 & 0 \\ 0 & 0 & 0 & 0 & 0 & 0 \\ 0 & 0 & 0 & 0 & 0 & 0 \end{bmatrix};$$

将矩阵 $\boldsymbol{E}$ 和 $\boldsymbol{K}$ 组合后展开可得：

$$\boldsymbol{E}+\boldsymbol{K}=\begin{pmatrix} 2\cdot k_y+K_g & -2\cdot f_{22} & 0 & 0 & -2\cdot k_y & -2\cdot b\cdot k_y \\ 2\cdot f_{11}\cdot\lambda\cdot\dfrac{s}{\lambda} & 2\cdot a^2\cdot k_x-K_\phi & 0 & 0 & 0 & -2\cdot a^2\cdot k_x \\ 0 & 0 & 2\cdot k_y+K_g & -2\cdot f_{22} & -2\cdot k_y & 2\cdot b\cdot k_y \\ 0 & 0 & 2\cdot f_{11}\cdot\lambda\cdot\dfrac{s}{r} & 2\cdot a^2\cdot k_x-K_\phi & 0 & -2\cdot a^2\cdot k_x \\ -2\cdot k_y & 0 & -2\cdot k_y & 0 & 4\cdot k_y & 0 \\ -2\cdot b\cdot k_y & -2\cdot a^2\cdot k_x & 2\cdot b\cdot k_y & -2\cdot a^2\cdot k_x & 0 & 4\cdot b^2\cdot k_y+4\cdot a^2\cdot k_x \end{pmatrix}$$

系统位移矢量：

$$x=[y_1 \quad \phi_1 \quad y_2 \quad \phi_2 \quad y_3 \quad \phi_3]^{\mathrm{T}}。$$

四、系统外力矢量

当轮对在曲线上运行时，轮对围绕线路中心的角速度为 $\dfrac{v}{R}$，外轮的纵向速度为 $\dfrac{v}{R}\cdot(R+s_{\mathrm{L}})$，内轮的纵向速度为 $\dfrac{v}{R}\cdot(R-s_{\mathrm{R}})$，因为曲线而造成的内外轮相对于轮对中心的纵向速度分别为$\frac{v}{R}\cdot s_L$和$-\frac{v}{R}\cdot s_R$，如图 2—19 所示。

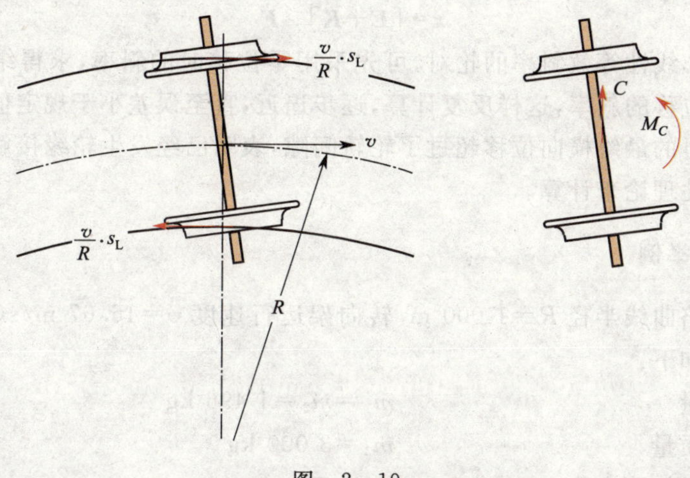

图 2—19

假设内外轮轨接触点到轮对中心的距离相等，$s_L=s_R=s$，内外轮轨接触点处的纵向蠕滑率为$\frac{s}{R}$和$-\frac{s}{R}$，作用在内外轮上的纵向蠕滑力为$-f_{11}\frac{s}{R}$和$f_{11}\frac{s}{R}$，两者大小相等方向相反，形成一个力矩 M_C 作用在轮对上，$M_C=2f_{11}\frac{s^2}{R}$。

此外，在曲线上转向架还受到未平衡离心加速度 a_C 的作用，可按下列公式计算，

$$a_C=\left(\frac{v^2}{R}-\frac{h}{2s}\cdot g\right)$$

式中：a_C——未平衡离心加速度($\mathrm{m/s^2}$)；

v——车辆运行速度(m/s)；

R——曲线半径(m)；

h——外轨超高(mm)；

$2s$——左右轮轨接触点间距，$2s=1\ 500$ mm；

g——重力加速度，g 取 9.81 $\mathrm{m/s^2}$。

所以外力矢量为：

$$\boldsymbol{F}=\begin{bmatrix} C_1 \\ M_C \\ C_2 \\ M_C \\ C_3 \\ 0 \end{bmatrix}$$

式中，C_1，C_2，和 C_3 为作用在轮对和转向架上的未平衡离心力。

由此可得系统的位移：

$$\boldsymbol{x}=[\boldsymbol{E}+\boldsymbol{K}]^{-1}\boldsymbol{F}$$

对于有非线性等效斜率的轮对，可先采用零位移时的斜率，求得结果位移后，再采用平均位移的斜率，这样反复计算，逐步逼近，直至误差小于规定值。

倘若轮对的最终横向位移超过了轮轨间隙，表明已经发生轮缘接触，需要用更精确的非线性理论来计算。

五、计算举例

假设线路曲线半径 $R=1\ 000$ m，转向架运行速度 $v=16.67$ m/s(60 km/h)，转向架参数如下：

轮对质量 $m_1=m_2=1\ 496$ kg

转向架质量 $m_3=3\ 000$ kg

轮轨接触间距之半 $s=0.75$ m

纵向弹簧横向间距之半 $a=1.02$ m

车轮半径 $r_0=0.42$ m

轴距之半 $b=1.25$ m

踏面斜率 $\lambda=0.05$

车轮载荷 $N=\dfrac{m_1+0.5\cdot m_3}{2}\cdot g=14\ 695.4$ N

轮对横向刚度 $k_y=1.0\times10^6$ N/m

轮对纵向刚度 $k_x=5.0\times10^5$ N/m

轮对重力刚度 $k_g=\dfrac{N\cdot\lambda}{s}$ N/m

轮对重力角刚度 $k_\phi=N\cdot s\cdot\lambda$ N·m/rad

杨氏弹性模量 $E=2.07\times10^{11}$ N/m²

泊松比 $\nu=0.3$

接触椭圆长短半径之乘积

$$a\cdot b=\left[1.5\cdot(1-\nu^2)\cdot N\cdot\frac{r_0}{E}\right]^{2/3}=1.183\times10^{-5}$$

Kalker 系数 $C_{11}=1.65\quad C_{22}=1.43$

蠕滑力系数(N) $f_{11}=E\cdot C_{11}\cdot a\cdot b=4.041\times10^6$

$f_{22}=E\cdot C_{22}\cdot a\cdot b=3.502\times10^6$

线路超高 $h=0$ mm

轮对未平衡离心加速度 $C_1=416$ N

构架未平衡离心加速度　　　　$C_2=833$ N

计算结果如下：

$$\begin{bmatrix} y_1 \\ \phi_1 \\ y_2 \\ \phi_2 \\ y_3 \\ \phi_3 \end{bmatrix} = \begin{bmatrix} 6.4018\times10^{-3} \\ -1.0838\times10^{-4} \\ 6.4293\times10^{-3} \\ -1.2744\times10^{-4} \\ 6.6239\times10^{-3} \\ -3.7692\times10^{-5} \end{bmatrix}$$

自由轮对纯滚动线偏移量为：

$$y_0=\frac{r_0 s}{\lambda R}=6.3\times10^{-3}(\mathrm{m})$$

可以看到，由于离心力的作用，轮对和构架向曲线外侧的偏离量略大于自由轮对纯滚动线偏移量，并有顺时针的的摇头角（负值）。

第五节　非线性系统的求解方法

在准静力学问题的求解过程中，遇到非线性特性元件时，就须要把外力分成若干等份，逐渐地加载到系统上。

如图 2—20 所示系统，由质量 M，弹簧 k_1，和止挡 k_2 组成，止挡的间隙为 δ。在外力 F 的作用下，当质量 M 的位移小于 δ 时，止挡 k_2 不起作用，当质量 M 的位移大于 δ 时，弹簧 k_1 和止挡 k_2 同时起作用。系统的刚度特性 k 可表达为：

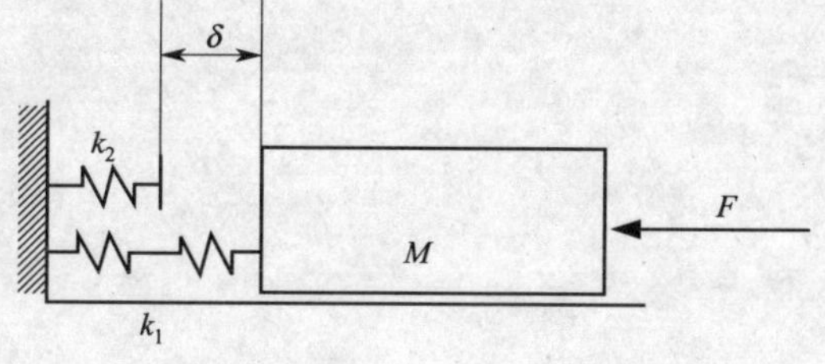

图　2—20

$$k=\begin{cases} k_1 & (x<\delta) \\ k_1+k_2 & (x\geqslant\delta) \end{cases}$$

假设弹簧刚度 $k_1=150$ kN/m，止挡刚度 $k_2=500$ kN/m，止挡间隙 $\delta=0.05$ m，外力 $F=10$ kN，求质量 M 的位移。

求解时，先把外力分成 100 等份，每次加载 0.1 kN，计算出位移，决定下一步计算的系统刚度，总共计算 100 次，至外力达到 10 kN。其结果如图 2—21 所示。可以看到，在位移 0.05 m 处，曲线有一个转折点。

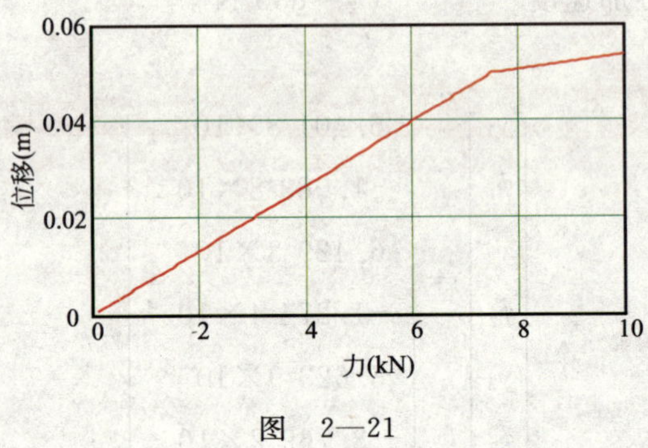

图　2—21

第三章

车辆系统的特征值和稳定性分析方法

在讨论高速列车的稳定性时，一定要谈到特征值和特征向量的计算。特征值和特征向量的性质及数值计算方法是线性代数的主要内容之一，然而高等院校工程数学线性代数教材中很少有讨论特征值和特征向量在工程领域里的应用的，实际上它是我们求解工程振动问题和进行稳定性分析的重要数学工具。本章旨在介绍特征值和特征向量与振动计算分析之间的关系。

第一节　特征值和特征向量

一、特征值和特征向量的定义

一个矩阵的特征值和特征向量可用下式来定义：

$$\boldsymbol{A}\boldsymbol{x}=\lambda\boldsymbol{x} \tag{3—1}$$

式中：$\boldsymbol{A}$——方阵；

$\boldsymbol{x}$——特征向量；

λ——特征值。

特征值是一个标量，而特征向量是一个列向量，对于一个 N 阶的方阵（$N\times N$ 矩阵），有 N 个特征值，每一个特征值对应有一组由 N 个元素组成的特征向量。式(3—1)也可表述为：特征向量是这样一个向量，用矩阵左乘时，等于该向量与一标量相乘，该标量就是特征值。

方程(3—1)可改写为：

$$\boldsymbol{A}\boldsymbol{x}-\lambda\boldsymbol{x}=0$$

$$\boldsymbol{A}\boldsymbol{x}-\lambda\boldsymbol{I}\boldsymbol{x}=0 \tag{3—2}$$

式中，$\boldsymbol{I}$ 为单位矩阵，并且 $\boldsymbol{I}\boldsymbol{x}=\boldsymbol{x}$。

由公式(3—2)可得

$$(\boldsymbol{A}-\lambda\boldsymbol{I})(x)=0 \tag{3—3}$$

公式(3—3)是特征值方程的另一种表达式。

假设：

$$\boldsymbol{A}=\begin{bmatrix}a_{11} & a_{12}\\ a_{21} & a_{22}\end{bmatrix}$$

因为 $\boldsymbol{A}$ 是一个二阶方阵，所以 $\boldsymbol{I}$ 亦为二阶单位矩阵，$\boldsymbol{I}=\begin{bmatrix}1 & 0\\ 0 & 1\end{bmatrix}$；而特征向量则是一个有二个元素组成的列向量，$\boldsymbol{x}=\begin{Bmatrix}x_1\\ x_2\end{Bmatrix}$

代入公式(3—3)，则可得到：

$$\left(\begin{bmatrix}a_{11} & a_{12}\\ a_{21} & a_{22}\end{bmatrix}-\lambda\begin{bmatrix}1 & 0\\ 0 & 1\end{bmatrix}\right)\begin{Bmatrix}x_1\\ x_2\end{Bmatrix}=0$$

$$\left(\begin{bmatrix}a_{11} & a_{12}\\ a_{21} & a_{22}\end{bmatrix}-\begin{bmatrix}\lambda & 0\\ 0 & \lambda\end{bmatrix}\right)\begin{Bmatrix}x_1\\ x_2\end{Bmatrix}=0$$

$$\begin{bmatrix}a_{11}-\lambda & a_{12}\\ a_{21} & a_{22}-\lambda\end{bmatrix}\begin{Bmatrix}x_1\\ x_2\end{Bmatrix}=0 \tag{3—4}$$

式(3—4)具有非零解的条件是其系数矩阵的行列式为0，即

$$\begin{vmatrix}a_{11}-\lambda & a_{12}\\ a_{21} & a_{22}-\lambda\end{vmatrix}=0$$

将行列式展开可得二次方程：

$$\lambda^2-(a_{11}+a_{22})\lambda+a_{11}\cdot a_{22}-a_{12}\cdot a_{21}=0$$

上述由行列式展开而得到的多项式方程，通常称为特征方程。λ 的两个根即为矩阵 $\boldsymbol{A}$ 的特征值，将 λ 代入方程(3—4)，可求得与之对应的特征向量 $\boldsymbol{x}$。

现举一个具体的例子来进一步说明。求解下述二阶矩阵的特征值和特征向量。

$$\boldsymbol{A}=\begin{bmatrix}1 & 2\\ 1 & 3\end{bmatrix}$$

得到特征方程

$$\begin{vmatrix}1-\lambda & 2\\ 1 & 3-\lambda\end{vmatrix}=0$$

把上述行列式展开，解多项式方程得到两个根为：$\lambda=3.732$ 和 $\lambda=0.268$。

将 $\lambda=3.732$ 代入特征值方程：

$$\begin{bmatrix}1-3.732 & 2\\ 1 & 3-3.732\end{bmatrix}\begin{bmatrix}x_1\\ x_2\end{bmatrix}=0$$

$$2.732 \cdot x_1 - 2x_2 = 0 \tag{a}$$

$$x_1 - 0.732 \cdot x_2 = 0 \tag{b}$$

由齐次线性方程组理论可知，上述方程组除有平凡解 $x_1=0, x_2=0$ 之外，一定还有非零解。假设 x_1 为已知，

由方程(a)可得： $x_2 = \frac{2.732}{2} x_1 = 1.366 \cdot x_1$

由方程(b)可得： $x_2 = \frac{1}{0.732} x_1 = 1.366 \cdot x_1$

因为 x_1 可以为任意值，所以方程有无数组解。假设 $x_1=1$，则对应于 $\lambda=3.732$ 的特征向量为：

$$\begin{bmatrix} x_1 \\ x_2 \end{bmatrix} = \begin{bmatrix} 1 \\ 1.366 \end{bmatrix}$$

通常对特征向量的最大元素标准化，得：

$$\begin{bmatrix} x_1 \\ x_2 \end{bmatrix} = \begin{bmatrix} 0.732 \\ 1 \end{bmatrix}$$

用同样的方法可求得对应 $\lambda=0.268$ 的特征向量：

$$\begin{bmatrix} x_1 \\ x_2 \end{bmatrix} = \begin{bmatrix} 1 \\ -0.366 \end{bmatrix}$$

二、工程振动系统

图 3—1 所示为两个自由度的自由振动系统，其运动方程为：

$$\begin{aligned} m_1 \ddot{x}_1 + (k_1+k_2)x_1 - k_2 x_2 = 0 \\ m_2 \ddot{x}_2 - k_2 x_1 + k_2 x_2 = 0 \end{aligned} \tag{3—5}$$

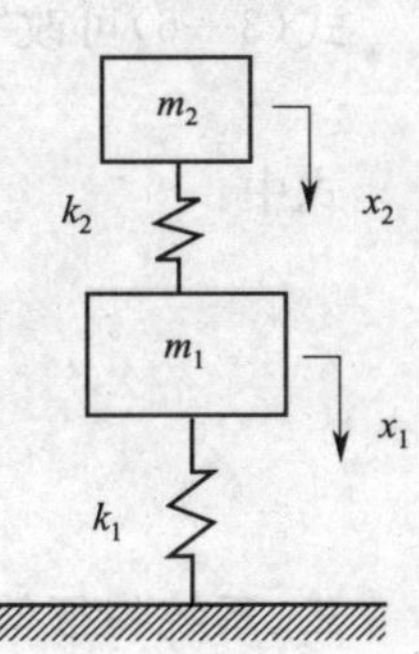

图 3—1

整理可得：

$$\ddot{x}_1 + \frac{k_1+k_2}{m_1} x_1 - \frac{k_2}{m_1} x_2 = 0$$

$$\ddot{x}_2 - \frac{k_2}{m_2} x_1 + \frac{k_2}{m_2} x_2 = 0$$

写成矩阵形式：

$$\begin{Bmatrix} \ddot{x}_1 \\ \ddot{x}_2 \end{Bmatrix} + \begin{bmatrix} \frac{k_1+k_2}{m_1} & -\frac{k_2}{m_1} \\ -\frac{k_2}{m_2} & \frac{k_2}{m_2} \end{bmatrix} \begin{Bmatrix} x_1 \\ x_2 \end{Bmatrix} = 0$$

设其特解为：

$$x_1 = X_1 \sin(\omega t + \phi)$$

$$x_2 = X_2 \sin(\omega t + \phi)$$

求两次导数可得：

$$\ddot{x}_1 = -\omega^2 X_1 \sin(\omega t + \phi)$$

$$\ddot{x}_2 = -\omega^2 X_2 \sin(\omega t + \phi)$$

代入式(3—5)，并消去共同项 $\sin(\omega t+\phi)$，可得：

$$-\omega^2 X_1 + \frac{(k_1+k_2)}{m_1} X_1 - \frac{k_2}{m_1} X_2 = 0$$

$$-\omega^2 X_2 - \frac{k_2}{m_2} X_1 + \frac{k_2}{m_2} X_2 = 0$$

经整理可得：

$$\left(\frac{k_1+k_2}{m_1} - \omega^2\right) X_1 - \frac{k_2}{m_1} X_2 = 0$$

$$-\frac{k_2}{m_2} X_1 + \left(\frac{k_2}{m_2} - \omega^2\right) X_2 = 0$$

写成矩阵形式：

$$\begin{bmatrix} \frac{k_1+k_2}{m_1} - \omega^2 & -\frac{k_2}{m_1} \\ -\frac{k_2}{m_2} & \frac{k_2}{m_2} - \omega^2 \end{bmatrix} \begin{Bmatrix} X_1 \\ X_2 \end{Bmatrix} = 0 \tag{3—6}$$

比较式(3—4)和式(3—6)，可以看到，两者在形式上是完全一样的，式(3—4)中的特征值 λ 与式(3—6)中的系统固有振动频率的平方 ω^2 相对应。这是一个重要的关系式，因为它把振动系统方程和特征值及特征向量的概念联系起来了。

式(3—6)可改写为

$$(\boldsymbol{A} - \omega^2 \boldsymbol{I})\boldsymbol{X} = 0$$

式中：

$$\boldsymbol{A} = \begin{bmatrix} \frac{k_1+k_2}{m_1} & -\frac{k_2}{m_1} \\ -\frac{k_2}{m_2} & \frac{k_2}{m_2} \end{bmatrix}$$

三、系统特征值方程的建立

1. 无阻尼系统

无阻尼系统的运动方程为：

$$\boldsymbol{M}\ddot{\boldsymbol{x}} + \boldsymbol{K}\boldsymbol{x} = 0$$

式中，$\boldsymbol{M}$ 和 $\boldsymbol{K}$ 为 n 阶方阵，$\ddot{\boldsymbol{x}}$ 和 $\boldsymbol{x}$ 为 n 阶列向量。

$$\boldsymbol{I}\ddot{\boldsymbol{x}} + \boldsymbol{M}^{-1}\boldsymbol{K}\boldsymbol{x} = 0$$

$$\boldsymbol{I}\ddot{\boldsymbol{x}}+\boldsymbol{D}\boldsymbol{x}=0 \tag{c}$$

式中： $\boldsymbol{I}$——单位矩阵；

$\boldsymbol{D}=\boldsymbol{M}^{-1}\boldsymbol{K}$——称之为无阻尼系统的系统矩阵。

由振动理论可知，方程有下列形式的解：

$$\boldsymbol{x}=\boldsymbol{X}\mathrm{e}^{j\omega t}$$

由此可得

$$\ddot{\boldsymbol{x}}=-\omega^2\boldsymbol{X}\mathrm{e}^{j\omega t}=-\omega^2\boldsymbol{x}$$

将$\ddot{\boldsymbol{x}}$代入上述方程(c)得：

$$[\boldsymbol{D}-\omega^2\boldsymbol{I}]\boldsymbol{x}=0$$

系统特征方程为：

$$|\boldsymbol{D}-\lambda\boldsymbol{I}|=0$$

式中，$\lambda_i=\omega_i^2(i=1,\cdots,n)$。

也就是说，对于一个无阻尼系统，其系统矩阵的特征值即为该系统自振频率的平方。

2. 有阻尼系统

有阻尼系统的运动方程为：

$$\boldsymbol{M}\ddot{\boldsymbol{x}}+\boldsymbol{C}\dot{\boldsymbol{x}}+\boldsymbol{K}\boldsymbol{x}=0$$

$$\ddot{\boldsymbol{x}}=-\boldsymbol{M}^{-1}\boldsymbol{C}\dot{\boldsymbol{x}}-\boldsymbol{M}^{-1}\boldsymbol{K}\boldsymbol{x} \tag{3—7}$$

式中，$\boldsymbol{M}$、$\boldsymbol{C}$和$\boldsymbol{K}$为n阶方阵，$\ddot{\boldsymbol{x}}$、$\dot{\boldsymbol{x}}$和$\boldsymbol{x}$为n阶列向量。

定义向量：

$$\boldsymbol{Y}=\begin{bmatrix}\dot{\boldsymbol{x}}\\\boldsymbol{x}\end{bmatrix}$$

和

$$\dot{\boldsymbol{Y}}=\begin{bmatrix}\ddot{\boldsymbol{x}}\\\dot{\boldsymbol{x}}\end{bmatrix}$$

将公式(3—7)的$\ddot{\boldsymbol{x}}$代入上述方程得：

$$\dot{\boldsymbol{Y}}=\begin{bmatrix}-\boldsymbol{M}^{-1}\boldsymbol{C} & -\boldsymbol{M}^{-1}\boldsymbol{K}\\ I & 0\end{bmatrix}\begin{bmatrix}\dot{\boldsymbol{x}}\\\boldsymbol{x}\end{bmatrix}$$

$$\dot{\boldsymbol{Y}}=\boldsymbol{A}\boldsymbol{Y} \tag{d}$$

式中：

$$\boldsymbol{A}=\begin{bmatrix}-\boldsymbol{M}^{-1}\boldsymbol{C} & -\boldsymbol{M}^{-1}\boldsymbol{K}\\ I & 0\end{bmatrix}$$

称之为有阻尼系统的系统矩阵，是$2n$阶方阵。设方程有如下形式的解：

$$\boldsymbol{Y}=y\mathrm{e}^{\gamma t}$$

由此可得

$$\dot{\boldsymbol{Y}}=\gamma\cdot y\mathrm{e}^{\gamma t}$$

将 $\dot{Y}$ 代入上述方程（d）得：

$$[\gamma\boldsymbol{I}-\boldsymbol{A}]y=0 \tag{e}$$

实际上，上式是一个齐次线性代数方程组，它有非零解的充要条件是矩阵 $[\gamma\boldsymbol{I}-\boldsymbol{A}]$ 的行列式为零，即

$$\det|\gamma\boldsymbol{I}-\boldsymbol{A}|=0$$

由上式所得到的解 γ 就是矩阵 $\boldsymbol{A}$ 的特征值。因为 $\boldsymbol{A}$ 是 $2n$ 阶矩阵，所以有 $2n$ 个 γ 值。特征值通常是共轭复数，具有以下形式：

$$\gamma_i=\alpha_i+j\cdot\beta_i$$

将 γ_i 代入上面的矩阵方程（e）：

$$[\gamma_i\boldsymbol{I}-\boldsymbol{A}]y=0$$

即可解得对应于特征值 γ_i 的 y：

$$y_i=e^{\alpha_i t}[C_i\sin(\beta_i t+\phi_i)]$$

式中：C_i——常数，与初始条件有关；

α_i——衰减系数；

β_i——模态振动频率（有阻尼频率）；

ϕ_i——相位角，与初始条件有关。

由上面的分析可以看到，有阻尼系统的特征值 γ 的虚数部分 β 提供了系统振动频率的信息，实数部分 α 则是代表了与系统的阻尼相关的信息。

轨道车辆系统特征值的实数部分（衰减系数 α_i）是随车辆速度而变化的，如图 3—2 所示。

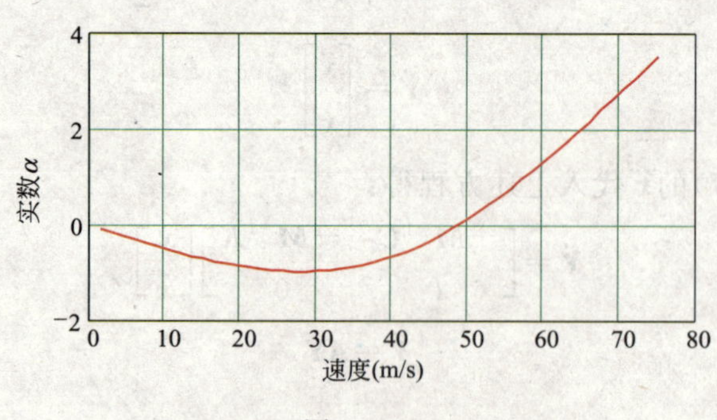

图　3—2

图 3—3 所示为系统的振幅随时间 t 的变化规律：

(1)$\alpha>0$，系统的振幅将随时间 t 的延续而不断扩大，直至轮缘与钢轨相碰撞，

这时系统是失稳的。

(2)$\alpha=0$，系统的振幅是定值，将不随时间 t 的延续而变化，呈临界状态，这时的车辆速度称为临界速度。

(3)$\alpha<0$，系统的振幅将随时间 t 的延续而衰减，这时系统是稳定的。

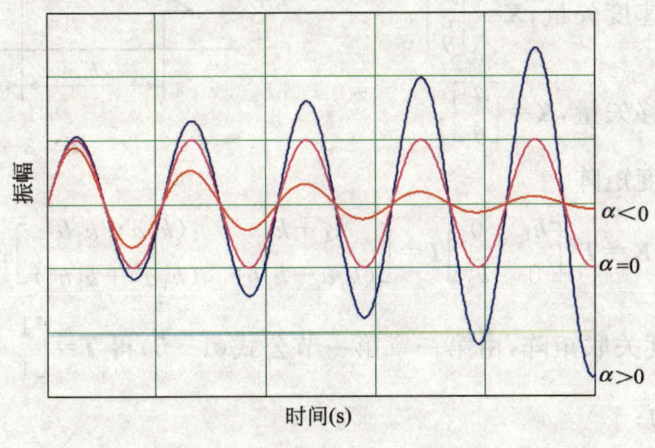

图 3—3

$\alpha=0$ 时的速度称为临界速度，低于临界速度，$\alpha<0$，这时系统是稳定的；高于临界速度，$\alpha>0$，这时系统是失稳的。

振动模态的阻尼率可由下式求得：

$$\xi_i=-\frac{\alpha_i}{\sqrt{\alpha_i^2+\beta_i^2}}$$

从工程实践的角度来看，习惯上都把“负阻尼”理解为对振动的激励而不是衰减。为了避免混淆，在车辆动力学的特征值计算中，在阻尼率公式里特意加进了一个负号。这样一来，当 α 为负值时，阻尼率 ξ 为正值，从数学上来讲，振动是衰减振动，从工程的角度来理解，阻尼率为正值的振动就是衰减振动。这样就把数学的定义和工程的习惯统一起来了。

系统的自振频率(无阻尼频率)则为：

$$\omega_i=\sqrt{\alpha_i^2+\beta_i^2}$$

第二节　特征值和特征向量计算举例

图 3—4 所示系统由一根横梁和两个支承弹簧组成，弹簧刚度分别为 k_1 和 k_2，横梁重心与支点的距离为 a 和 b。横梁具有两个自由度：垂向移动 x 和绕重心的回转 θ。

假定梁的质量为 m，惯性矩为 J，系统的无阻尼自由振动方程为：

$$\boldsymbol{M}\ddot{\boldsymbol{X}}+\boldsymbol{K}\boldsymbol{X}=0$$

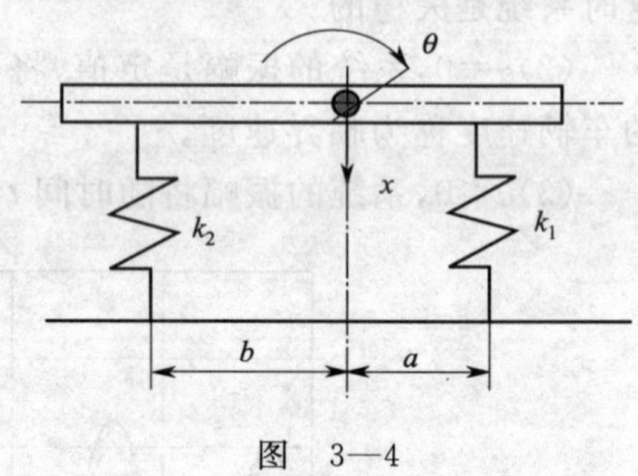

图　3—4

式中：$\boldsymbol{M}$——质量矩阵，$\boldsymbol{M}=\begin{bmatrix} m & 0 \\ 0 & J \end{bmatrix}$；

$\ddot{\boldsymbol{X}}$——加速度矢量，$\ddot{\boldsymbol{X}}=\begin{bmatrix} \ddot{x} \\ \ddot{\theta} \end{bmatrix}$；

$\boldsymbol{X}$——位移矢量，$\boldsymbol{X}=\begin{bmatrix} x \\ \theta \end{bmatrix}$；

$\boldsymbol{K}$——刚度矩阵，

$$\boldsymbol{K}=\boldsymbol{T}^{\mathrm{T}}\begin{bmatrix} k_1 & 0 \\ 0 & k_2 \end{bmatrix}\boldsymbol{T}=\begin{bmatrix} k_1+k_2 & (k_1a-k_2b) \\ (k_1a-k_2b) & (k_1a^2+k_2b^2) \end{bmatrix};$$

此处 $\boldsymbol{T}$ 刚度关联矩阵，由第一章第一节公式(1—5)得 $\boldsymbol{T}=\begin{bmatrix} 1 & a \\ 1 & -b \end{bmatrix}$。

系统矩阵为：

$$\boldsymbol{A}=\boldsymbol{M}^{-1}\boldsymbol{K} \tag{3—8}$$

令 $m=100$ kg；$J=50$ kgm^2；$k_1=k_2=1\ 000$ N/m；$a=1$ m；$b=1.5$ m。得系统矩阵为：

$$\boldsymbol{A}=\begin{bmatrix} \frac{1}{m} & 0 \\ 0 & \frac{1}{J} \end{bmatrix}\begin{bmatrix} 2\ 000 & -500 \\ -500 & 3\ 250 \end{bmatrix}=\begin{bmatrix} 20 & -5 \\ -10 & 65 \end{bmatrix}$$

求得系统特征值为：

$$\lambda=\begin{pmatrix} 18.915 \\ 66.085 \end{pmatrix}$$

系统的自振频率为：

$$\omega=\sqrt{\lambda}=\begin{pmatrix} 4.349 \\ 8.129 \end{pmatrix}\quad (\mathrm{rad/s})$$

$$f=\frac{\omega}{2\pi}=\begin{pmatrix} 0.692 \\ 1.294 \end{pmatrix}\quad (\mathrm{Hz})$$

$\lambda=18.915$ 时，特征向量为：$\begin{Bmatrix} x \\ \theta \end{Bmatrix}=\begin{pmatrix} 1 \\ 0.217 \end{pmatrix}$

$\lambda=66.085$ 时，特征向量为：$\begin{Bmatrix} x \\ \theta \end{Bmatrix}=\begin{pmatrix} -0.108 \\ 1 \end{pmatrix}$

上述特征向量可用图 3—5 来表示，由图可知，每一种固有振动的振型都是两种运动的混合，但是其低频是以垂向振动为主，高频则以摇摆振动为主。

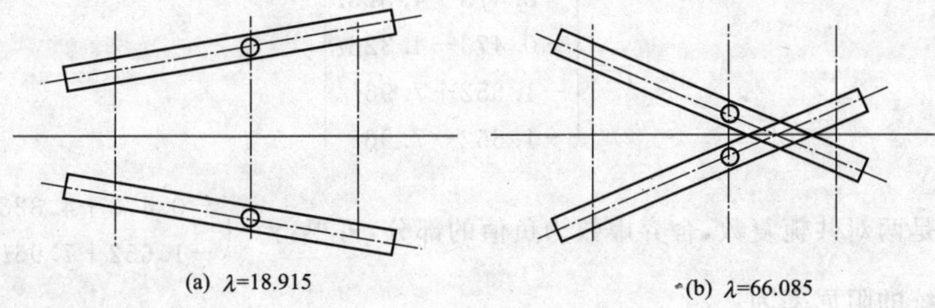

图 3—5

图 3—6 所示系统中，引入阻尼 c_1 和 c_2，系统的自由振动方程为：

$$\boldsymbol{M}\ddot{\boldsymbol{X}}+\boldsymbol{C}\dot{\boldsymbol{X}}+\boldsymbol{K}\boldsymbol{X}=0$$

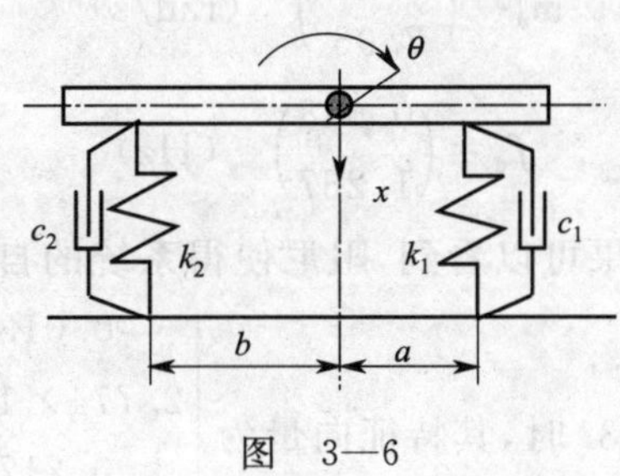

图 3—6

式中：$\boldsymbol{C}$——阻尼矩阵，

$$\boldsymbol{C}=\boldsymbol{T}^{\mathrm{T}}\begin{bmatrix}c_1 & 0\\0 & c_2\end{bmatrix}\boldsymbol{T}=\begin{bmatrix}(c_1+c_2) & (c_1a-c_2b)\\(c_1a-c_2b) & (c_1a^2+c_2b^2)\end{bmatrix};$$

$\dot{\boldsymbol{X}}$——速度矢量，$\dot{\boldsymbol{X}}=\begin{bmatrix}\dot{x}\\\dot{\theta}\end{bmatrix}$。

系统矩阵为：

$$\boldsymbol{A}=\begin{bmatrix}-\boldsymbol{M}^{-1}\cdot\boldsymbol{C} & -\boldsymbol{M}^{-1}\cdot\boldsymbol{K}\\\boldsymbol{I} & 0\end{bmatrix}\tag{3—9}$$

令 $c_1=c_2=50$ Ns/m；得系统矩阵为：

$$\boldsymbol{A}=\begin{bmatrix}-1 & 0.25 & -20 & 5\\0.5 & -3.25 & 10 & -65\\1 & 0 & 0 & 0\\0 & 1 & 0 & 0\end{bmatrix}$$

求得系统特征值为：

$$\boldsymbol{\gamma}=\begin{pmatrix}-0.473+4.323i\\-0.473-4.323i\\-1.652+7.96i\\-1.652-7.96i\end{pmatrix}$$

这是两对共轭复数，舍弃虚数为负值的部分，可得：$\boldsymbol{\gamma}=\begin{pmatrix}-0.473+4.323i\\-1.652+7.96i\end{pmatrix}$

系统的阻尼率为：

$$\boldsymbol{\xi}=-\frac{\alpha}{\sqrt{\alpha^2+\beta^2}}=\begin{pmatrix}0.109\\0.203\end{pmatrix}$$

系统的有阻尼自振频率为：

$$\boldsymbol{\omega}_{\mathrm{d}}=\begin{pmatrix}4.323\\7.96\end{pmatrix}\quad(\mathrm{rad/s})$$

$$\boldsymbol{f}_{\mathrm{d}}=\begin{pmatrix}0.688\\1.267\end{pmatrix}\quad(\mathrm{Hz})$$

对照无阻尼系统的结果可以看到，阻尼使得系统的自振频率降低。

当 $\gamma=-0.473+4.323i$ 时，其特征向量为 $\begin{bmatrix}0.013+0.952i\\2.774\times10^{-3}+0.207i\\0.217-0.027i\\0.047-5.8\times10^{-3}i\end{bmatrix}$

对此特征向量进行标准化处理可发现，前两个元素的比值和后两个元素的比值是完全一样的：

$$\begin{bmatrix}0.013+0.952i\\2.774\cdot10^{-3}+0.207i\end{bmatrix}\rightarrow\begin{bmatrix}1\\0.217\end{bmatrix}$$

$$\begin{bmatrix}0.217-0.027i\\0.047-5.8\cdot10^{-3}i\end{bmatrix}\rightarrow\begin{bmatrix}1\\0.217\end{bmatrix}$$

因此在分析时只需采用前半部的两个元素即可，所以本例的特征向量为：

$$\begin{Bmatrix}x\\\theta\end{Bmatrix}=\begin{pmatrix}1\\0.217\end{pmatrix}$$

需要注意的是，特征向量的次序是和位移矢量的次序一一对应的，不能搞混。

当 $\gamma=-1.652+7.96i$ 时，可得特征向量为：$\begin{Bmatrix}x\\\theta\end{Bmatrix}=\begin{pmatrix}-0.108\\1\end{pmatrix}$

特征值的模即为无阻尼系统的自振频率：

$$|-0.473+4.323i|=4.349$$

$$|-1.652+7.96i|=8.129$$

第三节 轮对的稳定性计算

一、自由轮对的特征值计算

图 3—7 所示自由轮对，有两个自由度，横向位移 y 和摇头位移 ϕ。

1. 运动方程

由第一章第二节线性蠕滑理论可知，在蠕滑力和重力作用下的自由轮对运动方程的普遍形式可表达为：

$$\begin{bmatrix} m & 0 \\ 0 & J \end{bmatrix}\begin{bmatrix} \ddot{y} \\ \ddot{\phi} \end{bmatrix}+\begin{bmatrix} \dfrac{2f_{22}}{v} & 0 \\ 0 & \dfrac{2f_{11}s^2}{v} \end{bmatrix}\begin{bmatrix} \dot{y} \\ \dot{\phi} \end{bmatrix}+\begin{bmatrix} K_c & -2f_{22} \\ \dfrac{2f_{11}s\lambda}{r_0} & -K_\phi \end{bmatrix}\begin{bmatrix} y \\ \phi \end{bmatrix}=0$$

或：

$$\boldsymbol{M}\ddot{\boldsymbol{x}}+\boldsymbol{D}\dot{\boldsymbol{x}}+\boldsymbol{E}\boldsymbol{x}=0$$

对锥形踏面，此处：

$$K_c=P\frac{\lambda}{s}-\frac{2f_{23}\lambda}{r_0 s}$$

$$K_\phi=P\cdot s\cdot\lambda$$

系统矩阵为：

$$\boldsymbol{A}=\begin{bmatrix} -\boldsymbol{M}^{-1}\boldsymbol{D} & -\boldsymbol{M}^{-1}\boldsymbol{E} \\ \boldsymbol{I} & 0 \end{bmatrix}$$

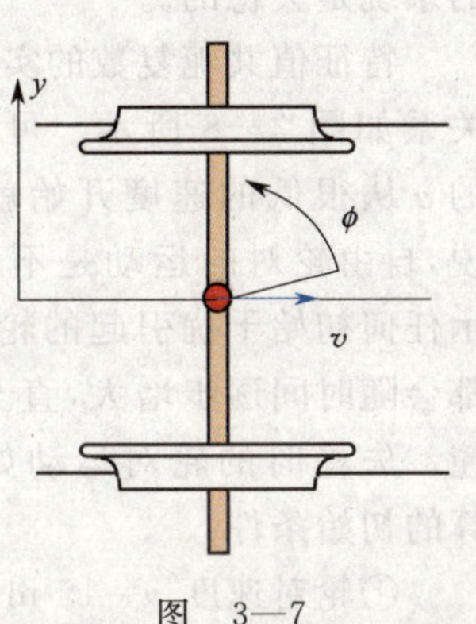

图 3—7

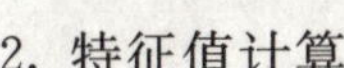

2. 特征值计算

(1)参数

轮对质量 $m=1\ 496\ \text{kg}$

轮对摇头转动惯量 $J=981\ \text{kg}\cdot\text{m}^2$

轮轨接触间距之半 $s=0.75\ \text{m}$

纵向弹簧横向间距之半 $a=1.02\ \text{m}$

车轮半径 $r_0=0.42\ \text{m}$

踏面斜率 $\lambda=0.15$

车轮载荷 $N=\dfrac{P}{2}=\dfrac{m}{2}g=7\ 337.9\text{N}$

杨氏弹性模量 $E=2.07\times10^{11}\ \text{N/m}^2$

泊松比 $\nu=0.3$

接触椭圆长短半径之乘积 $a\cdot b=\left[1.5(1-\nu^2)\cdot N\cdot\dfrac{r_0}{E}\right]^{2/3}=7.447\cdot10^{-6}$

Kalker 系数 $C_{11}=1.65\quad C_{22}=1.43\quad C_{23}=0.579$

蠕滑系数(N)　　$f_{11}=E\cdot C_{11}\cdot a\cdot b=2.544\cdot 10^6$

$f_{22}=E\cdot C_{22}\cdot a\cdot b=2.204\cdot 10^6$

$f_{23}=E\cdot C_{23}\cdot (a\cdot b)^{\frac{3}{2}}=2.436\cdot 10^3$

(2)计算结果

速度为 5 m/s 时的特征值:

$$\boldsymbol{\gamma}=\begin{bmatrix}-586.423-1.679i\\-586.423+1.679i\\0.021-3.45i\\0.021+3.45i\end{bmatrix}$$

从计算所得的结果来看,在速度为 5 m/s 时,特征值由两对共轭复数组成,其中有一组的实数部分 α 为正值,这表明这时的系统是失稳的。

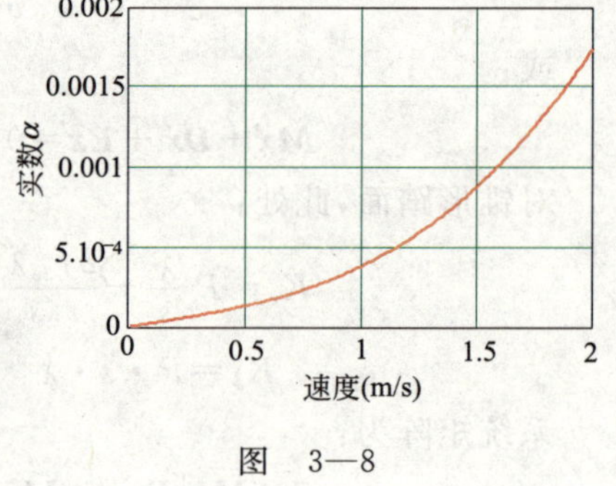

图 3—8

特征值共轭复数的实数 α 与速度的变化关系如图 3—8 所示。可以看到,自由轮对的 α 从很低的速度开始就是正值。也就是说,自由轮对的运动是不稳定的。α 为正表示任何初始干扰引起的轮对振荡运动,振幅都会随时间逐步增大,直至轮缘与钢轨相碰撞。失稳时的轮对运动如图 3—9 所示,计算的初始条件:

①轮对速度 $v=15$ m/s;

②轮对初始横向位移 $y_0=0.002$ m;

③轮对初始摇头角 $\phi_0=0.0$ rad。

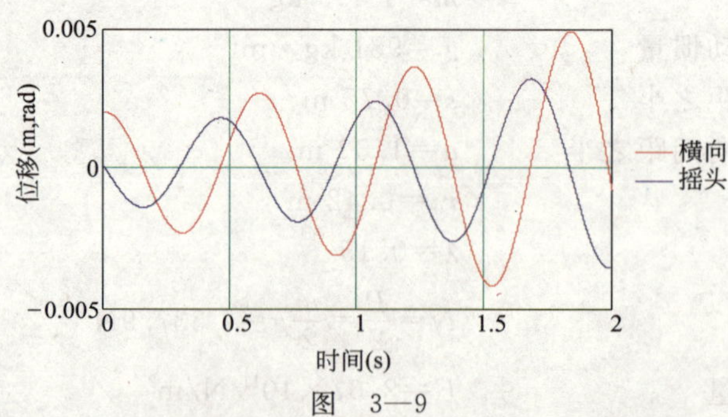

图 3—9

从图 3—9 中可以看到,轮对的横向位移和摇头的振幅随时间的延续都在逐渐增大。

特征值共轭复数的虚数 β 与速度的变化关系如图 3—10 所示,可以看到轮对横向振动的频率是随着速度的增大而增加的。

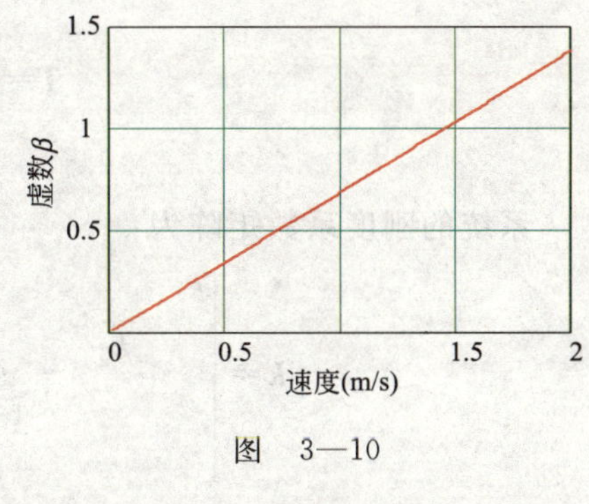

图 3—10

从上述举例中可以看到，机车车辆的特征值计算，不单是计算系统的振动频率，更重要的是从特征值的实数部分来判断系统是否稳定，因而机车车辆的特征值分析也被称之为线性稳定性分析。

二、弹性定位轮对的特征值计算

假设轮对通过横向和纵向弹簧与一个很大的质量相连，如图 3—11 所示，图中$k_1=k_2=k_y$，$k_3=k_4=k_x$。

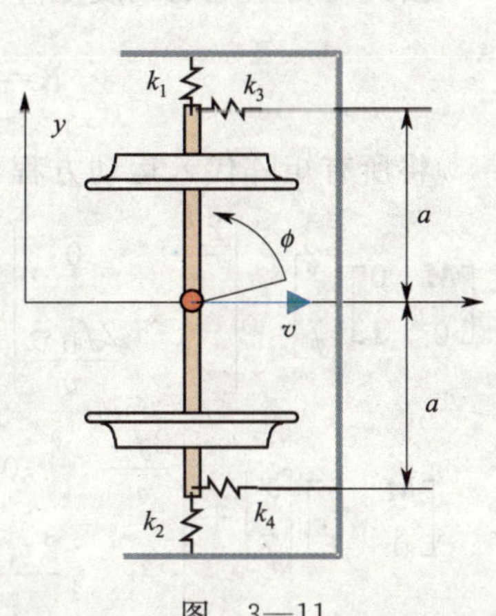

图 3—11

轮对横向刚度 $k_y=8\times10^5$ N/m

轮对纵向刚度 $k_x=1.0\times10^5$ N/m

1. 运动方程

弹性定位轮对运动方程的普遍形式可表达为：

$$\boldsymbol{M}\ddot{\boldsymbol{x}}+(\boldsymbol{D}+\boldsymbol{C})\dot{\boldsymbol{x}}+(\boldsymbol{E}+\boldsymbol{K})\boldsymbol{x}=0$$

式中：$\boldsymbol{M}$——轮对质量矩阵；

$\boldsymbol{D}$——与速度有关的轮轨接触阻尼矩阵；

$\boldsymbol{E}$——与轮轨接触几何有关的接触刚度矩阵；

$\boldsymbol{C},\boldsymbol{K}$——由悬挂元件构成的系统阻尼矩阵和刚度矩阵；

$\boldsymbol{x}$——位移矢量。

$\boldsymbol{M}$、$\boldsymbol{D}$和$\boldsymbol{E}$矩阵在上例中已经作了介绍，因为轮对定位系统中没有阻尼，所以阻尼矩阵$\boldsymbol{C}$也不予考虑。为建立刚度矩阵$\boldsymbol{K}$，先要确定自由度位移与弹簧变形之间的关系如表 3—1 所示。

表 3—1　自由度位移与弹簧变形间的关系

自由度 / 刚度	横向 y	摇头 ϕ
k_1	1	0
k_2	-1	0
k_3	0	$-a$
k_4	0	a

由表可得系统的刚度关联矩阵为：

$$T=\begin{bmatrix}1 & 0\\ -1 & 0\\ 0 & -a\\ 0 & a\end{bmatrix}$$

系统的刚度系数矩阵为：

$$k=\begin{bmatrix}k_1 & & & \\ & k_2 & & \\ & & k_3 & \\ & & & k_4\end{bmatrix}=\begin{bmatrix}k_y & & & \\ & k_y & & \\ & & k_x & \\ & & & k_x\end{bmatrix}$$

由此可得系统的刚度矩阵为：

$$K=T^{\mathrm{T}}kT=\begin{bmatrix}2k_y & 0\\ 0 & 2k_x\cdot a^2\end{bmatrix}$$

将所有矩阵代入运动方程可得：

$$\begin{bmatrix}M & 0\\ 0 & I\end{bmatrix}\begin{bmatrix}\ddot{y}\\ \ddot{\phi}\end{bmatrix}+\begin{bmatrix}\dfrac{2f_{22}}{v} & 0\\ 0 & \dfrac{2f_{11}s^2}{v}\end{bmatrix}\begin{bmatrix}\dot{y}\\ \dot{\phi}\end{bmatrix}+\left(\begin{bmatrix}K_c & 2f_{22}\\ \dfrac{2f_{11}s\lambda}{r_0} & -K_\phi\end{bmatrix}+\begin{bmatrix}2k_y & 0\\ 0 & 2k_x\cdot a^2\end{bmatrix}\right)\begin{bmatrix}y\\ \phi\end{bmatrix}=0$$

$$\begin{bmatrix}M & 0\\ 0 & I\end{bmatrix}\begin{bmatrix}\ddot{y}\\ \ddot{\phi}\end{bmatrix}+\begin{bmatrix}\dfrac{2f_{22}}{v} & 0\\ 0 & \dfrac{2f_{11}s^2}{v}\end{bmatrix}\begin{bmatrix}\dot{y}\\ \dot{\phi}\end{bmatrix}+\begin{bmatrix}K_c+2k_y & -2f_{22}\\ \dfrac{2f_{11}s\lambda}{r_0} & -K_\phi+2k_x\cdot a^2\end{bmatrix}\begin{bmatrix}y\\ \phi\end{bmatrix}=0$$

系统矩阵为：

$$A=\begin{bmatrix}-M^{-1}D & -M^{-1}(E+K)\\ I & 0\end{bmatrix}$$

2. 特征值计算

速度为 5 m/s 时的特征值：

$$\gamma=\begin{pmatrix}-585.331+2.6i\\ -585.331-2.6i\\ -1.07+3.385i\\ -1.07-3.385i\end{pmatrix}$$

从计算所得的结果来看，在速度为 5 m/s 时，特征值由两对共轭复数组成，两组的实数部分 α 都为负值，这表明这时的系统是稳定的。

特征值计算结果如图 3—12 所示，曲线显示的是特征值共轭复数的实数 α 与速度的变化关系。可以看到，当速度低于 37.5 m/s 时，α 为负，系统稳定，任何初始干扰引起的振荡，振幅都会逐步衰减；速度超过 37.5 m/s，α 为正，表明系统不稳定，任何初始干扰引起的轮对振荡运动，振幅都会逐步增大。当速度等于 37.5 m/s 时，α 为零，此时的速度称为临界速度。与自由轮对的运动相比可以看到，由于纵向和横向定位刚度的作用，弹性定位轮对的稳定性大为提高。

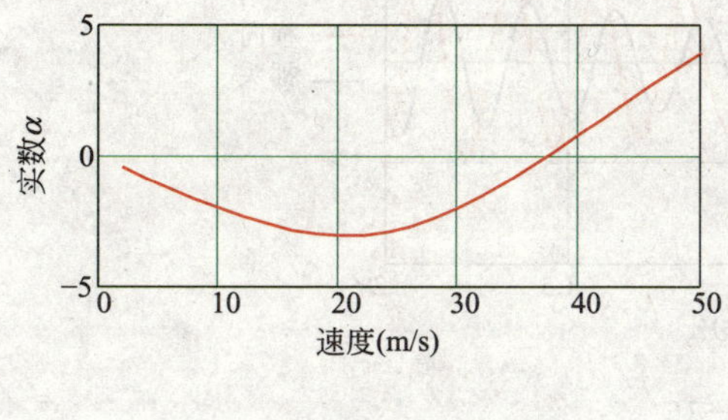

图 3—12

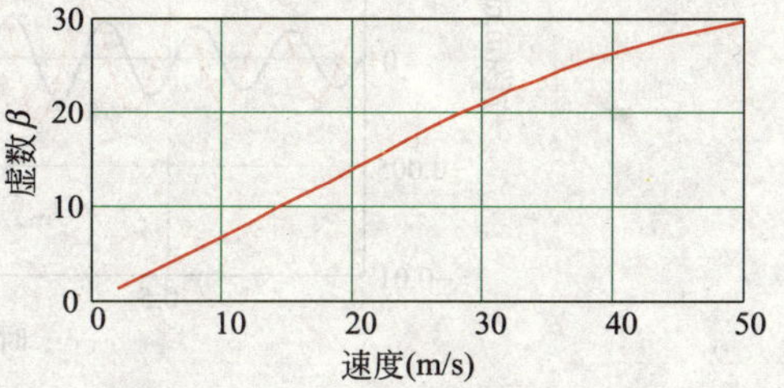

图 3—13

特征值共轭复数的虚数 β（系统频率）与速度的变化关系如图 3—13 所示，

系统阻尼与速度的关系曲线如图 3—14 所示。

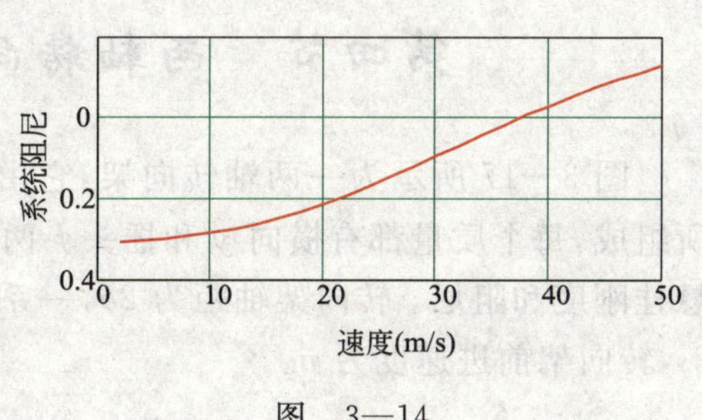

图 3—14

轮对在不同运行速度下的运动如图 3—15 和 3—16 所示。计算初始条件为：轮对初始横向位移 $y_0=0.002$ m；轮对初始摇头角 $\phi_0=0.0$ rad。图 3—15 的运行速度 $v=15$ m/s，图 3—16 的运行速度 $v=40$ m/s。

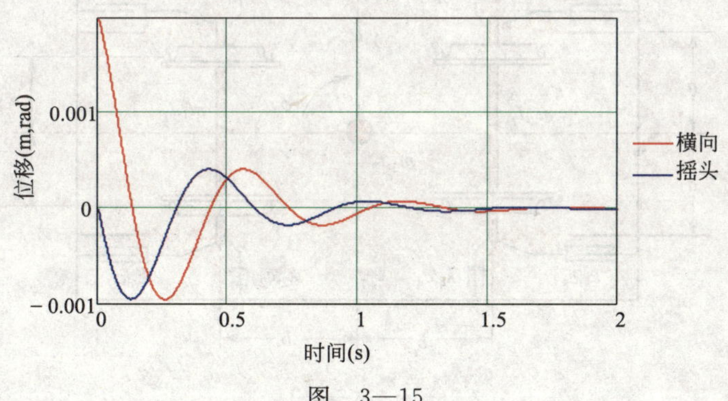

图 3—15

从图 3—15 可以看到，运行速度为 $v=15$m/s 时，弹性定位轮对的运动是稳定的，任何干扰引起的振动都会很快地衰减。而当运行速度提高到 $v=40$m/s 时，特征值共轭复数的实数 α 为正（图 3—12），表明系统不稳定，从图 3—16 中可以看到，由初始干扰引起的轮对振荡运动，随着时间的延续而逐步扩大。

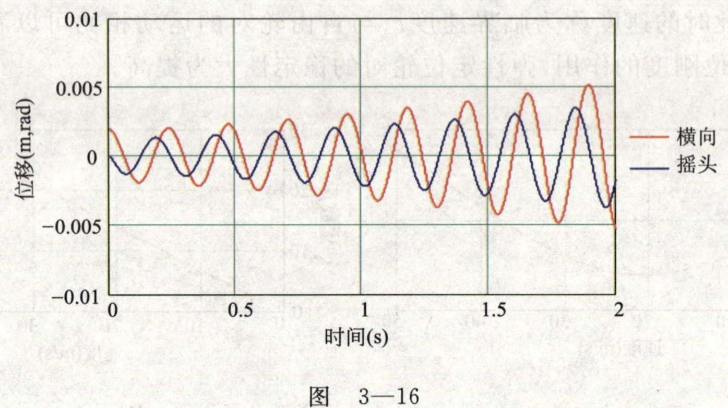

图　3—16

第四节　两轴转向架的稳定性分析

图 3—17 所示为一两轴转向架，它由前轮对 m_1，后轮对 m_2 和转向架构架 m_3 所组成，每个质量都有横向 y 和摇头 ϕ 两个自由度。图中 $k_1 \sim k_8$ 和 $c_1 \sim c_8$ 为一系悬挂刚度和阻尼。转向架轴距为 $2b$，一系纵向刚度间距为 $2a$，轮轨接触点间距为 $2s$，转向架前进速度为 v。

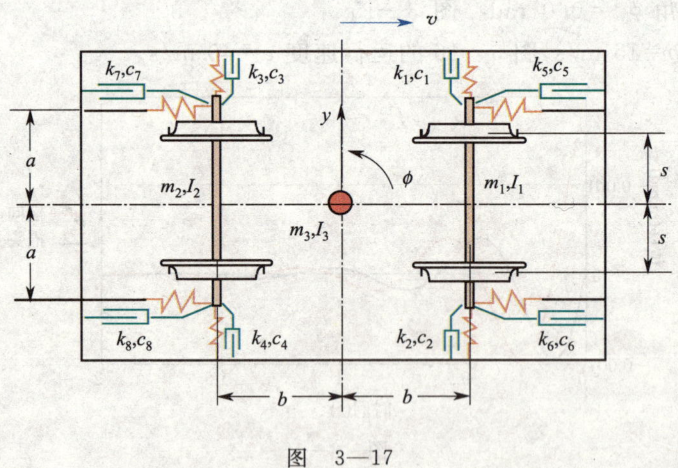

图　3—17

一、系统参数和运动方程

轮对质量　　$m_1 = m_2 = 1\ 496$ kg

轮对摇头转动惯量　　$I_1 = I_2 = 981$ kg·m^2

构架质量 $m_3=3\ 000\ \text{kg}$

构架摇头转动惯量 $I_3=2\ 000\ \text{kg}\cdot\text{m}^2$

轮轨接触间距之半 $s=0.75\ \text{m}$

纵向弹簧横向间距之半 $a=1.02\ \text{m}$

车轮半径 $r_0=0.42\ \text{m}$

轴距之半 $b=1.25\ \text{m}$

踏面斜率 $\lambda=0.05$

车轮载荷 $N=\dfrac{m_1+0.5\cdot m_2}{2}\cdot g=14\ 695.4\ \text{N}$

轮对横向刚度 $k_y=1.0\times10^6\ \text{N/m}$

轮对横向阻尼 $c_y=1.0\times10^3\ \text{N}\cdot\text{s/m}$

轮对纵向刚度 $k_x=5.0\times10^5\ \text{N/m}$

轮对纵向阻尼 $c_x=1.0\times10^3\ \text{N}\cdot\text{s/m}$

轮对重力刚度 $k_g=\dfrac{N\cdot\lambda}{S}\quad\text{N/m}$

轮对重力角刚度 $k_\phi=N\cdot S\cdot\lambda\quad\text{N}\cdot\text{m/rad}$

杨氏弹性模量 $E=2.07\times10^{11}\ \text{N/m}^2$

泊松比 $\nu=0.3$

接触椭圆长短半径之乘积

$$a\cdot b=\left[1.5\cdot(1-\nu^2)\cdot N\cdot\frac{r_0}{E}\right]^{2/3}=1.183\cdot10^{-5}$$

Kalker 系数 $C_{11}=1.65\quad C_{22}=1.43\quad C_{23}=0.579$

蠕滑系数(N) $f_{11}=E\cdot C_{11}\cdot a\cdot b=4.041\cdot10^6$

$$f_{22}=E\cdot C_{22}\cdot a\cdot b=3.502\cdot10^6$$

$$f_{23}=E\cdot C_{23}\cdot(a\cdot b)^{\frac{3}{2}}=4.878\cdot10^3$$

转向架运动方程的普遍形式可表达为：

$$\boldsymbol{M}\ddot{\boldsymbol{x}}+(\boldsymbol{D}+\boldsymbol{C})\dot{\boldsymbol{x}}+(\boldsymbol{E}+\boldsymbol{K})\boldsymbol{x}=0$$

式中：$\boldsymbol{M}$——转向架质量矩阵；

$\boldsymbol{D}$——与速度有关的轮轨接触阻尼矩阵；

$\boldsymbol{E}$——与轮轨接触几何有关的接触刚度矩阵；

$\boldsymbol{C},\boldsymbol{K}$——由悬挂元件构成的系统阻尼矩阵和刚度矩阵；

$\boldsymbol{x}$——位移矢量。

$$转向架质量矩阵,\boldsymbol{M}=\begin{bmatrix} m_1 & & & & & \\ & I_1 & & & & \\ & & m_2 & & & \\ & & & I_2 & & \\ & & & & m_3 & \\ & & & & & I_3 \end{bmatrix};$$

$$轮轨接触阻尼矩阵,\boldsymbol{D}=\begin{bmatrix} \frac{2f_{22}}{v} & 0 & 0 & 0 & 0 & 0 \\ 0 & \frac{2f_{11}s^2}{v} & 0 & 0 & 0 & 0 \\ 0 & 0 & \frac{2f_{22}}{v} & 0 & 0 & 0 \\ 0 & 0 & 0 & \frac{2f_{11}s^2}{v} & 0 & 0 \\ 0 & 0 & 0 & 0 & 0 & 0 \\ 0 & 0 & 0 & 0 & 0 & 0 \end{bmatrix};$$

$$轮轨接触刚度矩阵,\boldsymbol{E}=\begin{bmatrix} k_g-k_c & -2f_{22} & 0 & 0 & 0 & 0 \\ \frac{2f_{11}s\lambda}{r_0} & -k_\phi & 0 & 0 & 0 & 0 \\ 0 & 0 & k_g-k_c & -2f_{22} & 0 & 0 \\ 0 & 0 & \frac{2f_{11}s\lambda}{r_0} & -k_\phi & 0 & 0 \\ 0 & 0 & 0 & 0 & 0 & 0 \\ 0 & 0 & 0 & 0 & 0 & 0 \end{bmatrix};$$

位移矢量 $\boldsymbol{x}=[y_1 \quad \phi_1 \quad y_2 \quad \phi_2 \quad y_3 \quad \phi_3]^{\mathrm{T}}$。

为建立悬挂系统的刚度矩阵,先要确定自由度位移与弹簧变形之间关系的刚度关联矩阵元素,如表 3—2 所示。

表 3—2 刚度关联矩阵元素

		自由度位移					
		轮对 1		轮对 2		车体 3	
		y_1	ϕ_1	y_2	ϕ_2	y_3	ϕ_3
悬挂弹簧变形	k_1	1				−1	$-b$
	k_2	−1				1	b
	k_3			1		−1	b
	k_4			−1		1	$-b$

续上表

		自由度位移					
		轮对 1		轮对 2		车体 3	
		y_1	ϕ_1	y_2	ϕ_2	y_3	ϕ_3
悬挂弹簧变形	k_5		$-a$				a
	k_6		a				$-a$
	k_7				a		$-a$
	k_8				$-a$		a

由表可得系统的刚度关联矩阵为：

$$
\boldsymbol{T}=\begin{bmatrix}
1 & 0 & 0 & 0 & -1 & -b \\
-1 & 0 & 0 & 0 & 1 & b \\
0 & 0 & 1 & 0 & -1 & b \\
0 & 0 & -1 & 0 & 1 & -b \\
0 & -a & 0 & 0 & 0 & a \\
0 & a & 0 & 0 & 0 & -a \\
0 & 0 & 0 & a & 0 & -a \\
0 & 0 & 0 & -a & 0 & a
\end{bmatrix}
$$

刚度系数矩阵是系统刚度组成的对角矩阵：

$$
\boldsymbol{k}=\begin{bmatrix}
k_1 & 0 & 0 & 0 & 0 & 0 & 0 & 0 \\
0 & k_2 & 0 & 0 & 0 & 0 & 0 & 0 \\
0 & 0 & k_3 & 0 & 0 & 0 & 0 & 0 \\
0 & 0 & 0 & k_4 & 0 & 0 & 0 & 0 \\
0 & 0 & 0 & 0 & k_5 & 0 & 0 & 0 \\
0 & 0 & 0 & 0 & 0 & k_6 & 0 & 0 \\
0 & 0 & 0 & 0 & 0 & 0 & k_7 & 0 \\
0 & 0 & 0 & 0 & 0 & 0 & 0 & k_8
\end{bmatrix}=\begin{bmatrix}
k_y & 0 & 0 & 0 & 0 & 0 & 0 & 0 \\
0 & k_y & 0 & 0 & 0 & 0 & 0 & 0 \\
0 & 0 & k_y & 0 & 0 & 0 & 0 & 0 \\
0 & 0 & 0 & k_y & 0 & 0 & 0 & 0 \\
0 & 0 & 0 & 0 & k_x & 0 & 0 & 0 \\
0 & 0 & 0 & 0 & 0 & k_x & 0 & 0 \\
0 & 0 & 0 & 0 & 0 & 0 & k_x & 0 \\
0 & 0 & 0 & 0 & 0 & 0 & 0 & k_x
\end{bmatrix}
$$

系统的刚度矩阵可表示为： $\boldsymbol{K}=\boldsymbol{T}^{\mathrm{T}}\boldsymbol{k}\boldsymbol{T}$

将矩阵 $\boldsymbol{E}$ 和 $\boldsymbol{K}$ 组合后展开可得：

$$
\boldsymbol{E}+\boldsymbol{K}=\begin{bmatrix}
2\cdot k_y+k_g-k_c & -2\cdot f_{22} & 0 & 0 & -2\cdot k_y & -2\cdot b\cdot k_y \\
2\cdot f_{11}\cdot\lambda\cdot\frac{s}{\lambda} & 2\cdot a^2\cdot k_x-k_\phi & 0 & 0 & 0 & -2\cdot a^2\cdot k_x \\
0 & 0 & 2\cdot k_y+k_g-k_c & -2\cdot f_{22} & -2\cdot k_y & 2\cdot b\cdot k_y \\
0 & 0 & 2\cdot f_{11}\cdot\lambda\cdot\frac{s}{r} & 2\cdot a^2\cdot k_x-k_\phi & 0 & -2\cdot a^2\cdot k_x \\
-2\cdot k_y & 0 & -2\cdot k_y & 0 & 4\cdot k_y & 0 \\
-2\cdot b\cdot k_y & -2\cdot a^2\cdot k_x & 2\cdot b\cdot k_y & -2\cdot a^2\cdot k_x & 0 & 4\cdot b^2\cdot k_y+4\cdot a^2\cdot k_x
\end{bmatrix}
$$

比较第一行第一列中的三个元素：

$$2\cdot k_y=2\times10^6$$

$$k_g=979.7$$

$$k_c=1\ 549$$

可以看到，重力刚度 k_g 和自旋形成的刚度 k_c 的数值不到悬挂元件刚度 $2\cdot k_y$ 的千分之一。

再比较第二行第二列中的两个元素：

$$2\cdot a^2\cdot k_x=1.04\times10^6$$

$$k_\phi=551$$

可以看到，重力角刚度 k_ϕ 的数值也不到悬挂元件角刚度 $2\cdot a^2\cdot k_x$ 的千分之一。

正因为此，在许多动力学的计算中，常常将重力刚度、重力角刚度和自旋形成的刚度忽略不计。

在本例中，阻尼关联矩阵和刚度关联矩阵相同，阻尼系数矩阵为：

$$
\boldsymbol{c}=\begin{bmatrix}
c_y & 0 & 0 & 0 & 0 & 0 & 0 & 0 & 0 \\
0 & c_y & 0 & 0 & 0 & 0 & 0 & 0 & 0 \\
0 & 0 & c_y & 0 & 0 & 0 & 0 & 0 & 0 \\
0 & 0 & 0 & c_y & 0 & 0 & 0 & 0 & 0 \\
0 & 0 & 0 & 0 & c_x & 0 & 0 & 0 & 0 \\
0 & 0 & 0 & 0 & 0 & c_x & 0 & 0 & 0 \\
0 & 0 & 0 & 0 & 0 & 0 & c_x & 0 & 0 \\
0 & 0 & 0 & 0 & 0 & 0 & 0 & c_x & 0 \\
0 & 0 & 0 & 0 & 0 & 0 & 0 & 0 & c_{y2}
\end{bmatrix}
$$

系统的阻尼矩阵可表示为： $\boldsymbol{C}=\boldsymbol{T}^{\mathrm{T}}\boldsymbol{c}\boldsymbol{T}$

将矩阵 $\boldsymbol{D}$ 和 $\boldsymbol{C}$ 组合展开后得：

$$\boldsymbol{D}+\boldsymbol{C}=\begin{bmatrix} 2\cdot c_y+2\cdot\frac{f_{22}}{v} & 0 & 0 & 0 & -2\cdot c_y & -2\cdot b\cdot c_y \\ 0 & 2\cdot a^2\cdot c_x+2\cdot f_{11}\cdot\frac{s^2}{v} & 0 & 0 & 0 & -2\cdot a^2\cdot c_x \\ 0 & 0 & 2\cdot c_y+2\cdot\frac{f_{22}}{v} & 0 & -2\cdot c_y & 2\cdot b\cdot c_y \\ 0 & 0 & 0 & 2\cdot a^2\cdot c_x+2\cdot f_{11}\cdot\frac{s^2}{v} & 0 & -2\cdot a^2\cdot c_x \\ -2\cdot c_y & 0 & -2\cdot c_y & 0 & 4\cdot c_y & 0 \\ -2\cdot b\cdot c_y & -2\cdot a^2\cdot c_x & 2\cdot b\cdot c_y & -2\cdot a^2\cdot c_x & 0 & 4\cdot b^2\cdot c_y+4\cdot a^2\cdot c_x \end{bmatrix}$$

系统矩阵为：

$$\boldsymbol{A}=\begin{bmatrix} -\boldsymbol{M}^{-1}[\boldsymbol{D}+\boldsymbol{C}] & -\boldsymbol{M}^{-1}[\boldsymbol{E}+\boldsymbol{K}] \\ \boldsymbol{I} & 0 \end{bmatrix}$$

二、系统特征值

转向架速度为 30 m/s 和 40 m/s 时的特征值如下所列，特征值有六对共轭复数，这里已把虚数为负值的特征值略去。可以看到，当车辆速度为 30 m/s 时，所有特征值的实数部分均为负值，此时系统是稳定的。当车辆速度增加到 40 m/s 时，有一个特征值的实数部分为正值，这就意味着此时的系统是不稳定的。特征值中最大实数值随速度的变化曲线如图 3—18 所示。

$$\text{eigval}(30)=\begin{bmatrix} -150.617+12.769i \\ -150.281+12.898i \\ -6.428+65.642i \\ -5.326+37.432i \\ -4.43+12.217i \\ -0.207+11.535i \end{bmatrix} \qquad \text{eigval}(40)=\begin{bmatrix} -111.3+17.384i \\ -110.588+17.894i \\ -7.23+66.676i \\ -6.847+38.789i \\ 0.905+14.818i \\ -4.589+16.6i \end{bmatrix}$$

可以看到，车辆的临界速度为 32.5 m/s，速度低于 32.5 m/s，车辆运行稳定，速度高于 32.5 m/s，车辆失稳。图 3—19 显示的是第一轮对的横向和摇头位移随时间的变化曲线，车辆速度为 30 m/s，转向架构架初始横向位移 2.0 mm。可以看到，曲线的振幅逐步衰减。

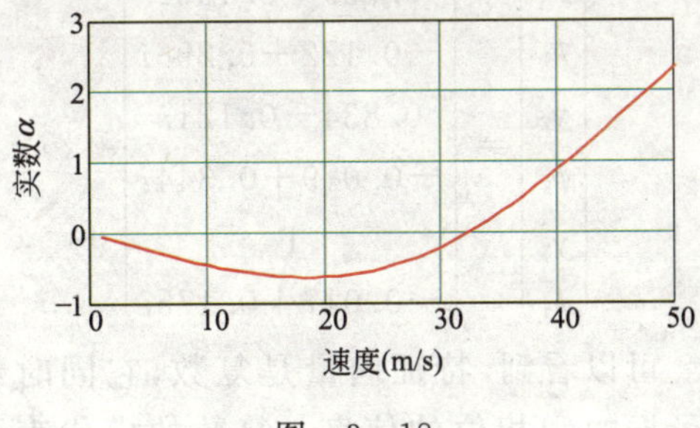

图 3—18

同样的初始条件，当速度为 40 m/s 时，第一轮对的横向和摇头位移如图 3—20 所示。可以看到，横向和摇头位移都随着时间在不断增大，系统不稳定。

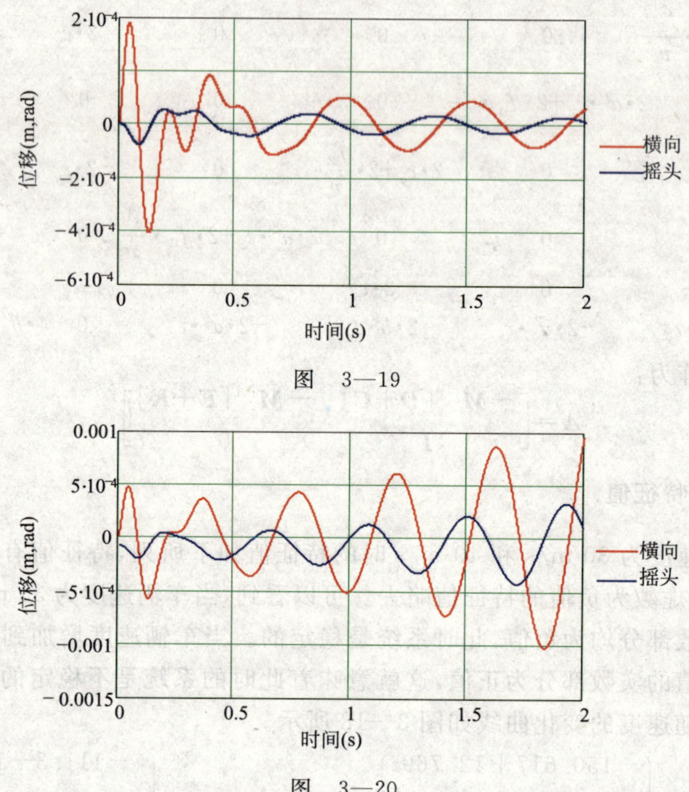

图 3—19

图 3—20

特征值共轭复数的虚数 β(系统频率)与速度的变化关系如图 3—21 所示。

三、系统特征向量

车辆速度为 40 m/s,特征值为(0.905+14.818·i)时的特征向量如下所示:

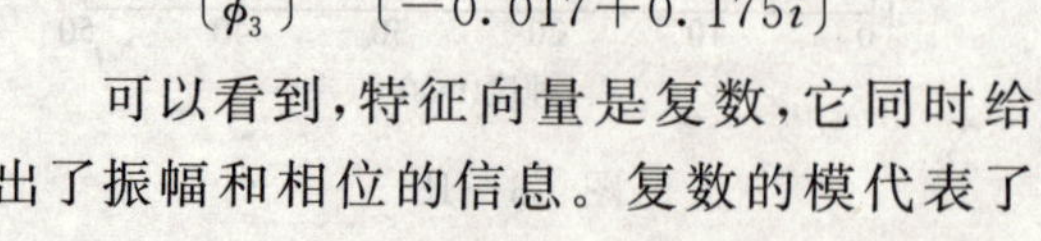

$$\begin{pmatrix} y_1 \\ \phi_1 \\ y_2 \\ \phi_2 \\ y_3 \\ \phi_3 \end{pmatrix} = \begin{pmatrix} 0.839+0.166i \\ -0.122+0.296i \\ 0.834-0.121i \\ -0.029+0.344i \\ 1 \\ -0.017+0.175i \end{pmatrix}$$

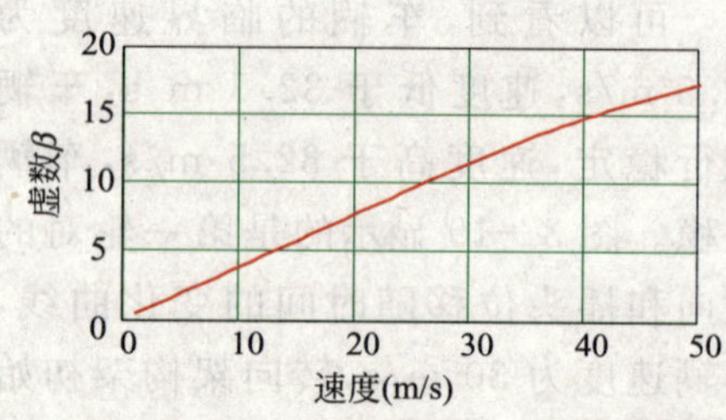

图 3—21

可以看到,特征向量是复数,它同时给出了振幅和相位的信息。复数的模代表了相对振幅,实数代表在 x 轴上的投影,虚数代表在 y 轴上的投影。

通常用振型图来表示特征向量的振幅和相位,图 3—22 是车辆速度为40 m/s,特征值为(0.905+14.818i)时的特征向量的振型图。

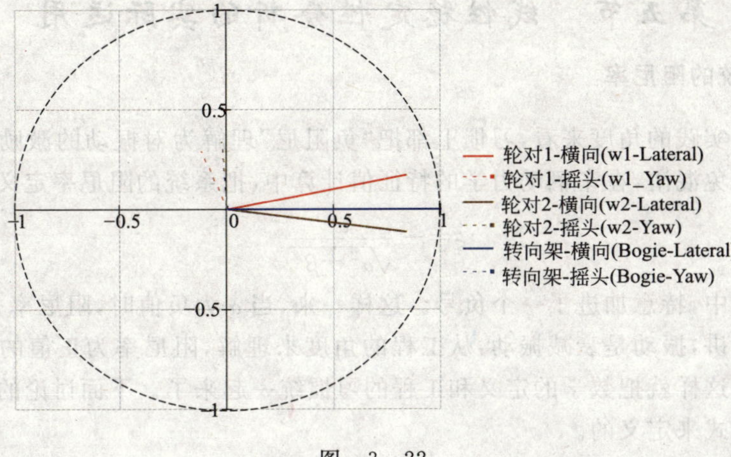

图 3—22

车辆速度 40 m/s，特征值为（$-4.589+16.6i$）时的特征向量为：

$$\begin{bmatrix} y_1 \\ \phi_1 \\ y_2 \\ \phi_2 \\ y_3 \\ \phi_3 \end{bmatrix} = \begin{bmatrix} 1 \\ -0.149+0.295i \\ 0.325+0.711i \\ -0.393-0.016i \\ 0.746+0.544i \\ 0.15-0.187i \end{bmatrix}$$

其振型如图 3—23 所示。

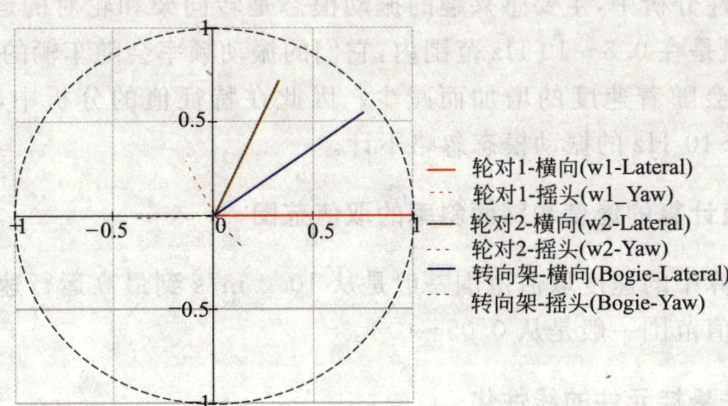

图 3—23

第五节　线性稳定性分析的实际运用

一、系统的阻尼率

从工程实践的角度来看，习惯上都把“负阻尼”理解为对振动的激励而不是衰减。为了避免混淆，在车辆动力学的特征值计算中，把系统的阻尼率定义为：

$$\xi=-\frac{\alpha}{\sqrt{\alpha^2+\beta^2}}$$

在公式中，特意加进了一个负号。这样一来，当α为负值时，阻尼率ξ为正值，从数学上来讲，振动是衰减振动，从工程的角度来理解，阻尼率为正值的振动就是衰减振动。这样就把数学的定义和工程的习惯统一起来了。下面讨论的阻尼率都是按上述公式来定义的。

阻尼率小于零，表明系统失稳，也就是说出现蛇行运动。阻尼率等于零，系统处于临界状态，此时的速度称为临界速度。阻尼率大于零，则表明系统稳定。

在工程实践中，如果一个车辆的所有振动模态的阻尼率都超过5%，通常就把该车辆定义为是稳定的。

二、振动模态频率范围

一个车辆有多少个自由度，那就有相同数目的特征值和特征向量与之对应。其中有许多特征值代表的是车辆在弹簧悬挂系统上的刚体振动模态，它们的频率不随车辆的速度变化而变化。而另一些特征值则是代表了波长固定的运动学振动模态，它们的频率是随车辆速度的变化而线性地变化。从一些例子中可以看到，特征值计算所得到的振动频率的范围很广，可能从0.05 Hz一直到70～80 Hz，在车辆动力学稳定性分析中，主要感兴趣的振动模态是转向架和轮对的运动学的振动模态，频率大概是在0.5～10 Hz范围内，它们的振动频率会随车辆的速度而增加，而它们的阻尼会随着速度的增加而减少。因此在特征值的分析中，可以把低于0.5 Hz和高于10 Hz的振动模态忽略不计。

三、特征值计算的速度和踏面斜率的取值范围

特征值计算中的速度取值范围一般是从10.0 m/s到最高运行速度的110%，踏面斜率的取值范围一般是从0.05～0.4。

四、非线性悬挂元件的线性化

在特征值计算中，车辆模型中非线性悬挂元件（弹簧，减振器，止挡）的特性需要进行线性化处理，方法之一是按特性曲线在原点处的变化作线性化处理。

图 3—24(a)是转向架二系横向止挡特性，图 3—24(b)是线性化处理后的特性。因为在原点处(中心位置)横向止挡并不接触，没有力的作用，所以把横向止挡处理为零特性。

图 3—25(a)是液压减振器特性，图 3—25(b)是线性化处理后的特性，也是把原点处(中心位置)的特性作为液压减振器特性。

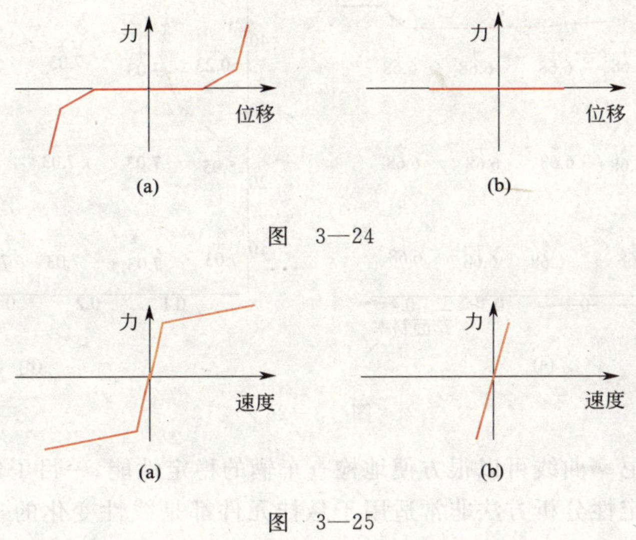

图 3—24

图 3—25

五、系统最小阻尼率的等阻尼率曲线

现在来看一个新型柴油动车组的例子：列车的最高运行速度为 200 km/h，对比安装抗摇头减振器与不安装抗摇头减振器对临界速度的影响。

图 3—26 所标示的是根据特征值计算而得到的振动模态的最小阻尼率。图 3—26(a)是没有安装抗摇头减振器的结果，图 3—26(b)则是安装了抗摇头减振器的结果。

在特征值计算中，均匀分布地选了五个踏面斜率值(0.05，0.138，0.225，0.313，0.4)和五个速度值(10 m/s，24.2 m/s，38.3 m/s，52.5 m/s，66.7 m/s)，总共做了 25 次计算，每次计算所得到的振动模态的最小阻尼率的百分数都标示在图 3—26 里。图中的横坐标是踏面斜率，纵坐标是速度(m/s)。例如踏面斜率为 0.4，速度为 38.3 m/s，计算所得到的振动模态的最小阻尼率为 6.68%，在相应的坐标位置上就打印出 6.68[见图 3—26(a)]。

把阻尼率相同的点连起来，就得到了等阻尼率曲线。图 3—26 中标示了阻尼率为 5%，0%，−5%，和−10%的四根等阻尼率线。可以看到，安装了抗摇头减振器使车辆的稳定性得到很大的改善。

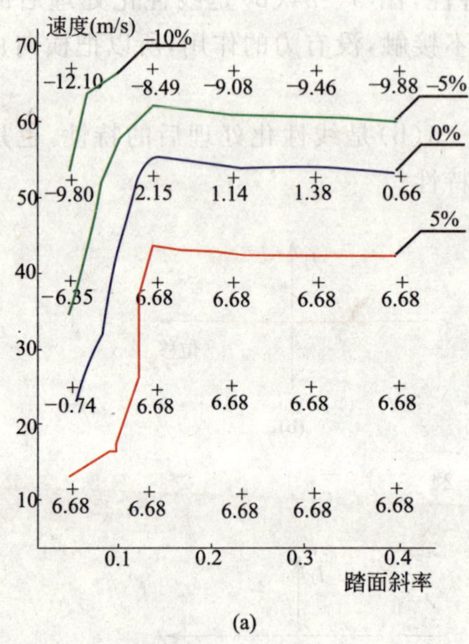

(a)

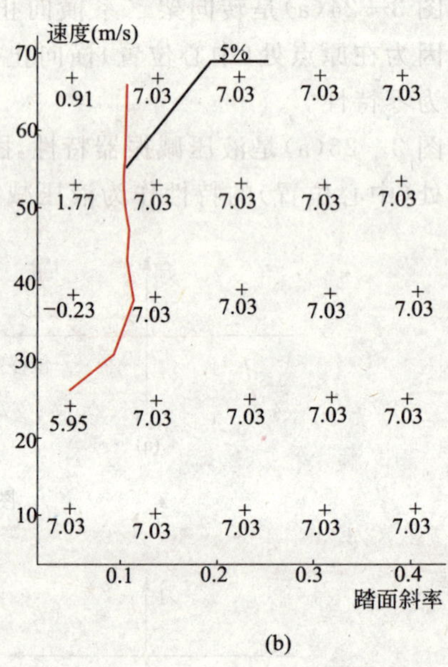

(b)

图 3—26

用最小阻尼率曲线可以很方便地检查车辆的稳定性能，一目了然。

特征值稳定性分析方法非常适用于悬挂元件都是线性变化的，并带有锥形踏面的车辆。如果车辆的悬挂元件或车轮踏面形状带有明显的非线性特性，特征值分析的结果有时可能不可靠。

第四章 线性频率响应分析

强迫振动分析有两种不同的方法，时域分析法和频域分析法。

时域分析法所求的是系统的瞬态响应，需要用到数值积分，这种方法很容易处理系统的非线性特性。

频域分析法所求的是系统对不同频率干扰的稳态响应，系统的运动方程是用频率来表示，所得到的是系统的频率响应函数，其优点是计算速度快，计算结果的分析也比时域法简单。

第一节 基本运动方程

机械系统运动方程的通用形式为：

$$\boldsymbol{M}\ddot{x}+\boldsymbol{C}\dot{x}+Kx=F_t$$

如果激振外力是调和函数，其幅值为 F_0，则可表达为：

$$\boldsymbol{F}_t=\boldsymbol{F}(\omega)=\boldsymbol{F}_0\cdot \mathrm{e}^{\mathrm{j}\omega t}$$

假定系统的响应为：

$$\boldsymbol{x}=X\mathrm{e}^{\mathrm{j}\omega t}$$

并有：

$$\dot{x}=X\mathrm{j}\omega\mathrm{e}^{\mathrm{j}\omega t}$$

$$\ddot{x}=-X\omega^2\mathrm{e}^{\mathrm{j}\omega t}$$

这里 X 为系统响应的幅值；代入运动方程可得：

$$(-\boldsymbol{M}\omega^2+\mathrm{j}\omega\boldsymbol{C}+\boldsymbol{K})X\mathrm{e}^{\mathrm{j}\omega t}=\boldsymbol{F}_0\cdot \mathrm{e}^{\mathrm{j}\omega t}$$

$$(\boldsymbol{K}-\boldsymbol{M}\omega^2+\mathrm{j}\omega\boldsymbol{C})X=\boldsymbol{F}_0 \qquad (4—1)$$

公式(4—1)称为频率响应方程，这是一组复数方程，可表达为：

$$\boldsymbol{A}X=\boldsymbol{F}_0$$

式中 $\boldsymbol{F}_0$——调和函数的激振外力矢量；

$\boldsymbol{A}$——方程的系数矩阵；

X——系统响应。

要注意的是，激振外力和系统响应都是复数，包含有幅值和相位。

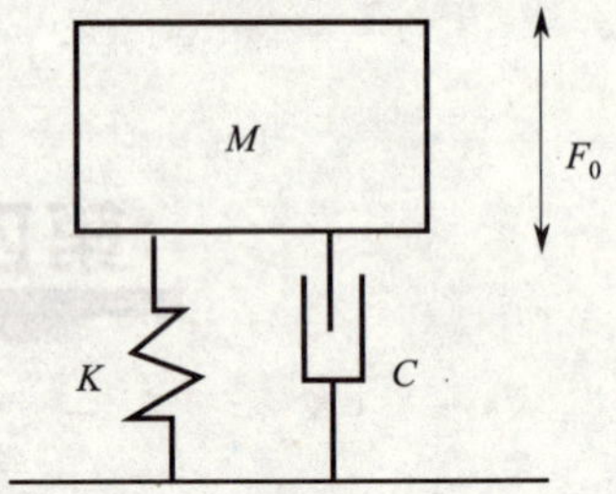

图　4—1

一、外力激振系统

如图 4—1 所示系统，假设有振幅为 F_0 的周期性外力作用在质量 M 上，其频率为 ω，系统参数如下：

质量：$M=100$ kg；

刚度：$K=5\ 000$ N/m；

阻尼：$C=141$ Ns/m。

当频率为零时，质量 M 在 F_0 作用下的振幅为：

$$d_0=\frac{F_0}{K}$$

系统的无阻尼自振频率为：

$$\omega_0=\sqrt{\frac{K}{M}}$$

由频率响应方程可得系统响应为：

$$X=\frac{F_0}{K-M\omega^2+\mathrm{j}\omega C}$$

系统的响应 X 和输入振幅 d_0 之比称为放大系数 β：

$$\beta=\frac{|X|}{d_0}=\left|\frac{1}{K-M\omega^2+\mathrm{j}\omega C}\right|\cdot K$$

图 4—2 显示的是系统振幅的放大倍数 β 随干扰频率 ω 变化的关系，图 4—2 的横坐标是干扰频率 ω 与系统自振频率 ω_0 的比值。这样一来坐标轴就都是无量

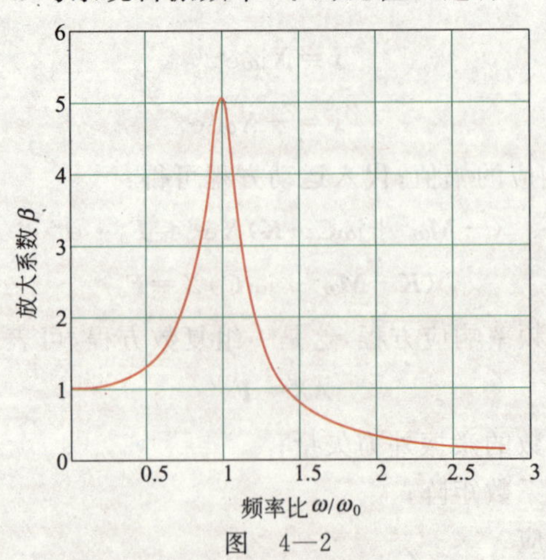

图　4—2

纲的。因为系统响应 X 是复数，所以要用它的模来进行比较。

二、位移激振系统

如图 4—3 所示，假设有振幅为 d_0，其频率为 ω 的周期性位移干扰 δ 作用在系统的支承面上，

$$\delta = d_0 \cdot e^{j\omega t}$$

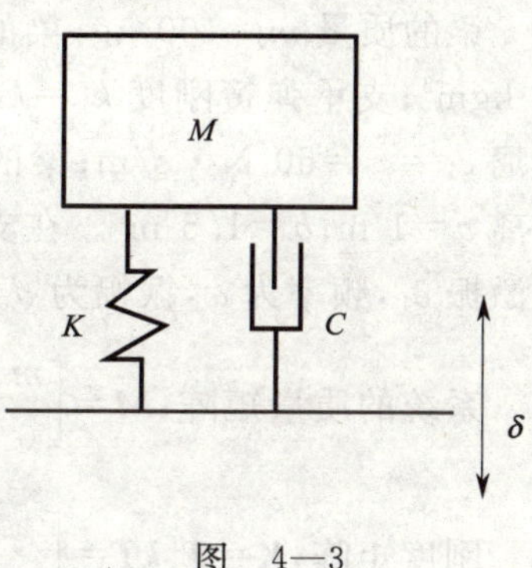

图 4—3

质量 M 所受的外力为：

$$F_t = F(\omega) = K\delta + C\dot{\delta}$$

$$= d_0 \cdot (K + j\omega C) \cdot e^{j\omega t}$$

这时的频率响应方程可表达为：

$$(K - M\omega^2 + j\omega C)X = d_0 \cdot (K + j\omega C)$$

由此可得系统的响应 X 和输入振幅 d_0 之比 β：

$$\beta = \frac{|X|}{d_0} = \left| \frac{K + j\omega C}{(K - M\omega^2 + j\omega C)} \right|$$

系统振幅的放大倍数 β 随干扰频率 ω 变化的关系如图 4—4 所示。

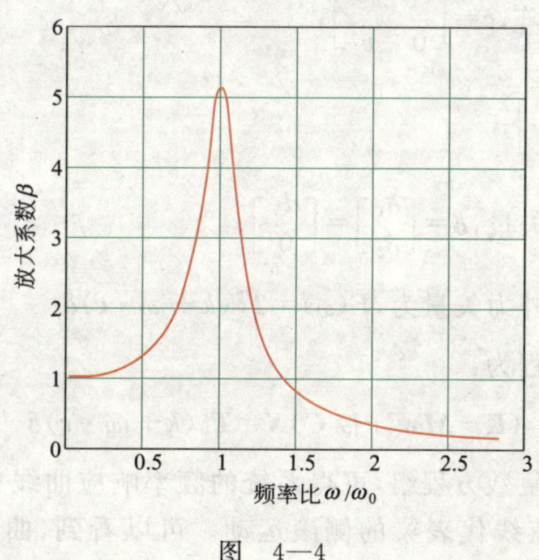

图 4—4

第二节 两个自由度系统的频率响应计算

图 4—5 所示系统有两个自由度(参见第三章第二节)，垂向 x 和侧滚 θ，假设

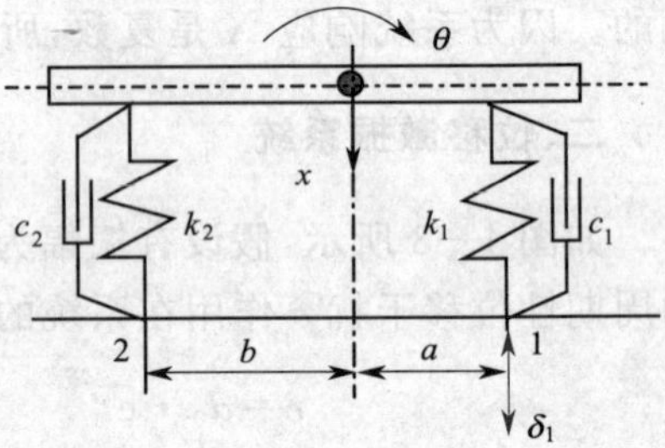

系统参数为：

梁的质量 $m=100$ kg；梁的转动惯量 $J=50$ kgm^2；支承弹簧刚度 $k_1=k_2=1\ 000$ N/m；阻尼 $c_1=c_2=50$ N·s/m；梁的重心到支承点距离 $a=1$ m；$b=1.5$ m 。在支承点 1 处有位移激振 δ_1，频率为 ω，振幅为 d_0。

图 4—5

系统的质量矩阵，$\boldsymbol{M}=\begin{bmatrix} m & 0 \\ 0 & J \end{bmatrix}$；

刚度矩阵，$\boldsymbol{K}=\boldsymbol{T}^{\mathrm{T}}\boldsymbol{kT}=\begin{bmatrix} k_1+k_2 & (k_1a-k_2b) \\ (k_1a-k_2b) & (k_1a^2+k_2b^2) \end{bmatrix}$；

式中：$\boldsymbol{T}$ 为刚度关联矩阵，$\boldsymbol{T}=\begin{bmatrix} 1 & a \\ 1 & -b \end{bmatrix}$；

$\boldsymbol{k}$ 为刚度系数矩阵，$\boldsymbol{k}=\begin{bmatrix} k_1 & 0 \\ 0 & k_2 \end{bmatrix}$。

阻尼矩阵，$\boldsymbol{C}=\boldsymbol{T}^{\mathrm{T}}\boldsymbol{cT}=\begin{bmatrix} c_1+c_2 & (c_1a-c_2b) \\ (c_1a-c_2b) & (c_1a^2+c_2b^2) \end{bmatrix}$；

式中：$\boldsymbol{c}$ 为阻尼系数矩阵，$\boldsymbol{c}=\begin{bmatrix} c_1 & 0 \\ 0 & c_2 \end{bmatrix}$；

系统响应，$\boldsymbol{X}=\begin{bmatrix} x \\ \theta \end{bmatrix}$；

外部干扰的位移矢量，$\boldsymbol{\delta}=\begin{bmatrix} \delta_1 \\ \delta_2 \end{bmatrix}=\begin{bmatrix} d_0 \\ 0 \end{bmatrix}$；

作用在系统上的外力矢量为，$F(\omega)=\boldsymbol{T}^{\mathrm{T}}(\boldsymbol{k}+\mathrm{j}\omega\cdot\boldsymbol{c})\boldsymbol{\delta}$

系统频率响应方程为：

$$(\boldsymbol{K}-\boldsymbol{M}\omega^2+\mathrm{j}\omega\,\boldsymbol{C})\boldsymbol{X}=\boldsymbol{T}^{\mathrm{T}}(\boldsymbol{k}+\mathrm{j}\omega\cdot\boldsymbol{c})\boldsymbol{\delta}$$

将参数代入上述复数方程组，可得系统的频率响应曲线如图 4—6 所示，红线代表梁的垂直运动，蓝线代表梁的侧滚运动。可以看到，曲线有两个峰值频率，$\omega=4.3$ 和 $\omega=8.1$，这和第三章第二节特征值分析的计算结果完全一致。

如果同样的位移干扰也同时发生在支承点 2 处，并且有时间延迟为 τ，这时的外部干扰的位移矢量可表达为，$\boldsymbol{\delta}=\begin{bmatrix} \delta_1 \\ \delta_2 \end{bmatrix}=\begin{bmatrix} d_0 \\ d_0\cdot \mathrm{e}^{-\mathrm{j}\omega\tau} \end{bmatrix}$，式中 $\mathrm{e}^{-\mathrm{j}\omega\tau}$ 代表时间延迟。

假定时间延迟 $\tau=0.3$ s，可得系统的频率响应曲线如图 4—7 所示。

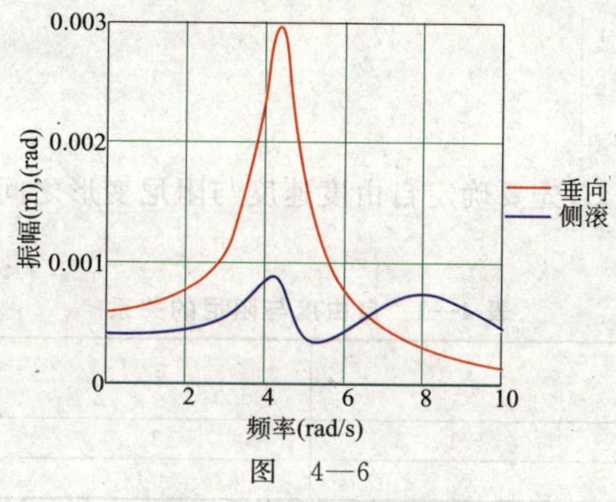

图　4—6

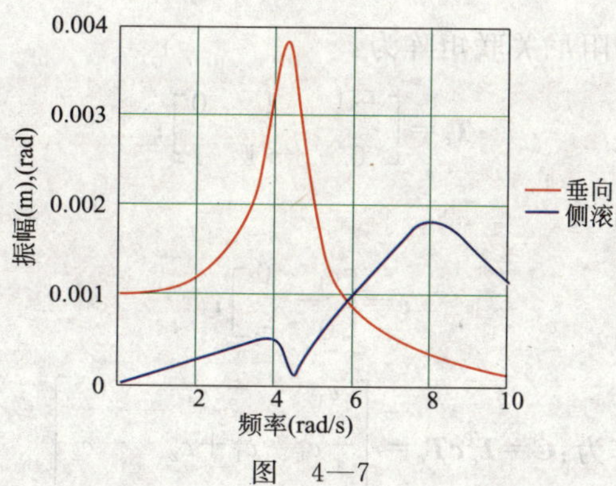

图　4—7

第三节　车辆简化模型的垂向频率响应计算

图 4—8 所示为简化的车辆垂向频率响应模型，k_3 和 c_2 为二系悬挂刚度和阻尼，k_2 和 c_1 为一系悬挂刚度和阻尼，k_1 为减振器端部刚度(串联刚度)，c_1、m_1 和 k_1 组成了一个完整的减振器模型，m_2 为转向架质量，m_3 为车体质量。系统有 3 个自由度。

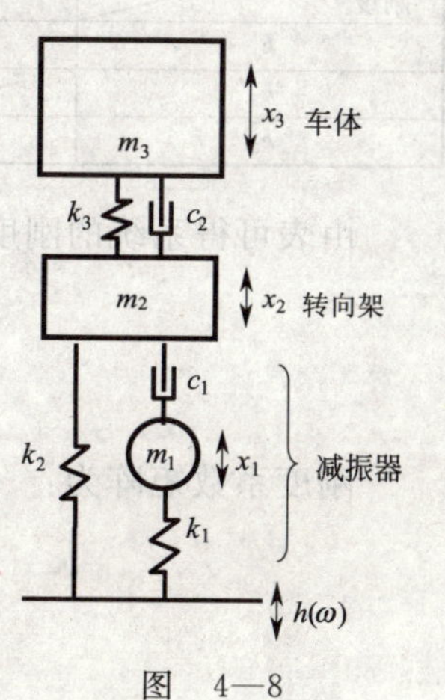

图　4—8

一、系统方程

系统运动方程的形式为：

$$\boldsymbol{M}\ddot{\boldsymbol{x}}+\boldsymbol{C}\dot{\boldsymbol{x}}+\boldsymbol{K}\boldsymbol{x}=\boldsymbol{F}_t$$

质量矩阵：$\boldsymbol{M}=\begin{bmatrix} m_1 & & \\ & m_2 & \\ & & m_3 \end{bmatrix}$

位移矢量：$\boldsymbol{x}=\begin{bmatrix} x_1 \\ x_2 \\ x_3 \end{bmatrix}$

为建立阻尼矩阵 C，先要确定自由度速度与阻尼变形之间的关系如表 4—1 所示：

表 4—1　自由度与阻尼的关系

阻尼 \ 自由度	$\dot{x}_1$	$\dot{x}_2$	$\dot{x}_3$
c_1	−1	1	0
c_2	0	−1	1

由表可得系统的阻尼关联矩阵为：

$$\boldsymbol{T}_c=\begin{bmatrix} -1 & 1 & 0 \\ 0 & -1 & 1 \end{bmatrix};$$

阻尼系数矩阵为：

$$\boldsymbol{c}=\begin{bmatrix} c_1 & 0 \\ 0 & c_2 \end{bmatrix};$$

系统的阻尼矩阵为：$\boldsymbol{C}=\boldsymbol{T}_c^{\mathrm{T}}\boldsymbol{c}\boldsymbol{T}_c=\begin{bmatrix} c_1 & -c_1 & 0 \\ -c_1 & c_1+c_2 & -c_2 \\ 0 & -c_2 & c_2 \end{bmatrix}$

为建立刚度矩阵 K，要确定自由度位移与弹簧变形之间的关系如表 4—2 所示：

表 4—2　自由度位移与变形之间的关系

刚度 \ 自由度	x_1	x_2	x_3
k_1	1	0	0
k_2	0	1	0
k_3	0	−1	1

由表可得系统的刚度关联矩阵为：

$$\boldsymbol{T}_k=\begin{bmatrix} 1 & 0 & 0 \\ 0 & 1 & 0 \\ 0 & -1 & 1 \end{bmatrix}$$

刚度系数矩阵为：

$$\boldsymbol{k}=\begin{bmatrix} k_1 & 0 & 0 \\ 0 & k_2 & 0 \\ 0 & 0 & k_3 \end{bmatrix}$$

系统刚度矩阵为：$\boldsymbol{K}=\boldsymbol{T}_k^{\mathrm{T}}\boldsymbol{k}\boldsymbol{T}_k=\begin{bmatrix}k_1 & 0 & 0\\ 0 & k_2+k_3 & -k_3\\ 0 & -k_3 & k_3\end{bmatrix}$

线路垂向干扰矢量：

$$\boldsymbol{h}(\omega)=\begin{bmatrix}\delta\\ \delta\\ 0\end{bmatrix}$$

外力矢量：$\boldsymbol{F}_t=\boldsymbol{F}(\omega)=\boldsymbol{T}_k^{\mathrm{T}}\cdot\boldsymbol{k}\cdot\boldsymbol{h}(\omega)=\begin{bmatrix}k_1\delta\\ k_2\delta\\ 0\end{bmatrix}$

将以上数据代入系统频率响应方程

$$(\boldsymbol{K}\quad\boldsymbol{M}\omega^2+\mathrm{j}\omega\boldsymbol{C})X=\boldsymbol{F}(\omega)$$

便可求得系统的响应 X。

二、计算举例

假设系统参数如下：

减振器端部质量	$m_1=0$
转向架质量(1/4)	$m_2=900$ kg
车体质量(1/8)	$m_3=4000$ kg
减振器端部刚度	$k_1=1.0\cdot10^6$ N/m
一系悬挂刚度	$k_2=0.8\cdot10^6$ N/m
二系悬挂刚度	$k_3=1.0\cdot10^5$ N/m
一系悬挂阻尼	$c_1=1.0\cdot10^3$ N·s/m
二系悬挂阻尼	$c_2=1.0\cdot10^4$ N·s/m
线路垂向干扰幅值	$\delta=0.001$ m

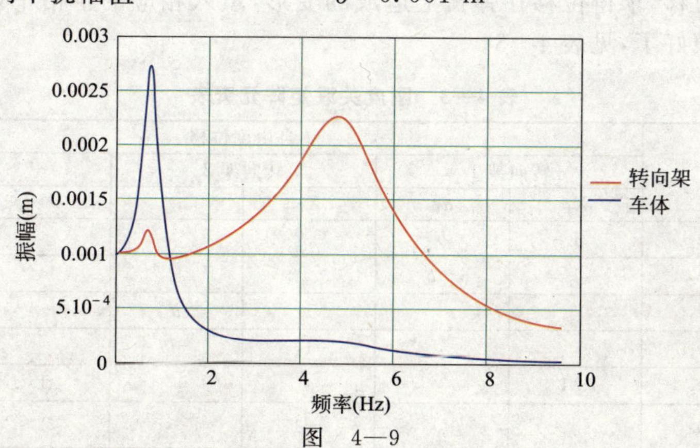

图 4—9

系统的频率响应曲线如图 4—9 所示。

第四节　客车垂向频率响应分析的模型和方法

一、客车垂向频率响应分析模型

图 4—10 所示为客车垂向频率响应分析模型，共有 6 个自由度：前转向架垂向位移 X_1，点头 α_1；后转向架垂向位移 X_2，点头 α_2；车体垂向位移 X_3，点头 α_3。

转向架轴距为 $2b$；前后转向架中心距为 $2L$。

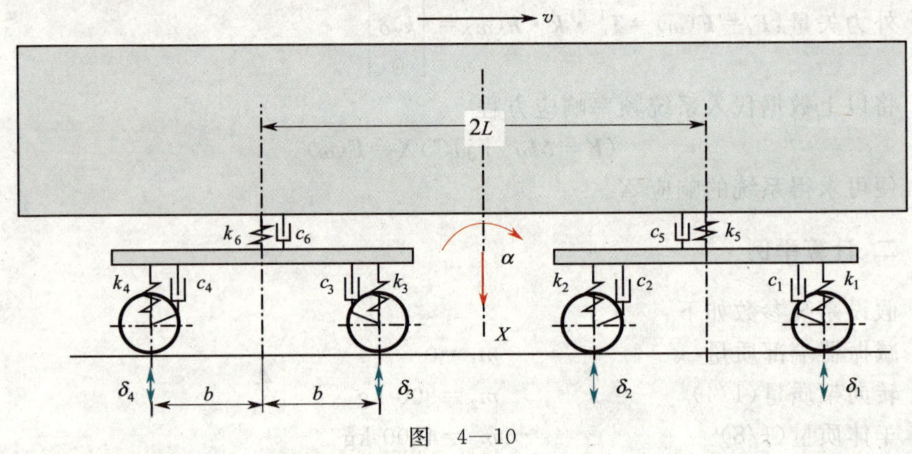

图　4—10

二、系统刚度矩阵

先用列表的方法来求得系统的刚度关联矩阵。表 4—3 所示为刚度关联矩阵的元素，图 4—10 所示系统由总共 6 个自由度和 6 个弹簧及阻尼组成，表中有六列，分别代表系统的 6 个自由度，六行则代表 6 个弹簧刚度元件。依次给每个自由度一个单位位移，求得位移在弹簧上造成的变形，填入相应的空格中，刚度关联矩阵元素表就填好了，见表 4—3。

表 4—3　刚度关联矩阵元素表

		自由度位移					
		转向架 1		转向架 2		车体	
		X_1	α_1	X_2	α_2	X_3	α_3
悬挂弹簧变形	k_1	1	b				
	k_2	1	$-b$				
	k_3			1	b		
	k_4			1	$-b$		
	k_5	-1				1	L
	k_6			-1		1	$-L$

元素正负号的规定是任意的，但必须统一，这里把元件受压缩定义为正。

由表可得系统的刚度关联矩阵为：

$$\boldsymbol{T}=\begin{bmatrix}1 & b & 0 & 0 & 0 & 0\\ 1 & -b & 0 & 0 & 0 & 0\\ 0 & 0 & 1 & b & 0 & 0\\ 0 & 0 & 1 & -b & 0 & 0\\ -1 & 0 & 0 & 0 & 1 & L\\ 0 & 0 & -1 & 0 & 1 & -L\end{bmatrix}$$

刚度系数矩阵是系统刚度组成的对角矩阵：

$$\boldsymbol{k}=\begin{bmatrix}k_1 & 0 & 0 & 0 & 0 & 0\\ 0 & k_2 & 0 & 0 & 0 & 0\\ 0 & 0 & k_3 & 0 & 0 & 0\\ 0 & 0 & 0 & k_4 & 0 & 0\\ 0 & 0 & 0 & 0 & k_5 & 0\\ 0 & 0 & 0 & 0 & 0 & k_6\end{bmatrix}=\begin{bmatrix}k_p & 0 & 0 & 0 & 0 & 0\\ 0 & k_p & 0 & 0 & 0 & 0\\ 0 & 0 & k_p & 0 & 0 & 0\\ 0 & 0 & 0 & k_p & 0 & 0\\ 0 & 0 & 0 & 0 & k_s & 0\\ 0 & 0 & 0 & 0 & 0 & k_s\end{bmatrix}$$

式中，k_p 为一系悬挂刚度，k_s 为二系悬挂刚度。

系统刚度矩阵为：$\boldsymbol{K}=\boldsymbol{T}^{\mathrm{T}}\boldsymbol{k}\boldsymbol{T}$

三、系统阻尼矩阵

阻尼系数矩阵为：

$$\boldsymbol{c}=\begin{bmatrix}c_1 & 0 & 0 & 0 & 0 & 0\\ 0 & c_2 & 0 & 0 & 0 & 0\\ 0 & 0 & c_3 & 0 & 0 & 0\\ 0 & 0 & 0 & c_4 & 0 & 0\\ 0 & 0 & 0 & 0 & c_5 & 0\\ 0 & 0 & 0 & 0 & 0 & c_6\end{bmatrix}=\begin{bmatrix}c_p & 0 & 0 & 0 & 0 & 0\\ 0 & c_p & 0 & 0 & 0 & 0\\ 0 & 0 & c_p & 0 & 0 & 0\\ 0 & 0 & 0 & c_p & 0 & 0\\ 0 & 0 & 0 & 0 & c_s & 0\\ 0 & 0 & 0 & 0 & 0 & c_s\end{bmatrix}$$

式中，c_p 为一系悬挂阻尼，c_s 为二系悬挂阻尼。

在本例中，系统阻尼关联矩阵与系统刚度关联矩阵完全一样。

系统阻尼矩阵为：$\boldsymbol{C}=\boldsymbol{T}^{\mathrm{T}}\boldsymbol{c}\boldsymbol{T}$

四、系统质量矩阵

系统的质量矩阵为：

$$
\boldsymbol{M}=\begin{bmatrix} m & 0 & 0 & 0 & 0 & 0 \\ 0 & I & 0 & 0 & 0 & 0 \\ 0 & 0 & m & 0 & 0 & 0 \\ 0 & 0 & 0 & I & 0 & 0 \\ 0 & 0 & 0 & 0 & m_b & 0 \\ 0 & 0 & 0 & 0 & 0 & I_b \end{bmatrix}
$$

五、干扰外力矢量

假设来自于线路的垂向干扰幅值为 d_0，干扰在第二、三、四轮对上的时间延迟分别为 $\tau_2\tau_3\tau_4$，线路的垂向干扰矢量为：

$$
\boldsymbol{\delta}=\begin{bmatrix} \delta_1 \\ \delta_2 \\ \delta_3 \\ \delta_4 \\ 0 \\ 0 \end{bmatrix}=\begin{bmatrix} d_0 \\ d_0 \cdot \mathrm{e}^{-\mathrm{j}\omega\tau 2} \\ d_0 \cdot \mathrm{e}^{-\mathrm{j}\omega\tau 3} \\ d_0 \cdot \mathrm{e}^{-\mathrm{j}\omega\tau 4} \\ 0 \\ 0 \end{bmatrix}
$$

来自于线路的垂向干扰力矢量为：

$$
\boldsymbol{F}(\omega)=\boldsymbol{T}^{\mathrm{T}}(k+\mathrm{j}\omega\,\boldsymbol{c})\boldsymbol{\delta}
$$

六、系统响应

$$
\boldsymbol{X}=\begin{bmatrix} x_1 \\ \alpha_1 \\ x_2 \\ \alpha_2 \\ x_3 \\ \alpha_3 \end{bmatrix}
$$

七、系统方程

系统的频率响应方程为：

$$
(\boldsymbol{K}-\boldsymbol{M}\omega^2+\mathrm{j}\omega\,\boldsymbol{C})\boldsymbol{X}=\boldsymbol{F}(\omega)
$$

八、计算举例

高速列车参数如下：

车体质量(满载):$m_b=34\ 380$ kg

车体点头转动惯量(满载):$I_b=1.661\times10^6$ kg·m^2

转向架质量:$m=2\ 470$ kg

转向架点头转动惯量:$I=1\ 137$ kg·m^2

转向架中心距离:$2L=16.0$ m

转向架轴距:$2b=2.5$ m

一系弹簧刚度:$k_p=2\times6.9\times10^5$ N/m

二系弹簧刚度:$k_s=2\times4.8\times10^5$ N/m

一系阻尼:$c_p=2\times9.0\times10^3$ N·s/m

二系阻尼:$c_s=2\times6.0\times10^4$ N·s/m

列车速度:$v=240$ km/h

线路垂向不平度:$d_0=0.001$ m

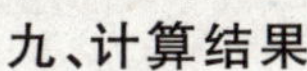

九、计算结果

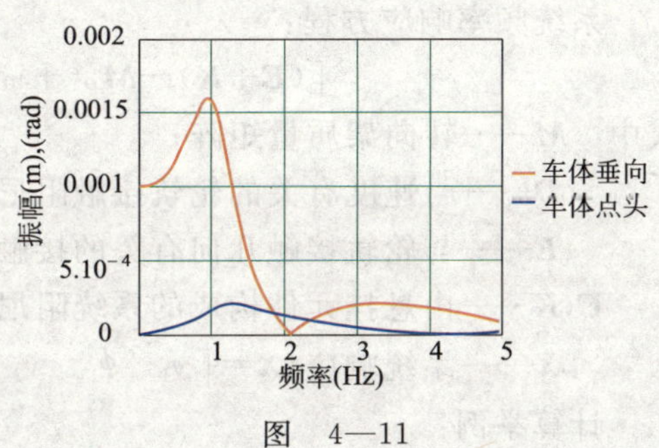

图 4—11

图 4—11 是车体垂直和点头振动的响应曲线,横轴单位是振动频率(Hz),纵轴是位移(m)和(rad)。

第五节　两轴转向架的横向频率响应分析

研究图 3—17 所示两轴转向架在周期性线路横向不规则作用下的频率响应。假设转向架前进速度为 v,线路横向不规则的幅值为 d_0,干扰作用在第二轮对上的时间延迟为 $\tau=\dfrac{2b}{v}$,$2b$ 为转向架轴距。

来自于线路的横向位移干扰矢量为:

$$\boldsymbol{\delta}(\omega)=\begin{bmatrix} d_0 \\ 0 \\ d_0\cdot e^{-j\omega\tau} \\ 0 \\ 0 \\ 0 \end{bmatrix}$$

来自于线路的横向干扰力矢量为:

$$\boldsymbol{F}(\omega)=\boldsymbol{E\delta}$$

这里:

轮轨接触刚度矩阵，$\boldsymbol{E}=\begin{bmatrix} k_g-k_c & -2f_{22} & 0 & 0 & 0 & 0 \\ \dfrac{2f_{11}s\lambda}{r_0} & -k_\phi & 0 & 0 & 0 & 0 \\ 0 & 0 & k_g-k_c & -2f_{22} & 0 & 0 \\ 0 & 0 & \dfrac{2f_{11}s\lambda}{r_0} & -k_\phi & 0 & 0 \\ 0 & 0 & 0 & 0 & 0 & 0 \\ 0 & 0 & 0 & 0 & 0 & 0 \end{bmatrix}$；

系统频率响应方程：

$$[(\boldsymbol{E}+\boldsymbol{K})-\boldsymbol{M}\omega^2+\mathrm{j}\omega(\boldsymbol{D}+\boldsymbol{C})]\boldsymbol{X}=\boldsymbol{F}(\omega)$$

式中 $\boldsymbol{M}$——转向架质量矩阵；

$\boldsymbol{D}$——与速度有关的轮轨接触阻尼矩阵；

$\boldsymbol{E}$——与轮轨接触几何有关的接触刚度矩阵；

$\boldsymbol{C},\boldsymbol{K}$——由悬挂元件构成的系统阻尼矩阵和刚度矩阵；

$\boldsymbol{X}$——系统响应，$\boldsymbol{X}=[y_1 \quad \phi_1 \quad y_2 \quad \phi_2 \quad y_3 \quad \phi_3]^{\mathrm{T}}$。

计算举例：

线路横向不规则　　$d_0=0.001$ m

转向架前进速度　　$v=20$ m/s

第一轮对横向位移和摇头的响应曲线如图 4—12 所示。

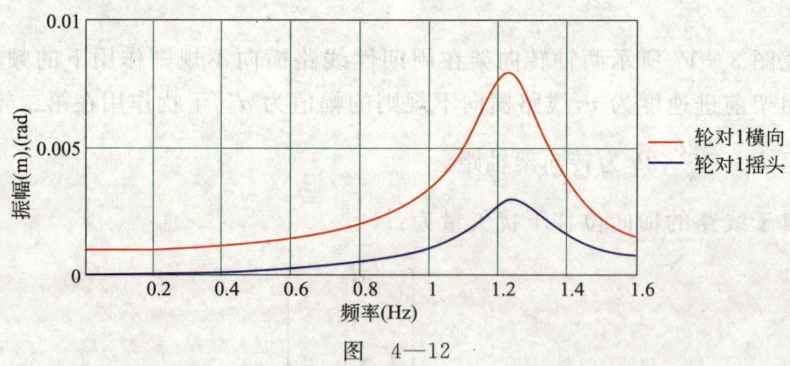

图　4—12

可以看到当干扰频率为 1.23 Hz 时，第一轮对横向位移振幅达到 0.008 m，轮缘与钢轨侧面相撞。从第三章第四节两轴转向架稳定性分析可知，该转向架的临界速度为 32.5 m/s，现在运行速度 $v=20$ m/s，转向架运行属于稳定状态，不会产生蛇行运动。从图 3—21 系统振动频率与速度的关系曲线中可以看到，速度 $v=20$ m/s时的系统频率正好是 1.23 Hz，($\dfrac{7.75}{2\pi}=1.23$ Hz)，干扰频率与系统频率产生共振，致使系统响应振幅大增，这不是系统失稳。当速度越过 20 m/s，振幅就会降下来。

第五章

系统瞬态响应分析

第一节 系统瞬态响应分析的基本方法

图 5—1 所示为一个单自由度的阻尼系统，其运动方程为：

$$M\ddot{x}+C\dot{x}+Kx=0$$

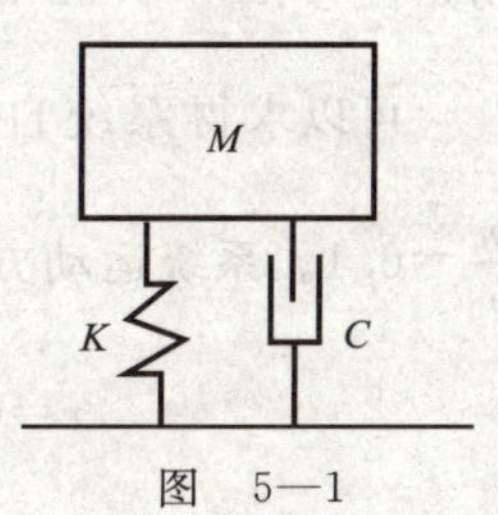

图 5—1

这是一个常系数线性二阶齐次微分方程。

一、解析法解题步骤

高等数学和理论力学教材中传统的解题步骤如下：

令 $2n=\dfrac{C}{M}$，$\omega_0^2=\dfrac{K}{M}$，代入上式可得：

$$\ddot{x}+2n\dot{x}+\omega_0^2x=0$$

其解有如下形式：

$$x=\mathrm{e}^{rt}$$

代入微分方程，消去公因子 e^{rt}，得特征方程

$$r^2+2nr+\omega_0^2=0$$

上述特征方程的两个根为：

$$r_{1,2}=-n\pm\sqrt{n^2-\omega_0^2}$$

如果 $n^2<\omega_0^2$，即 $\dfrac{C^2}{4M^2}<\dfrac{K}{M}$，也就是 $C<2\sqrt{M\cdot K}$

特征方程的两个根为

$$r_{1,2}=-n\pm\mathrm{i}\cdot\sqrt{\omega_0^2-n^2}$$

阻尼振动的运动规律可表达为：

$$x=A\mathrm{e}^{-nt}\sin\left(\sqrt{\omega_0^2-n^2}\cdot t+\alpha\right)$$

式中 A 和 α 为二个积分常数，由运动的起始条件来决定。假设初始条件 $t=0$ 时，位移 $x=x_0$，速度 $\dot{x}=0$，则可求得 $A=x_0$，和 $\alpha=\frac{\pi}{2}$，代入方程可得：

$$x=x_0\cdot \mathrm{e}^{-nt}\sin\left(\sqrt{1-\left(\frac{n}{\omega_0}\right)^2}\cdot\omega_0 t+\frac{\pi}{2}\right)$$

或表达为：

$$x=x_0\cdot \mathrm{e}^{-nt}\cos\left(\sqrt{1-\left(\frac{n}{\omega_0}\right)^2}\cdot\omega_0 t\right)$$

【例 1】 令质量：$M=1.0$ kg；弹簧刚度：$K=157.9$ N/m；阻尼：$C=2.513$ N·s/m；初始位移：$x_0=0.02$ m。

可以求得系统自振频率：$\omega_0=\sqrt{\frac{K}{M}}=12.565$ (rad)；$n=\frac{C}{2M}=1.2565$；以及 $\frac{n}{\omega_0}=0.1$。系统运动方程的表达式为：

$$x=0.02\cdot \mathrm{e}^{-1.2565}\cos\left(\sqrt{1-0.1^2}\cdot 12.565\cdot t\right)$$

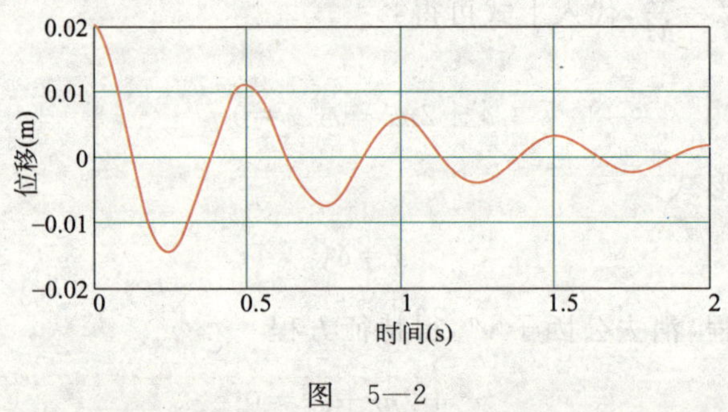

图 5—2

其结果如图 5—2 所示。

二、数值法解题步骤

当微分方程无法用确定的函数表达式来积分求解时，就必须采用数值法，尤其是当系统本身是非线性的或者外部的激振力，无法用简单的分析函数来表示的时候。

如图 5—3，求曲线 $f(x)$ 在区间 $[a,b]$ 的面积。通常可用定积分 $\int_a^b f(x)\mathrm{d}x$ 来求得准确值，但当 $f(x)$ 的原函数不易求得或不能求得（即不能以初等函数表示）时，就只能用数值法来求其近似值。如图 5—3 所示，将区间 $[a,b]$ 分成 n 个相等的小区间，每一小区间之长为：

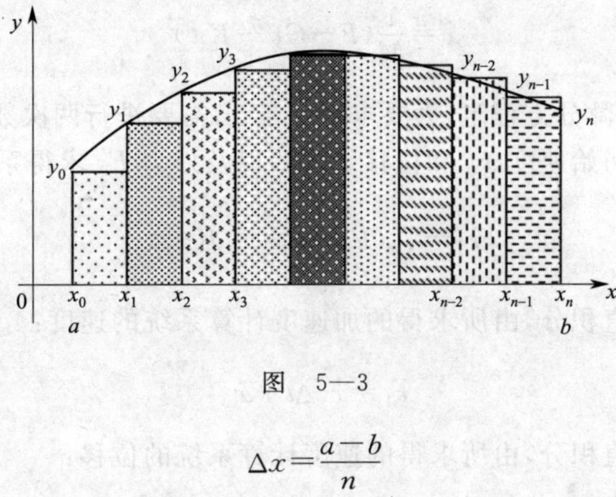

图 5—3

$$\Delta x=\frac{a-b}{n}$$

分点为 $x_0=a, x_1, x_2, \cdots, x_{n-2}, x_{n-1}, x_n=b$，所对应之纵坐标为 $y_0, y_1, y_2, \cdots, y_{n-2}, y_{n-1}, y_n$。

这样就可用每个小区间的矩形面积之和来求得定积分 $\int_a^b f(x)\mathrm{d}x$ 的近似值。

$$\int_a^b f(x)\mathrm{d}x \approx \frac{b-a}{n}[y_0+y_1+\cdots+y_{n-1}]$$

$$=\sum_{i=0}^{n-1} y_i \cdot \Delta x$$

或

$$\int_a^b f(x)\mathrm{d}x \approx \frac{b-a}{n}[y_1+y_2+\cdots+y_n]$$

$$=\sum_{i=1}^{n} y_i \cdot \Delta x$$

可以看到，在数值解题法中，原先的定积分 $\int_a^b f(x)\mathrm{d}x$ 被累加 $\sum_{i=0}^{n-1} y_i \cdot \Delta x$ 所替代，连续变量 x 被离散变量 x_i 所替代，从已知初始条件开始，以增量 Δx 为步长，一步一步地求解，计算结果是近似值，但只要把增量 Δx 取得足够小，就能得到满意的精度。有许多数值积分计算的方法，它们的计算精度、计算稳定性、和计算所需时间都各不相同，一般教科书里都有详细介绍，这里采用的是一种简单的、但能取得相当满意精度的矩形法。

下面详细介绍如何应用数值积分法来求解振动系统的步骤。

系统的运动方程的通用表达式为：

$$M\ddot{x}+C\dot{x}+Kx=F$$

$$\ddot{x}=\frac{1}{M}(F-C\dot{x}-Kx)$$

这是一组二阶微分方程组，为要求得变量 x，需要进行两次数值积分：

(1)由已知的初始速度 $\dot{x}_0$ 和位移 x_0 值，以及外力 F_0 求得系统加速度：

$$\ddot{x}_1=\frac{1}{M}(F_0-C\dot{x}_0-Kx_0)$$

(2)第一次数值积分，由所求得的加速度计算系统的速度：

$$\ddot{x}_1=\ddot{x}_1\Delta t+\dot{x}_0$$

(3)第二次数值积分，由所求得的速度计算系统的位移：

$$x_1=\dot{x}_1\Delta t+x_0$$

(4)确定外力 F_1：

$$F_1=F(t_1)$$

下一步就是重复上面的计算过程，只需简单地把式中的 $\dot{x}_0$、x_0 和 F_0 换成 $\dot{x}_1$、x_1 和 F_1 即可：

$$\ddot{x}_2=\frac{1}{M}(F_1-C\dot{x}_1-Kx_1)$$

$$\dot{x}_2=\ddot{x}_2\Delta t+\dot{x}_1$$

$$x_2=\dot{x}_2\Delta t+x_1$$

$$F_2=F(t_2)$$

然后再一步一步地重复计算，计算过程可用下述通用公式来表达：

$$\ddot{x}_{i+1}=\frac{1}{M}(F_i-C\dot{x}_i-Kx_i)$$

$$\dot{x}_{i+1}=\ddot{x}_{i+1}\Delta t+\dot{x}_i$$

$$x_{i+1}=\dot{x}_{i+1}\Delta t+x_i$$

$$F_{i+1}=F(t_{i+1})$$

这里 i 从零开始。

这就是在机械工程数值仿真计算中采用的基本公式。这种方法的最大优点是简单、快速，其缺点是倘若步长 Δt 取得太大，容易造成数值计算不稳定。

上述计算过程的程序(Fortran)如下：

```
N=1000                                    ! 循环次数
T=0.0                                     ! 起始时间(s)
DT=0.002                                  ! 时间增量(s)
```

```
V=V0                                   ! 初始速度(m/s)
D=D0                                   ! 初始位移(m)
F=F0                                   ! 初始外力(N)
DO I=1,N                               ! 循环开始
A=F/M-(C/M)*V-(K/M)*D                  ! 计算加速度
V=A*DT+V                               ! 计算速度(第一次积分)
D=V*DT+D                               ! 计算位移(第二次积分)
WRITE(*,*)T,D                          ! 输出时间和位移
T=T+DT                                 ! 时间变化
CALL FORCE(F,T)                        ! 计算外力
END DO                                 ! 循环结束
```

可以看到,程序极为简单。

【例 2】 用数值仿真法求解例 1 系统的位移变化。

因为系统是自由振动,没有外力,上述计算程序可简化如下:

```
N=1000                                 ! 循环次数
T=0.0                                  ! 起始时间(s)
DT=0.002                               ! 时间增量(s)
V=V0                                   ! 初始速度(m/s)
D=D0                                   ! 初始位移(m)
DO I=1,N                               ! 循环开始
A=-(C/M)*V-(K/M)*D                     ! 计算加速度
V=A*DT+V                               ! 计算速度(第一次积分)
D=V*DT+D                               ! 计算位移(第二次积分)
WRITE(*,*)T,D                          ! 输出时间和位移
T=T+DT                                 ! 时间变化
END DO                                 ! 循环结束
```

结果如图 5—4 所示,可以看到,用数值仿真法得到的结果是与解析法得到的结果(图 5—2)是完全一致的。

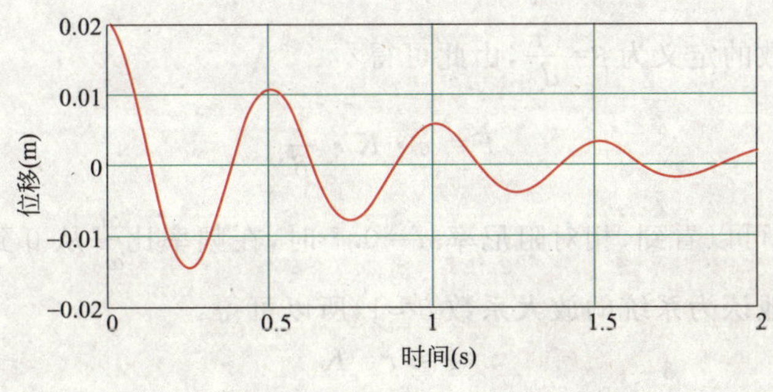

图 5—4

第二节　系统瞬态响应的频率特性

图 5—5 所示一个自由度受迫振动系统的频率响应方程为：

$$M\ddot{x}+C\dot{x}+Kx=F(\omega)$$

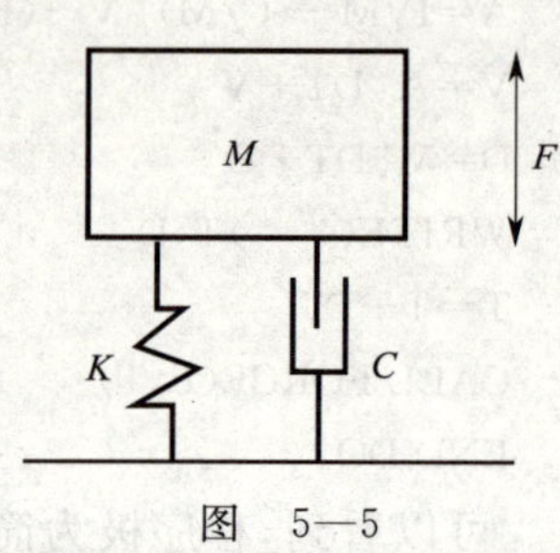

图　5—5

一、系统位移响应的频率特性

定义相对阻尼率 n 为：$n=\dfrac{C}{2\sqrt{MK}}$，由此可得系统阻尼 $C=n\cdot 2\sqrt{MK}$。系统的相对阻尼率 n 为不同数值时的系统位移频率响应曲线如图 5—6 所示。

当作用外力的频率为零时，系统的挠度为 $d_0=\dfrac{F}{K}$。

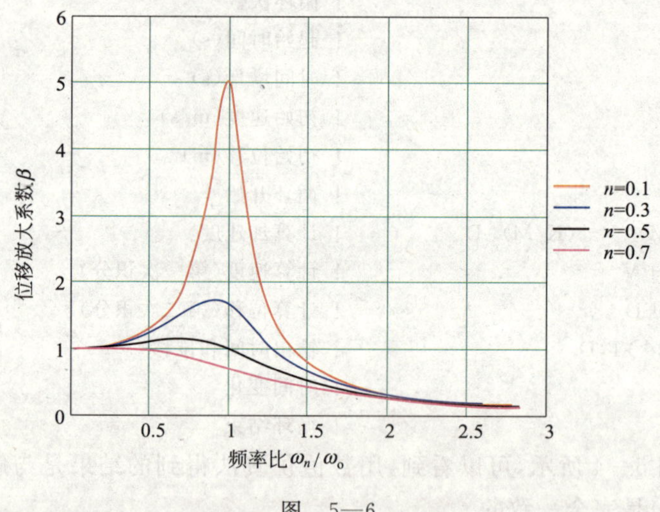

图　5—6

系统的放大倍数的定义为 $\beta=\dfrac{x}{d_0}$，由此可得

$$F=x\cdot K\cdot\frac{1}{\beta}$$

从图 5—6 可以看到，相对阻尼率 $n=0.7$ 时，在频率比 $\dfrac{\omega_n}{\omega_0}$ 从 0 到 1 的范围里，可以相当近似地认为系统的放大系数 $\beta\approx1$，所以可得：

$$F\approx x\cdot K$$

这就是说，当系统的相对阻尼率 $n=0.7$，系统干扰的频率 ω_n 小于系统的自振

频率 ω_0 时，系统的响应 x 和系统刚度 K 的乘积等于系统干扰的幅值 F。

二、系统加速度响应的频率特性

系统的相对阻尼率 n 为不同数值时的系统加速度频率响应曲线如图 5—7 所示。

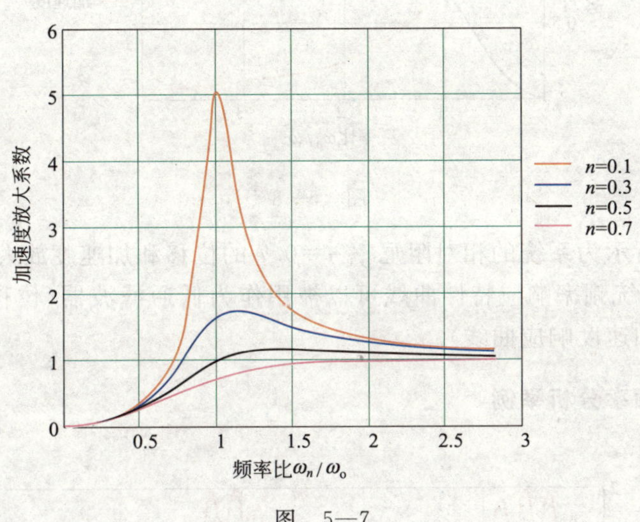

图 5—7

外力 F 也可表达为如下形式：

$$F=x\frac{K}{\beta}=x\cdot\left(\frac{\omega_n}{\omega_0}\right)^2\frac{K}{\beta\left(\frac{\omega_n}{\omega_0}\right)^2}$$

$$=x\cdot\omega_n^2\cdot\frac{K}{\omega_0^2}\cdot\frac{1}{\beta\cdot\left(\frac{\omega_n}{\omega_0}\right)^2}$$

$$=\ddot{x}\cdot M\cdot\frac{1}{\beta\cdot\left(\frac{\omega_n}{\omega_0}\right)^2}$$

式中的 $\beta\cdot\left(\frac{\omega_n}{\omega_0}\right)^2$ 是系统的加速度放大倍数。如图 5—7 所示，相对阻尼率 $n=0.7$ 时，在频率比 $\frac{\omega_n}{\omega_0}$ 从 1 到∞的范围，可以相当近似地认为系统的加速度放大系数 $\beta\cdot\left(\frac{\omega_n}{\omega_0}\right)^2\approx1$，所以可得：

$$F\approx\ddot{x}\cdot M$$

这就是说，当系统的相对阻尼率 $n=0.7$，系统干扰的频率 ω_n 大于系统的自振频率 ω_0 时，系统的响应加速度 $\ddot{x}$ 和系统质量 M 的乘积等于系统干扰的幅值 F。

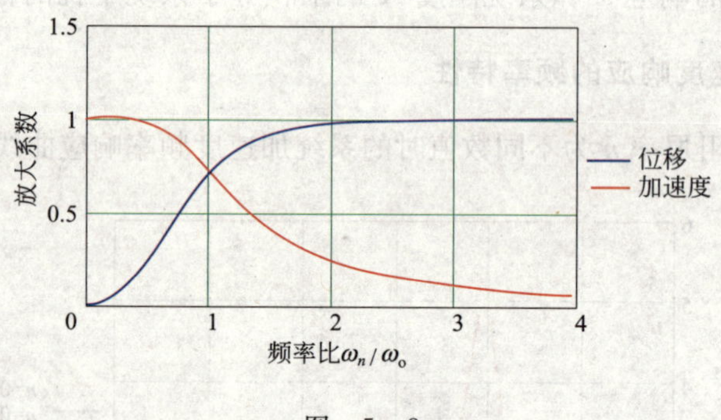

图 5—8

图 5—8 所示为系统的相对阻尼率 $n=0.7$ 的位移和加速度放大倍数曲线。图 5—8 所示的系统频率响应特性曲线可以被用作为低通滤波器(位移响应曲线)或高通滤波器(加速度响应曲线)。

三、信号频率分析举例

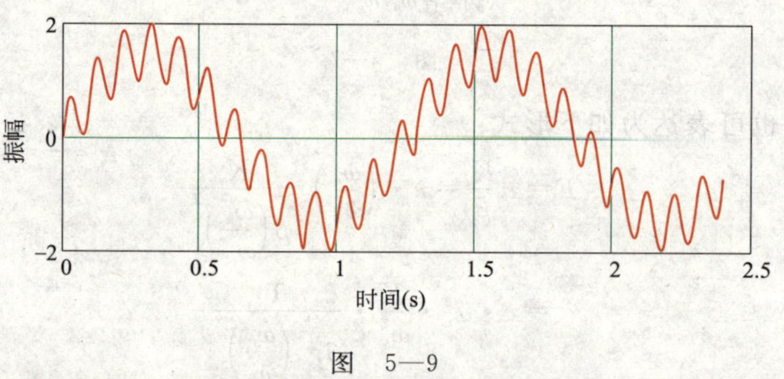

图 5—9

图 5—9 所示为一组测量所得离散数据,采样间隔时间为 0.001 s,可以看到其中含有高频和低频分量,利用图 5—5 所示系统的频率响应特性,可以方便地将高频和低频分量分离开来。步骤如下:

(1)构建系统

取系统自振频率 $f=2$ Hz,即 $\omega_0=2\pi f$。

取系统刚度 $K=1$(可以取任意值),由此可得 $M=\dfrac{K}{\omega_0^2}$,$C=0.7\times 2\sqrt{MK}$。

(2)确定系统外力

系统外力即为图 5—9 所示测量数据。

(3)瞬态分析

计算过程的程序(Fortran)如下:

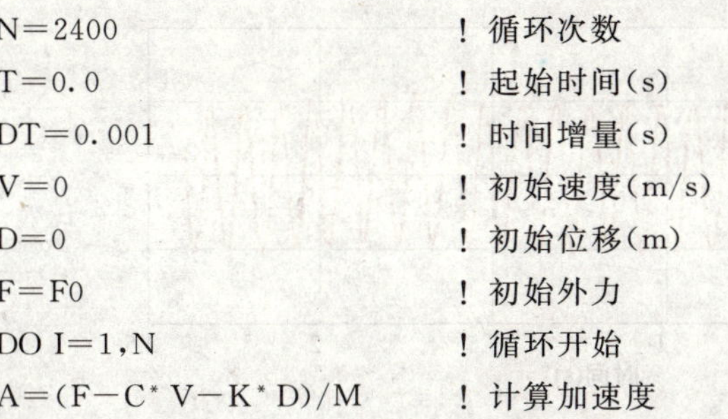

```
N=2400                          ! 循环次数
T=0.0                           ! 起始时间(s)
DT=0.001                        ! 时间增量(s)
V=0                             ! 初始速度(m/s)
D=0                             ! 初始位移(m)
F=F0                            ! 初始外力
DO I=1,N                        ! 循环开始
A=(F-C* V-K* D)/M               ! 计算加速度
V=A* DT+V                       ! 计算速度(第一次积分)
D=V* DT+D                       ! 计算位移(第二次积分)
WRITE(*,*)T,D* K,A* M           ! 输出(时间,低通分量,高通分量)
T=T+DT                          ! 时间变化
F=Fi                            ! 下一个外力数据
END DO                          ! 循环结束
```

计算结果如图 5—10 所示。可以看到,利用图 5—5 系统的频率响应特性,成功地将输入信号的高频和低频分量分离开来。

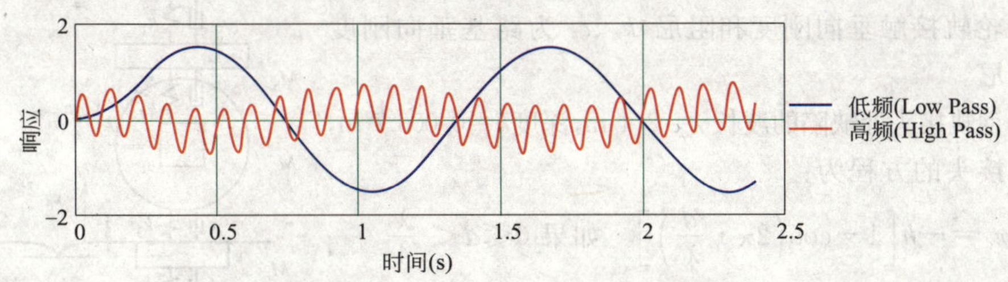

图 5—10

高频输出里仍包含有一些低频成分,如果需要的话,可以把第一次滤波的结果作为输入,再进行第二次滤波。图 5—11 所示为第一次高通滤波的结果,图 5—12 为第二次高通滤波的结果。可以看到两次滤波后,低频分量已经大为减少。

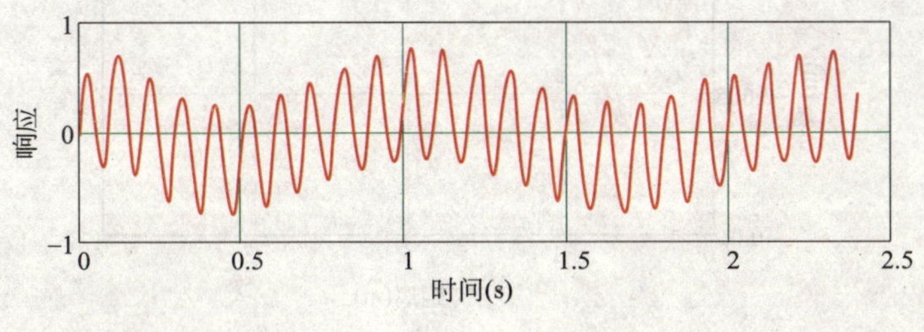

图 5—11

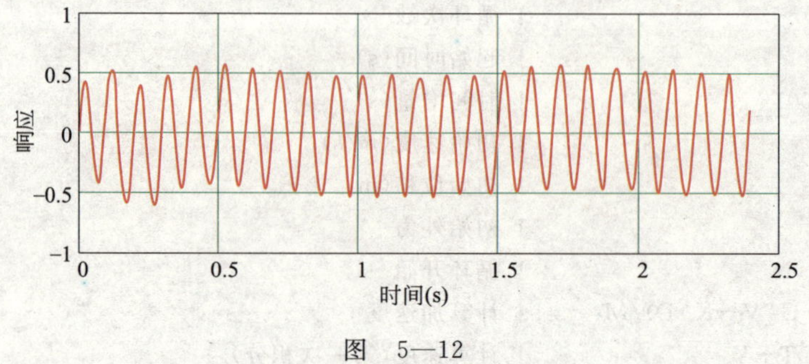

图　5—12

第三节　车轮通过钢轨接头时产生的垂向冲击

一、轮轨垂向冲击模型

图 5—13 所示为轮轨垂向冲击模型。它由车体 M_0、转向架 M_b、车轮 M_w 和轨道 M_r 组成，k_1、c_1 为二系垂向刚度和阻尼，k_2、c_2 为一系垂向刚度和阻尼，k_3、c_3 为轮轨接触垂向刚度和阻尼，k_4、c_4 为路基垂向刚度和阻尼。

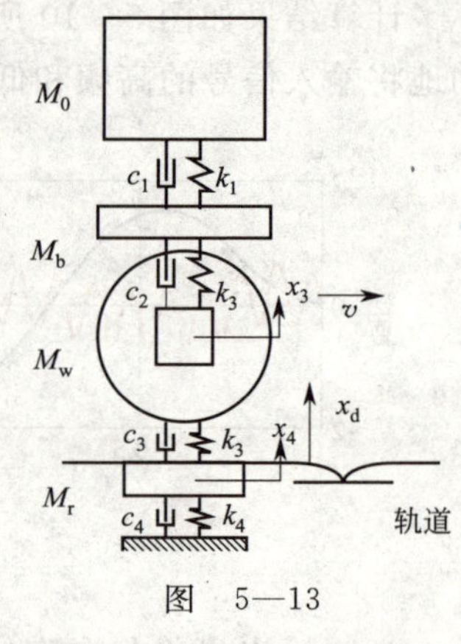

图　5—13

钢轨接头处缺陷的波长 $\lambda=2.4$ m，深度$h=0.006\ 7$ m，钢轨接头的方程为：

$$x_d=-h\left[1-\cos\left(2\pi\cdot\frac{d}{\lambda}\right)\right]\quad 如果\ 0\leqslant d<\frac{\lambda}{4}$$

$$x_d=-h\left[1+\cos\left(2\pi\cdot\frac{d}{\lambda}\right)\right]\quad 如果\ \frac{\lambda}{4}\leqslant d<\frac{\lambda}{2}$$

$$x_d=0\quad 如果\ \frac{\lambda}{2}\leqslant d$$

钢轨接头的形状如图 5—14 所示。

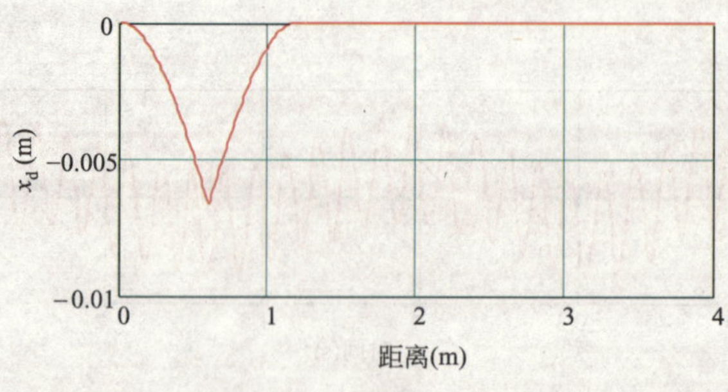

图　5—14

轮轨之间的接触变形 δ 由下列公式计算：

$$\delta=(x_4+x_d)-x_3$$

式中，x_4 是轨道垂向位移，x_d 是线路的垂向不规则（向上为正），x_3 代表轮对的垂向位移，很显然，δ 为负值表示轮轨趋于脱离接触。

轮轨接触刚度是非线性的，它随接触力的大小而变化。接触变形 y 与接触力 F 的关系式为：

$$y=G\cdot F^{\frac{2}{3}}$$

式中，G 是 Hertzian 柔性常数（$m/N^{\frac{2}{3}}$）。车轮半径为 $0.15\ \mathrm{m}<R<0.6\ \mathrm{m}$ 时，

$$G=4.57R^{-0.149}\cdot 10^{-8}(m/N^{\frac{2}{3}})\quad (1/20\text{踏面})$$

$$G=3.86R^{-0.115}\cdot 10^{-8}(m/N^{\frac{2}{3}})\quad (\text{磨耗型踏面})$$

轮轨接触力与接触变形的关系式如下：

$$F_c(\delta)=-F_0 \qquad \text{如果 } \delta<-\delta_0$$

$$F_c(\delta)=\left(\frac{\delta+\delta_0}{G}\right)^{\frac{3}{2}}-F_0 \quad \text{如果 } \delta\geqslant-\delta_0$$

式中，F_c 是轮轨接触的动载荷，F_0 是轮轨接触的静载荷，δ_0 是轮轨接触静挠度。

轮轨接触力与接触变形的关系如图 5—15 所示，可以看到，这是一个非线性的特性。以初始静止状态下的接触变形和接触力为基准，因为受到轮轨脱离接触的影响，轮轨之间最大的拉伸动载荷不可能超过静态载荷（压缩为正，拉伸为负），曲线的水平线段代表的就是轮轨之间的最大的拉伸动载荷。

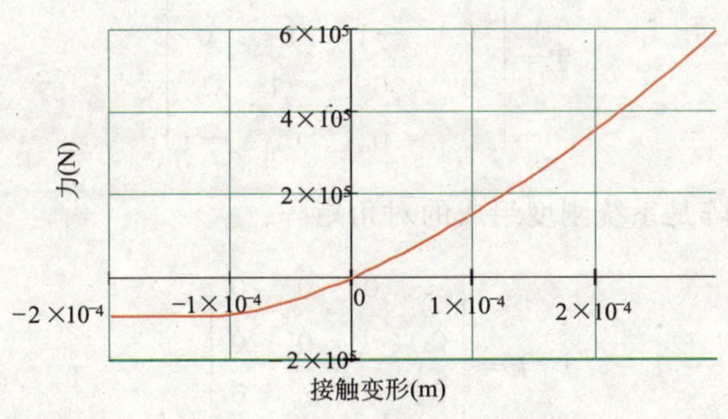

图 5—15

二、系统运动方程

1. 系统质量矩阵

$$M=\begin{bmatrix} M_0 & 0 & 0 & 0 \\ 0 & M_b & 0 & 0 \\ 0 & 0 & M_w & 0 \\ 0 & 0 & 0 & M_r \end{bmatrix}$$

2. 系统刚度矩阵

先用列表的方法来求得系统的刚度关联矩阵。表 5—1 所示为刚度关联矩阵的元素，图 5—13 所示系统由总共 4 个自由度和 4 个弹簧及阻尼组成，表 5-1 中有四列，分别代表系统的 4 个自由度，四行则代表 4 个弹簧刚度元件。依次给每个自由度一个单位位移，求得位移在弹簧上造成的变形，填入相应的空格中，刚度关联矩阵元素表就填好了。

表 5—1　刚度关联矩阵元素

		自由度位移			
		车体	转向架	轮对	轨道
		x_1	x_2	x_3	x_4
弹簧变形	k_1	−1	1		
	k_2		−1	1	
	k_3			−1	1
	k_4				−1

由表可得系统的刚度关联矩阵为：

$$T=\begin{bmatrix} -1 & 1 & 0 & 0 \\ 0 & -1 & 1 & 0 \\ 0 & 0 & -1 & 1 \\ 0 & 0 & 0 & -1 \end{bmatrix}$$

刚度系数矩阵是系统刚度组成的对角矩阵：

$$k=\begin{bmatrix} k_1 & 0 & 0 & 0 \\ 0 & k_2 & 0 & 0 \\ 0 & 0 & k_3 & 0 \\ 0 & 0 & 0 & k_4 \end{bmatrix}$$

系统刚度矩阵为：$K=T^{T}kT$

3. 系统阻尼矩阵

阻尼系数矩阵是系统阻尼组成的对角矩阵：

$$
\boldsymbol{c}=\begin{bmatrix} c_1 & 0 & 0 & 0 \\ 0 & c_2 & 0 & 0 \\ 0 & 0 & c_3 & 0 \\ 0 & 0 & 0 & c_4 \end{bmatrix}
$$

系统阻尼矩阵为：$\boldsymbol{C}=\boldsymbol{T}^{\mathrm{T}}\boldsymbol{c}\boldsymbol{T}$

4．系统位移矢量

$$
\boldsymbol{x}=[x_1 \quad x_2 \quad x_3 \quad x_4]^{\mathrm{T}}
$$

5．系统外力矢量

轮轨冲击力 F_c 作用在车轮和轨道上，大小相等、方向相反。系统外力矢量为：

$$
\boldsymbol{F}=\begin{bmatrix} 0 \\ 0 \\ F_c(\delta) \\ -F_c(\delta) \end{bmatrix}
$$

三、计算方法和步骤

已知：车体质量 $M_0=8\ 000$ kg；转向架构架质量 $M_b=1\ 125$ kg；轮对质量 $M_w=1\ 500$ kg；轨道等效质量 $M_r=250$ kg；车轮半径 $R=0.42$ m；踏面具有 1/20 的锥度；二系垂向刚度和阻尼 $k_1=8.6\times10^5$ N/m，$c_1=5.0\times10^4$ N·s/m；一系垂向刚度和阻尼 $k_2=2.0\times10^6$ N/m，$c_2=1.0\times10^4$ N·s/m；路基垂向刚度和阻尼 $k_4=1.98\times10^8$ N/m，$c_4=1.1\times10^5$ N·s/m。车辆速度 $v=80$ km/h。

因为轮轨接触力的变化是非线性的，作为外力处理比较方便，因此这里用虚拟

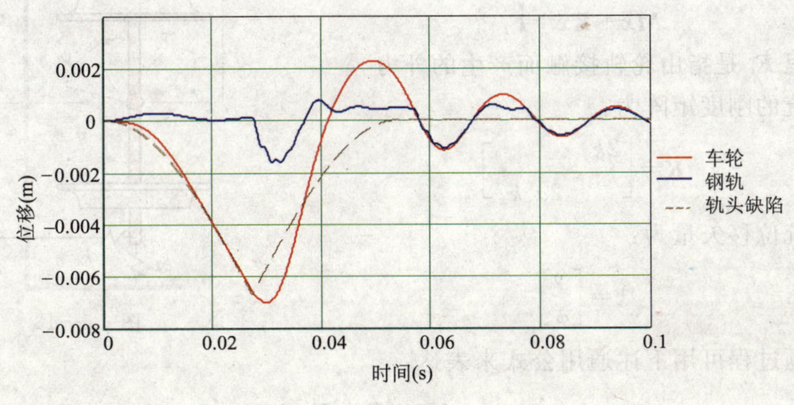

图 5—16

刚度和虚拟阻尼来替代，$k_3=1.0$ N/m，$c_3=0$ N·s/m。

基本的计算方法和步骤与以前讨论的一样，只是在每一步计算后，需要检查轮轨之间的接触变形 δ，计算轮轨之间的接触力 $F_c(\delta)$，建立新的外力矢量 F 以供下一步计算所用。

轮对和轨道的垂向位移如图 5—16 所示，轮轨之间的冲击力如图 5—17 所示。图 5—17 中的水平段表明轮轨脱离接触。

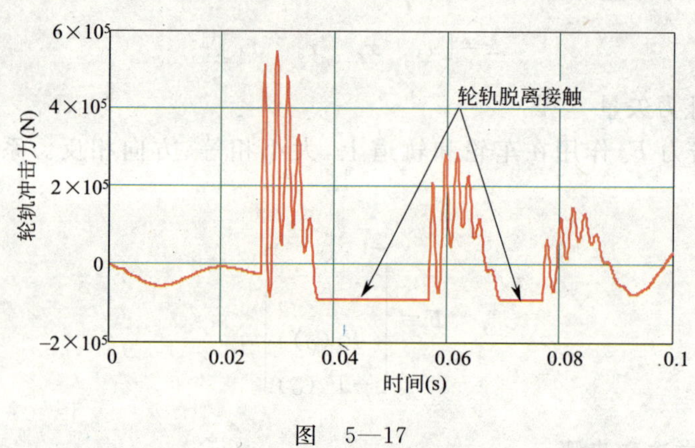

图 5—17

第四节 弹性定位轮对的瞬态响应计算

用数值仿真法求解弹性定位轮对（图 5—18）在线路横向不规则干扰下的运动。假设 $k_1=k_2=k_y$，$k_3=k_4=k_x$。

用平方根蠕滑理论来分析轮对的运动时，系统的运动方程可表达为：

$$\boldsymbol{M}\ddot{\boldsymbol{x}}+\boldsymbol{K}\boldsymbol{x}=\boldsymbol{F}_t$$

这里 $\boldsymbol{F}_t$ 是指由轮轨接触而产生的外力。

系统的刚度矩阵为：

$$\boldsymbol{K}=\begin{bmatrix}2k_y & \\ & 2a^2k_x\end{bmatrix}$$

系统位移矢量为：

$$\boldsymbol{x}=\begin{bmatrix}y\\ \phi\end{bmatrix}$$

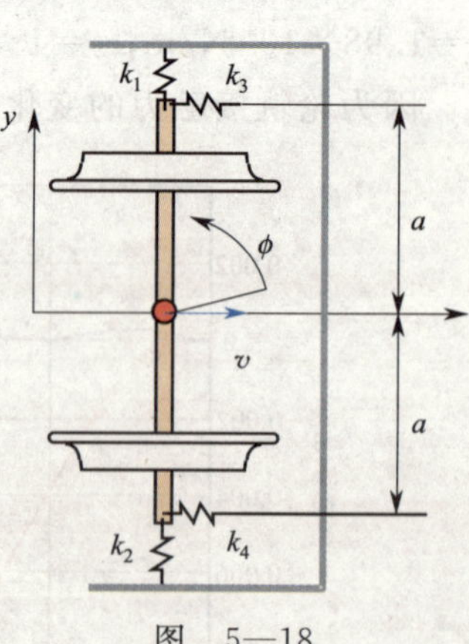

图 5—18

解题过程可用下述通用公式来表达：

$$\ddot{\boldsymbol{x}}_{i+1}=\boldsymbol{M}^{-1}(\boldsymbol{F}_t-\boldsymbol{K}\boldsymbol{x}_i)$$

$$\dot{x}_{i+1}=\ddot{x}_{i+1}\Delta t+\dot{x}_i$$

$$x_{i+1}=\dot{x}_{i+1}\Delta t+x_i$$

因为是 2 个自由度的系统，一定要用质量矩阵的逆矩阵来求解加速度。

用平方根蠕滑理论来处理蠕滑率和蠕滑力的关系时，计算步骤如下：

1. 求蠕滑率

$$\gamma_1=-\frac{s}{v}\dot{\phi}-\frac{\lambda}{r}y$$

$$\gamma_2=\frac{1}{v}\dot{y}-\phi$$

$$\gamma_3=\frac{1}{v}\dot{\phi}-\frac{\lambda}{rs}y$$

$$\gamma=\sqrt{\gamma_1^2+\gamma_2^2}$$

2. 求蠕滑力

$$F_X=-\frac{\gamma_1}{\sqrt{\left(\frac{1}{f_{11}}\right)^2+\left(\frac{\gamma}{\mu N}\right)^2}}$$

$$F_Y=-\frac{\gamma_2+\gamma_3\frac{f_{23}}{f_{22}}}{\sqrt{\left(\frac{1}{f_{22}}\right)^2+\left(\frac{\gamma}{\mu N}\right)^2}}$$

3. 求轮对作用力

$$\boldsymbol{F}_t=\begin{bmatrix}2\cdot F_Y-K_g\cdot y\\-2\cdot s\cdot F_X+K_\phi\cdot\phi\end{bmatrix}$$

再用所求得的 $\dot{x}$，x，和 F_t 重复上面的计算，直至所需要的距离或时间。

假设轮对的速度 $v=20$ m/s，轮对初始条件：$y_0=0.002$ m，$\phi_0=0.0$ rad。计算结果如图 5—19 所示，红线为轮对的横向位移，蓝线为轮对的摇头。

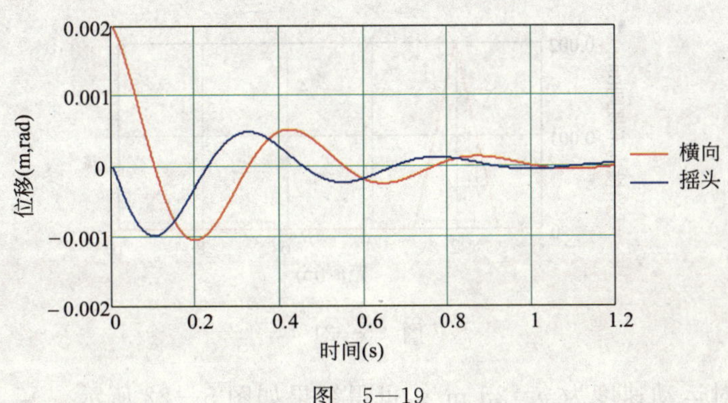

图 5—19

图 5—20 所示为轮对的速度 $v=40$ m/s 时的横向和摇头位移曲线。

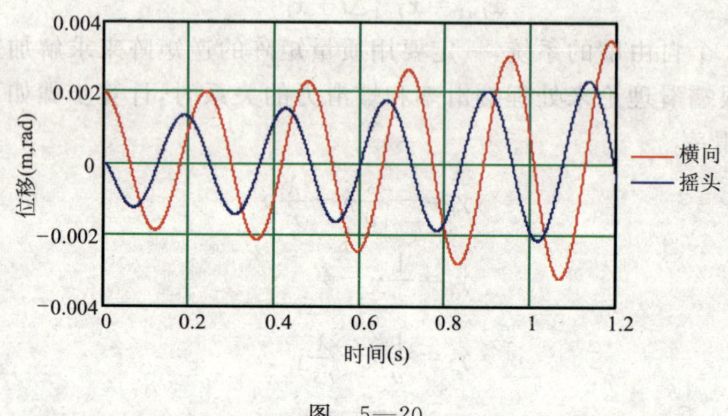

图 5—20

考虑到线路横向不规则的干扰，假设线路横向不规则随距离 S 的变化为 $y(S)$，由此造成的位移干扰矢量为：

$$\boldsymbol{\Delta}=\begin{bmatrix} y(S) \\ 0 \end{bmatrix}$$

这时只需在按上述步骤计算蠕滑率和轮对作用力时，用矢量$(\boldsymbol{x}-\boldsymbol{\Delta})$来替代原来的矢量 $\boldsymbol{x}$ 即可。

令线路横向不规则如下：

$y(S)=0$　　如果 $0\leqslant S<1.0$

$y(S)=\delta\cdot(S-1.0)$　　如果 $1.0\leqslant S<2.0$

$y(S)=\delta\cdot(3.0-S)$　　如果 $2.0\leqslant S<3.0$

$y(S)=0$　　如果 $3.0\leqslant S$

式中 S 为距离，δ 为干扰振幅。令 $\delta=0.002$ m，线路横向不规则如图 5—21 所示。

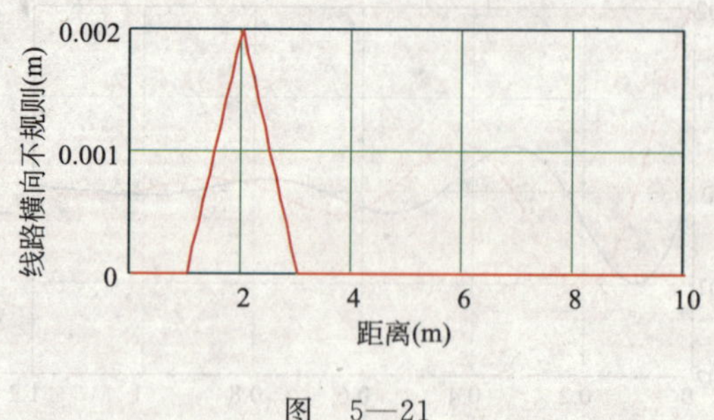

图 5—21

假设轮对运动速度为 $v=25$ m/s，可得结果如图 5—22 所示。

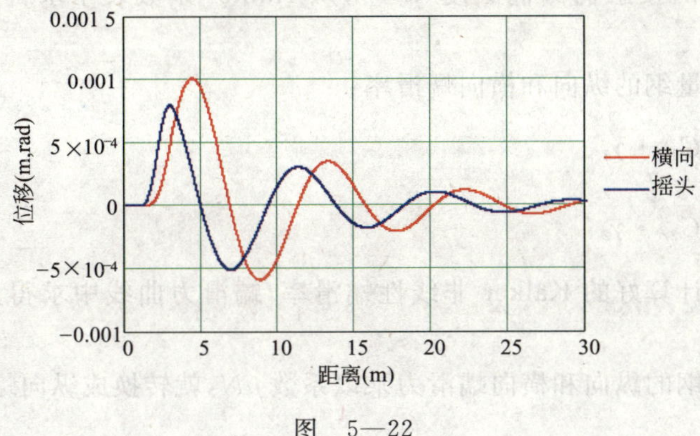

图 5—22

第五节 两轴转向架在线路横向不规则干扰下的瞬态运动

如图 3-17 所示两轴转向架，用数值仿真法来研究转向架在线路横向不规则干扰下的运动。转向架所有参数都与第三章第四节的相同。用非线性理论来处理蠕滑率和蠕滑力的关系。

转向架在线路横向不规则干扰下的运动方程为：

$$\boldsymbol{M}\ddot{\boldsymbol{x}}+\boldsymbol{C}\dot{\boldsymbol{x}}+\boldsymbol{K}\boldsymbol{x}=\boldsymbol{F}_t$$

式中质量矩阵 $\boldsymbol{M}$，阻尼矩阵 $\boldsymbol{C}$，和刚度矩阵 $\boldsymbol{K}$ 都已经在前面讨论过，下面详细讨论确定外力矢量 $\boldsymbol{F}_t$ 的步骤：

1. 由轮对横向位移 y，从预先准备好的轮轨接触几何参数表中用线性插值求得所需的几何参数；

2. 计算蠕滑率：

$$\gamma_{1L}=1+\frac{\dot{x}}{v}-\frac{r_L\omega}{v}-\frac{s_L\dot{\phi}}{v}$$

$$\gamma_{1R}=1+\frac{\dot{x}}{v}-\frac{r_R\omega}{v}+\frac{s_R\dot{\phi}}{v}$$

$$\gamma_{2L}=\left(\frac{\dot{y}}{v}-\frac{r_L\omega\phi}{v}\right)\cdot\sec\delta_L$$

$$\gamma_{2R}=\left(\frac{\dot{y}}{v}-\frac{r_R\omega\phi}{v}\right)\cdot\sec\delta_R$$

$$\gamma_{3L}=-\left(\frac{\omega}{v}\right)\cdot\sin\delta_L+\frac{\dot{\phi}}{v}\cos\delta_L$$

$$\gamma_{3R}=\left(\frac{\omega}{v}\right)\cdot\sin\delta_R+\frac{\dot{\phi}}{v}\cos\delta_R$$

3. 由查到的接触椭圆椭圆度(a/b),从 Kalker 系数表中求得系数 C_{11},C_{22},C_{23};

4. 计算无量纲的纵向和横向蠕滑率:

纵向:$\frac{Eab}{3\mu N}C_{11}\cdot\gamma_1$

横向:$\frac{Eab}{3\mu N}C_{22}\cdot\gamma_2$

5. 从预先计算好的 Kalker 非线性蠕滑率/蠕滑力曲线中求得无量纲的纵向和横向蠕滑力;

6. 将无量纲的纵向和横向蠕滑力乘以系数 μN,就转换成纵向蠕滑力 F_X 和横向蠕滑力 F_Y;

7. 形成作用在轮对上的外力矢量:

$$\boldsymbol{F}_t=\begin{bmatrix}F_Y\\F_\phi\end{bmatrix}=\begin{bmatrix}F_{YL}+F_{YR}-N\cdot[\tan(\delta_L)-\tan(\delta_R)]\\-F_{XL}\cdot s_L+F_{XR}\cdot s_R+N\cdot\tan\left(\frac{\delta_L+\delta_R}{2}\right)(s_L+s_R)\cdot\phi\end{bmatrix}$$

式中的与 N 有关的项是重力复原力和重力复原力矩。

在仿真计算中的每一步都要重复上述 1~7 的计算过程。

计算结果如图 5—23 和图 5—24 所示。计算的初始条件为:转向架初始横向位移为0.002 mm,摇头角为零,前后轮对的初始横向位移和摇头角均为零。转向架的速度分别为25 m/s(图 5—23)和 40 m/s(图 5—24),图中所示为第一轮对的横向位移和摇头。轮对踏面为 1/20 的锥形踏面,轮轨接触几何参数表见本节的表 5—2。

表 5—2 轮轨接触几何参数表

横移量(mm)	接触半径增量(mm)		接触角(degree)		接触距离(mm)		接触椭圆面积(mm^2)		接触椭圆半径比 a/b	
12	24.72	−1.12	49.18	2.14	700.64	772.33	25.45	107.05	18.68	1.384
11.5	23.99	−1.04	51.25	2.25	701.25	770.84	27.04	107.42	18.405	1.376
11	23.1	−1	53.17	2.25	701.95	769.9	29.46	107.42	17.449	1.376
10.5	22.07	−0.92	54.78	2.36	702.72	768.34	28.74	107.13	18.181	1.383
10	20.93	−0.87	57.14	2.36	703.51	767.28	28.42	106.89	18.841	1.388
9.5	19.41	−0.78	58.49	2.46	704.5	765.57	29.68	106.56	18.712	1.396
9	17.71	−0.72	61.21	2.46	705.51	764.28	29.34	106.68	19.472	1.393
8.5	14.93	−0.57	64.26	2.68	706.92	761.42	31.44	107.35	19.738	1.379
8.2	12.27	−0.48	65.02	2.79	708.16	759.55	34.27	107.44	18.909	1.377
8.1	11.34	−0.46	65	2.79	708.58	759.13	37.92	107.44	17.532	1.377
8	0.41	−0.44	2.9	2.79	741.7	758.83	107.44	107.44	1.38	1.377
7.5	0.39	−0.42	2.9	2.79	742.22	758.31	107.44	107.44	1.38	1.377
7	0.36	−0.39	2.9	2.79	742.73	757.8	107.32	107.2	1.382	1.383

续上表

横移量 (mm)	接触半径增量 (mm)		接触角 (degree)		接触距离 (mm)		接触椭圆面积 (mm^2)		接触椭圆半径比 a/b	
6.5	0.34	−0.37	2.9	2.79	743.25	757.28	107.43	107.2	1.38	1.383
6	0.31	−0.34	2.9	2.79	743.77	756.76	107.43	107.2	1.38	1.383
5.5	0.28	−0.31	2.9	2.79	744.29	756.24	107.43	107.21	1.38	1.383
5	0.26	−0.29	2.9	2.79	744.8	755.73	107.43	107.21	1.38	1.383
4.5	0.23	−0.26	2.9	2.79	745.32	755.21	107.18	107.21	1.385	1.383
4	0.21	−0.24	2.9	2.79	745.84	754.69	107.18	107.21	1.385	1.383
3.5	0.18	−0.21	2.9	2.79	746.35	754.18	107.18	107.21	1.385	1.383
3	0.16	−0.18	2.9	2.79	746.87	753.66	107.18	107.46	1.385	1.377
2.5	0.13	−0.16	2.9	2.79	747.39	753.14	107.29	107.46	1.382	1.377
2	0.1	−0.13	2.9	2.79	747.91	752.62	107.29	107.46	1.382	1.378
1.5	0.08	−0.08	2.9	2.9	748.42	751.53	107.17	107.41	1.385	1.379
1	0.05	−0.05	2.9	2.9	748.94	751.01	107.17	107.41	1.385	1.379
0.5	0.03	−0.03	2.9	2.9	749.46	750.49	107.17	107.17	1.385	1.385
0	0	0	2.9	2.9	749.97	749.97	107.17	107.17	1.385	1.385
−0.5	−0.03	0.03	2.9	2.9	750.49	749.46	107.17	107.17	1.385	1.385
−1	−0.05	0.05	2.9	2.9	751.01	748.94	107.41	107.17	1.379	1.385
−1.5	−0.08	0.08	2.9	2.9	751.53	748.42	107.41	107.17	1.379	1.385
−2	−0.13	0.1	2.79	2.9	752.62	747.9	107.46	107.29	1.378	1.382
−2.5	−0.16	0.13	2.79	2.9	753.14	747.39	107.46	107.29	1.377	1.382
−3	−0.18	0.16	2.79	2.9	753.66	746.87	107.46	107.18	1.377	1.385
−3.5	−0.21	0.18	2.79	2.9	754.18	746.35	107.21	107.18	1.383	1.385
−4	−0.24	0.21	2.79	2.9	754.69	745.84	107.21	107.18	1.383	1.385
−4.5	−0.26	0.23	2.79	2.9	755.21	745.32	107.21	107.18	1.383	1.385
−5	−0.29	0.26	2.79	2.9	755.73	744.8	107.21	107.43	1.383	1.38
−5.5	−0.31	0.28	2.79	2.9	756.24	744.28	107.21	107.43	1.383	1.38
−6	−0.34	0.31	2.79	2.9	756.76	743.77	107.2	107.43	1.383	1.38
−6.5	−0.37	0.34	2.79	2.9	757.28	743.25	107.2	107.43	1.383	1.38
−7	−0.39	0.36	2.79	2.9	757.8	742.73	107.2	107.32	1.383	1.382
−7.5	−0.42	0.39	2.79	2.9	758.31	742.22	107.44	107.44	1.377	1.38
−8	−0.44	0.41	2.79	2.9	758.83	741.7	107.44	107.44	1.377	1.38
−8.1	−0.46	11.35	2.79	65	759.14	708.58	107.44	37.95	1.377	17.52
−8.2	−0.48	12.28	2.79	65.02	759.55	708.16	107.44	34.3	1.377	18.897
−8.5	−0.57	14.94	2.68	64.26	761.43	706.92	107.35	31.45	1.379	19.73
−9	−0.72	17.71	2.46	61.21	764.29	705.51	106.68	29.34	1.393	19.471
−9.5	−0.78	19.41	2.46	58.47	765.57	704.5	106.56	29.68	1.396	18.714
−10	−0.87	20.93	2.36	57.14	767.28	703.51	106.89	28.42	1.388	18.841
−10.5	−0.92	22.07	2.36	54.78	768.34	702.72	107.13	28.74	1.383	18.181
−11	−1	23.11	2.25	53.17	769.9	701.94	107.42	29.46	1.376	17.449
−11.5	−1.04	23.99	2.25	51.23	770.84	701.25	107.42	27.04	1.376	18.405
−12	−1.12	24.72	2.14	49.18	772.33	700.64	107.05	25.45	1.384	18.68

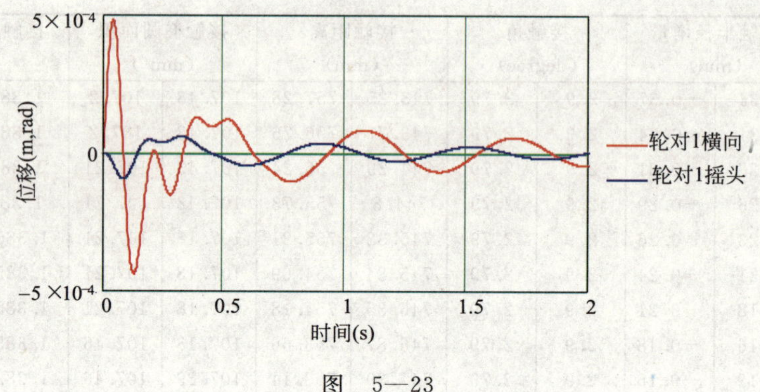

图 5—23

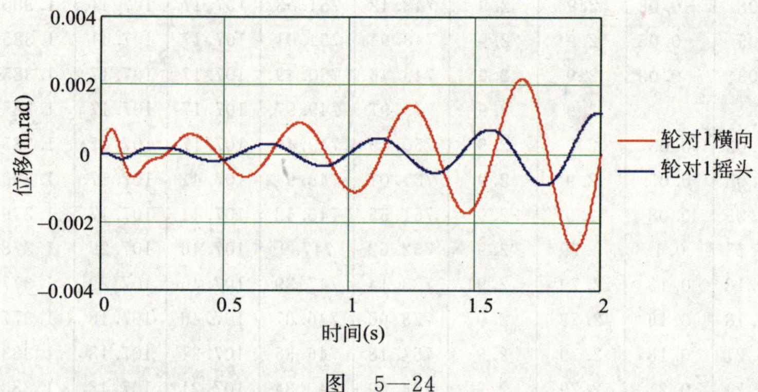

图 5—24

假设有来自于线路横向不规则而产生的干扰力。

令线路横向不规则如下：

$y(S)=0$　　　　　　　如果 $0\leqslant S<1.0$

$y(S)=\delta\cdot(S-1.0)$　如果 $1.0\leqslant S<2.0$

$y(S)=\delta\cdot(3.0-S)$　如果 $2.0\leqslant S<3.0$

$y(S)=0$　　　　　　　如果 $3.0\leqslant S$

式中 S 为距离，δ 为干扰振幅。因为前后轮对的轴距是 2.5 m，所以作用在两个轮对上的横向干扰有个距离上的延误。线路位移干扰矢量为：

$$\boldsymbol{\Delta}=\begin{bmatrix} y(S) \\ 0 \\ y(S-2.5) \\ 0 \\ 0 \\ 0 \end{bmatrix}$$

令 $\delta=0.002$ m，线路横向不规则如图 5—25 所示。

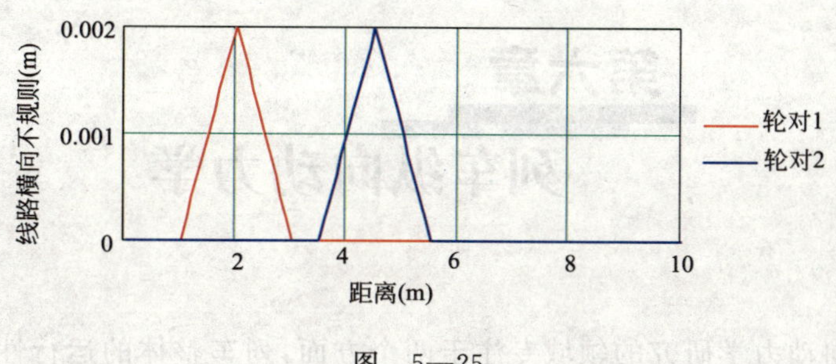

图 5—25

由线路横向不规则而产生的轮轨接触力和轮轨接触力矩计算过程和上面所讲的过程几乎完全相同，唯一的不同是在计算的第一步中，用 $y-y(s)$ 来替代横向位移 y。

转向架运动速度为 25 m/s，前后轮对和转向架初始横向位移和摇头角为零时的计算结果如图 5—26(横向位移)和图 5—27(摇头)所示。

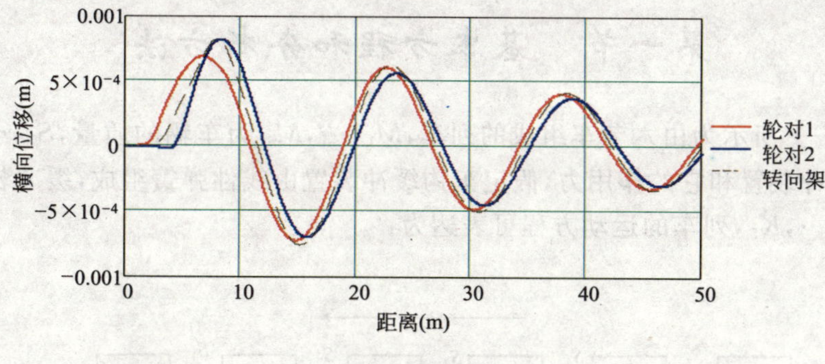

图 5—26

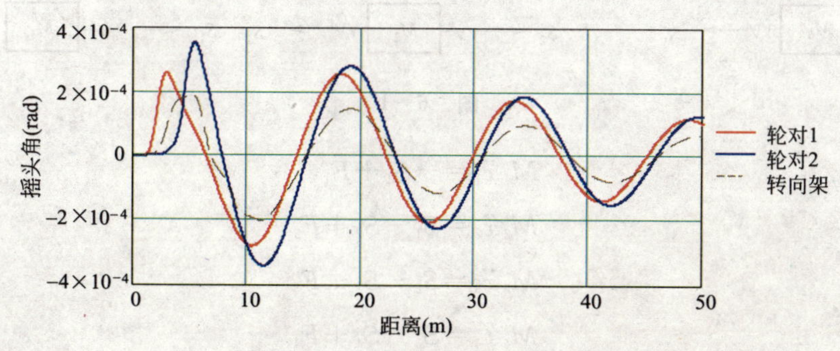

图 5—27

第六章 列车纵向动力学

列车纵向动力学研究的领域专注于两个方面,列车整体的运行性能和车辆之间的相互作用力。列车整体的运行性能包括列车制动距离,列车阻力,牵引计算,运行时分等;车辆之间的相互作用力则是研究在各种不同的工况下,车钩缓冲器装置、车底架以及车体端部结构的受力、变形和能量吸收,例如列车在编组调车作业时产生的车辆之间的冲击,列车启动或制动时造成的冲击,以及列车碰撞时所产生的纵向冲击力和能量吸收。本章注重于在不同工况下,车辆之间相互作用力的计算方法。

第一节 基本方程和分析方法

图 6—1 所示为由六节车组成的列车,$M_1,\cdots,M_6$ 为车辆的质量,$S_1,\cdots,S_5$ 代表车钩缓冲装置和它的作用力,假定车钩缓冲装置由线性弹簧组成,缓冲装置的刚度为 $K_1,\cdots,K_5$,列车的运动方程可表达为:

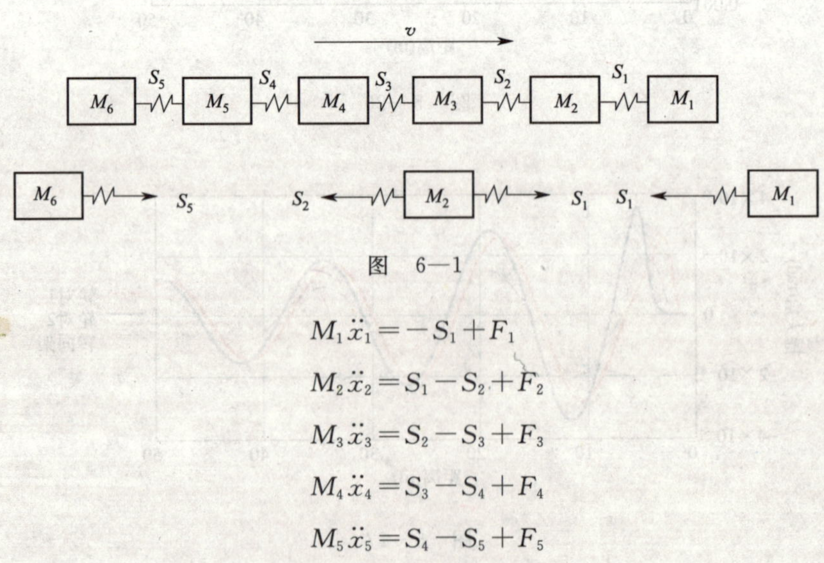

图 6—1

$$M_1\ddot{x}_1=-S_1+F_1$$

$$M_2\ddot{x}_2=S_1-S_2+F_2$$

$$M_3\ddot{x}_3=S_2-S_3+F_3$$

$$M_4\ddot{x}_4=S_3-S_4+F_4$$

$$M_5\ddot{x}_5=S_4-S_5+F_5$$

$$M_6\ddot{x}_6=S_5+F_6$$

式中 $S_1,\cdots,S_5$ 代表车钩力，它的计算公式为：

$$S_i=(x_i-x_{i+1})\cdot K_i\quad i=1,\cdots,5$$

式中 $F_1,\cdots,F_6$ 代表其他外力，例如牵引力、制动力或列车运行阻力等。在用瞬态响应法分析列车纵向动力性能时，通常不是把整个列车作为一个系统来分析，而是对每一个车辆分别进行计算，按上述方程，依次计算加速度 $\ddot{x}_1,\cdots,\ddot{x}_6$，然后是速度 $\dot{x}_1,\cdots,\dot{x}_6$，最后是位移 $x_1,\cdots,x_6$。这种方法的最大好处是可以很方便地处理车钩缓冲器的特性，无论是线性的或是非线形的，这其中也包括车辆端部结构的非线性变形特性。

现以一个简单的车辆模型来说明。图 6—2 所示系统具有两个自由度，系统的运动方程可表达为：

$$\begin{bmatrix}m_1 & 0\\0 & m_2\end{bmatrix}\begin{bmatrix}\ddot{x}_1\\\ddot{x}_2\end{bmatrix}+\begin{bmatrix}c_1+c_2 & -c_2\\-c_2 & c_2\end{bmatrix}\begin{bmatrix}\dot{x}_1\\\dot{x}_2\end{bmatrix}+\begin{bmatrix}k_1+k_2 & -k_2\\-k_2 & k_2\end{bmatrix}\begin{bmatrix}x_1\\x_2\end{bmatrix}=\begin{bmatrix}F_1\\F_2\end{bmatrix}$$

或简写成为：

$$\boldsymbol{M}\ddot{\boldsymbol{x}}+\boldsymbol{C}\dot{\boldsymbol{x}}+\boldsymbol{K}\boldsymbol{x}=\boldsymbol{F}$$

系统的加速度为：

$$\ddot{\boldsymbol{x}}=\boldsymbol{M}^{-1}(\boldsymbol{F}-\boldsymbol{C}\dot{\boldsymbol{x}}-\boldsymbol{K}\boldsymbol{x})$$

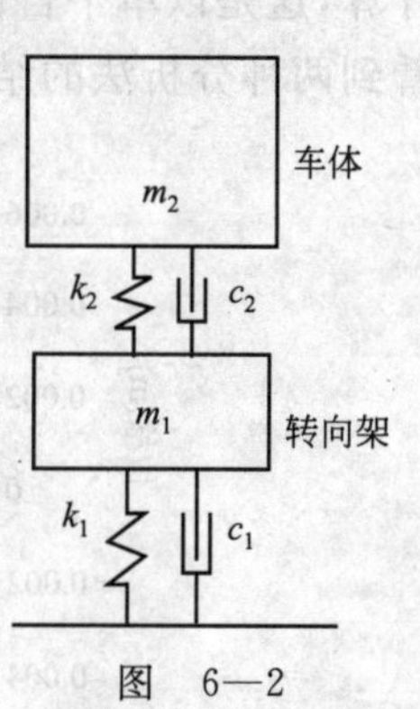

图　6—2

这里的 $\ddot{\boldsymbol{x}}=\begin{bmatrix}\ddot{x}_1\\\ddot{x}_2\end{bmatrix}$，是由系统所有自由度的加速度组成，这是以系统为基础的瞬态响应分析的方法。在第五章里所讨论的例子采用的都是这种方法。

假定 $m_1=3\,000$ kg，$m_2=10\,000$ kg，$k_1=4\times10^6$ N/m，$k_2=6\times10^5$ N/m，$c_1=c_2=1\times10^4$ N·s/m；

初始条件为：$t=0$ 时，$x_1=0$，$x_2=0.02$ m，$\dot{x}_1=\dot{x}_2=0$，$F_1=F_2=0$。

转向架的运动如图 6—3 所示。

图 6—2 所示系统的运动方程也可表达为：

$$m_1\ddot{x}_1=F_1-(c_1+c_2)\dot{x}_1+c_2\dot{x}_2-(k_1+k_2)x_1+k_2x_2$$

$$m_2\ddot{x}_2=F_2+c_2\dot{x}_1-c_2\dot{x}_2+k_2x_1-k_2x_2$$

转向架和车体的加速度可分别表达为：

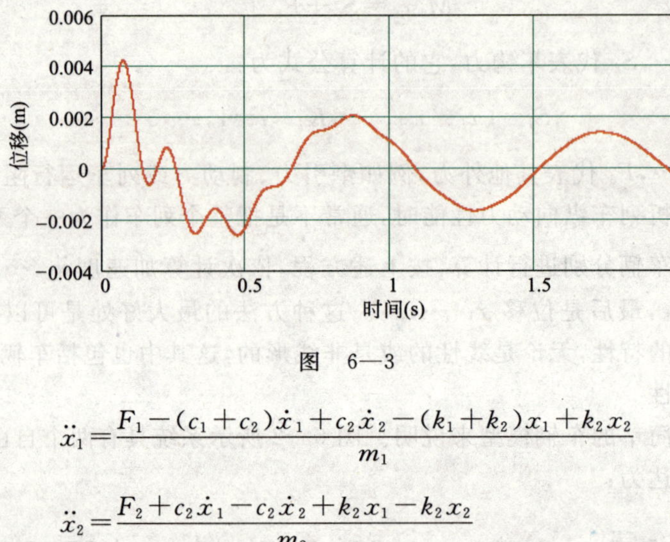

图 6—3

$$\ddot{x}_1=\frac{F_1-(c_1+c_2)\dot{x}_1+c_2\dot{x}_2-(k_1+k_2)x_1+k_2x_2}{m_1}$$

$$\ddot{x}_2=\frac{F_2+c_2\dot{x}_1-c_2\dot{x}_2+k_2x_1-k_2x_2}{m_2}$$

在瞬态响应分析计算时，也可对每一个自由度的加速度按上述公式分别进行计算，这是以单个自由度为基础的瞬态响应分析法，其结果如图 6—4 所示。可以看到两种分析法的结果是完全一样的。

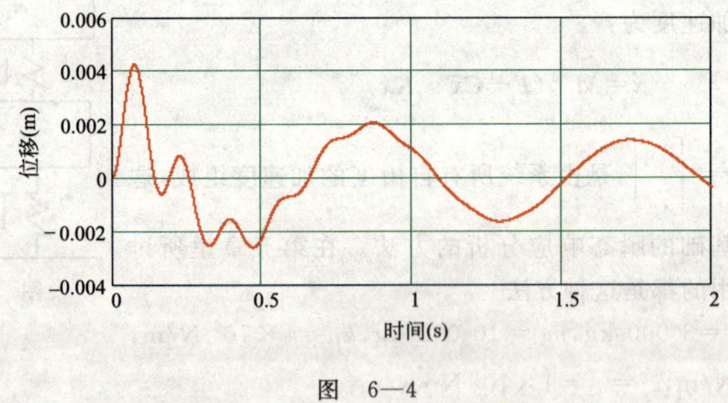

图 6—4

第二节　缓冲器特性

一、弹簧缓冲器特性

弹簧缓冲器只有弹性而无减振作用，缓冲力 F 和缓冲器行程 d 之间为线性关系。

$$F(d)=k\cdot d$$

假设缓冲器行程 d 的变化为正弦曲线，可得缓冲力 F 与时间 t，以及缓冲力 F 与行程 d 的关系曲线如图 6—5 所示。

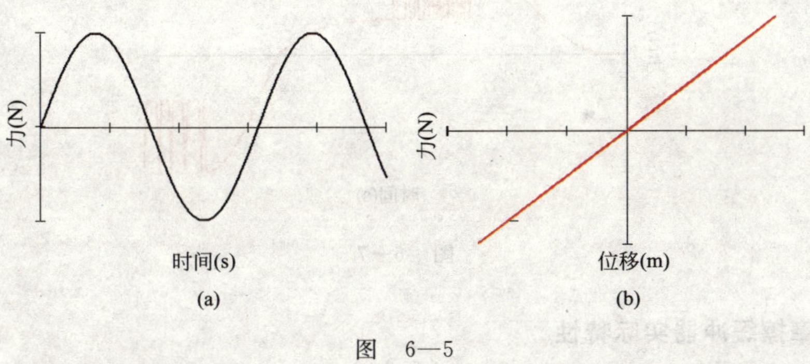

图 6—5

从图 6—5(b)的示功图可以看到，在行程 d 的变化过程中，缓冲器不吸收冲击能量。

二、摩擦缓冲器理论特性

摩擦缓冲器缓冲力 F 和缓冲器行程 d 和速度 v_b 之间关系为：

$$F(v,d)=\begin{cases} k_1 \cdot d & (v_b \cdot d)\geqslant 0 \\ k_2 \cdot d & (v_b \cdot d)<0 \end{cases}$$

式中 k_1 和 k_2 为缓冲器加载和卸载刚度。

假设缓冲器行程 d 的变化为正弦曲线，可得缓冲力 F 与时间 t，及行程 d 的关系曲线如图 6—6 所示。

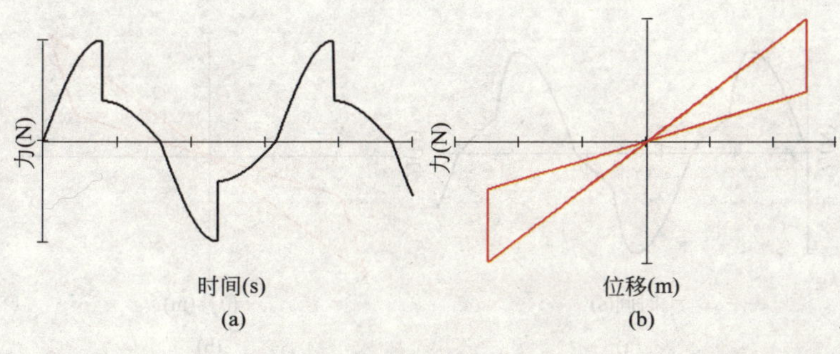

图 6—6

图 6—6(b)示功图中所包围的面积即为缓冲器在一个循环中所吸收的能量。从图 6—6 中可以看到，当缓冲器的行程达到峰值，即速度为零的瞬间，缓冲力会产生瞬时的变化，造成缓冲力的不确定性，从而导致缓冲力的振荡如图6—7所示。

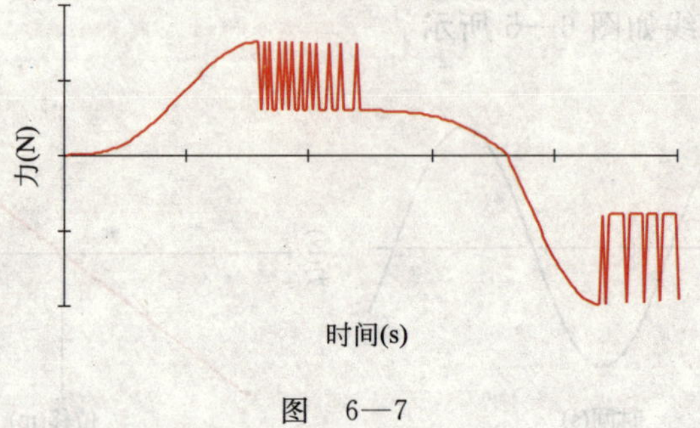

图 6—7

三、摩擦缓冲器实际特性

假设 f_0 为前一步计算所得的缓冲力，k_s 为从加载到卸载之间的过渡刚度，Δd 是缓冲器行程增量。按下式计算出可能的缓冲力 F_0：

$$F_0 = f_0 + k_s \cdot \Delta d$$

摩擦缓冲器实际的缓冲力 F 和行程 d 之间关系可表述为：

$$F = \begin{cases} F_0, \\ k_1 \cdot d & (d \geqslant 0 \wedge F_0 \geqslant k_1 \cdot d) \vee (d < 0 \wedge F_0 \leqslant k_1 \cdot d) \\ k_2 \cdot d & (d \geqslant 0 \wedge F_0 \leqslant k_2 \cdot d) \vee (d < 0 \wedge F_0 \geqslant k_2 \cdot d) \end{cases}$$

假设缓冲器行程 d 的变化为正弦曲线，可得缓冲力 F 与时间 t，以及行程 d 的关系曲线如图 6—8 所示。

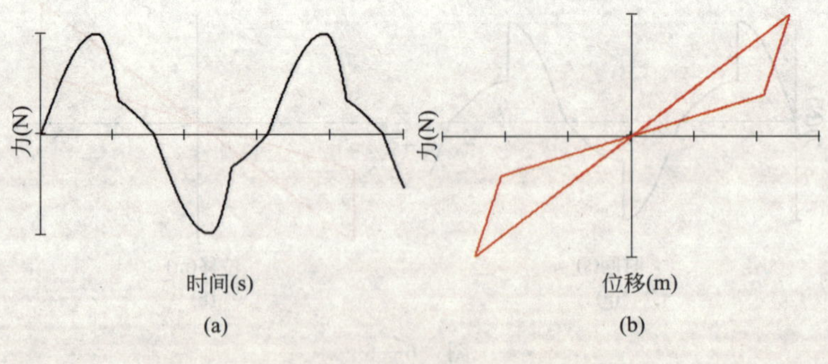

图 6—8

从图 6—8 可以看到，当缓冲器的行程达到峰值，即速度为零的瞬间以及随后的反向行程，缓冲力不会产生瞬时的变化，而是沿着斜率（过渡刚度）为 k_s 的曲线变化，直到与卸载刚度曲线相交，从而避免了可能的缓冲力的振荡。

四、橡胶垫式缓冲器特性

橡胶垫式缓冲器的缓冲力 F 和行程 d 之间关系可表述为：

$$F(v_b, d) = c \cdot v_b + k \cdot d$$

式中 v_b 是缓冲器行程变化的速度，c 是橡胶垫阻尼，k 是橡胶垫刚度。

假设缓冲器行程 d 的变化为正弦曲线，可得缓冲力 F 与时间 t，以及行程 d 的关系曲线如图 6—9 所示。

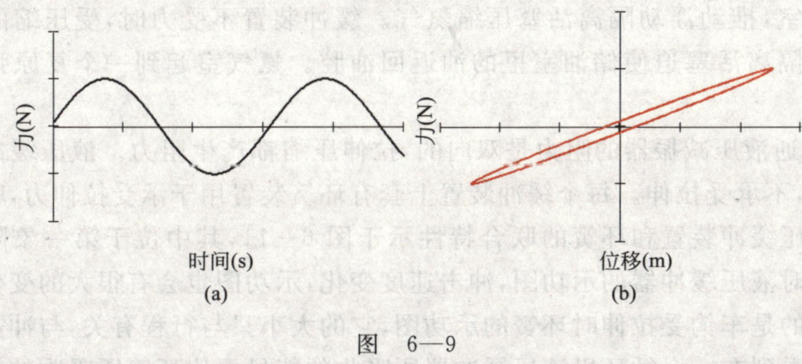

图 6—9

图 6—9(b)示功图中所包围的面积即为橡胶垫式缓冲器在一个循环中所吸收的能量。

五、液压缓冲器特性

液压缓冲器实际上是由液压缓冲装置和环形弹簧式摩擦缓冲装置组合而成，由液压缓冲装置承受压缩冲击，摩擦缓冲装置承受拉伸冲击。

液压缓冲装置的基本原理和普通的液压减振器一样。如图 6—10 所示，在冲击的作用下，柱塞被推入缸体，主油腔里的油通过节流孔转移到储油室，冲击能量转变成热能。

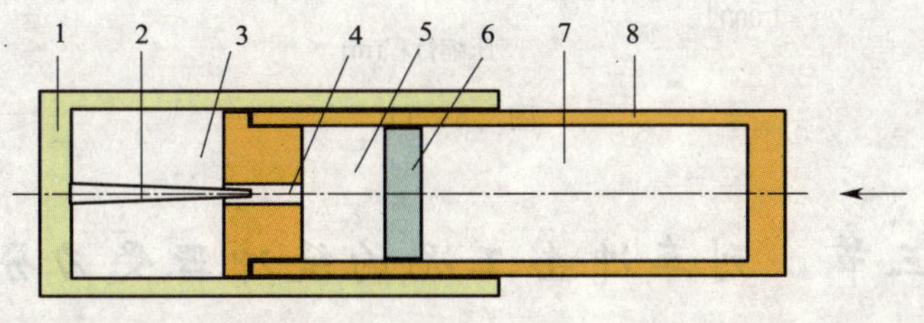

图 6—10

1—油缸体；2—变直径中心销；3—主油腔；4—节流孔；5—储油室；
6—浮动隔离活塞；7—氮气室；8—柱塞

液压缓冲装置和普通的液压减振器不同的是：

1. 普通液压减振器的节流小孔面积是不变的，所以阻尼系数不变，减振阻力只与速度有关。液压缓冲装置有一个变直径中心销在节流小孔中间，液体流通的面积是随着压缩行程而变的，因此阻尼系数也是随着压缩行程而变的，缓冲装置的压力与速度和位移同时有关，即：

$$力 = f(速度、行程)$$

2. 液压缓冲装置有一个氦气室。缓冲装置受压时，液压油从油腔通过节流孔到储油室，推动浮动隔离活塞压缩氦气。缓冲装置不受力时，受压缩的氦气会反推浮动隔离活塞迫使储油室里的油返回油腔。氦气室起到一个复原弹簧的作用。

3. 普通液压减振器的阻力是双向的，拉伸压缩都产生阻力。液压缓冲装置只承受压缩，不承受拉伸。每个缓冲装置上套有环簧装置用于承受拉伸力，吸收回弹能量。液压缓冲装置和环簧的联合特性示于图 6—11，其中位于第一象限的是车钩受压缩时液压缓冲器的示功图，冲击速度变化，示功图也会有很大的变化。位于第三象限的是车钩受拉伸时环簧的示功图，它的大小只与行程有关，与冲击速度无关。可以看到在一个循环里液压缓冲器所吸收的能量要比环簧所吸收的能量大得多。

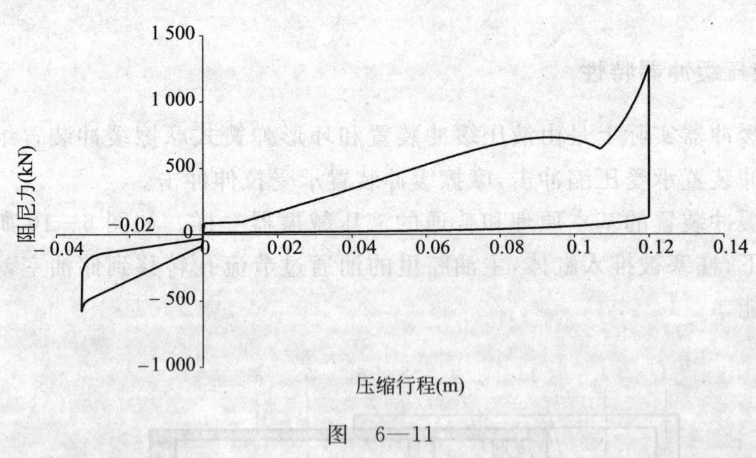

图 6—11

第三节 列车冲击工况的缓冲器受力分析

一、列车冲击模型和运动方程

研究两列车冲击时所产生的缓冲器冲击力。图 6—12 所示为 5 种不同的冲击工况，它们是 1 辆车对 1 辆车冲击，2 辆车对 2 辆车冲击等，直到 5 辆车对 5 辆车冲击。

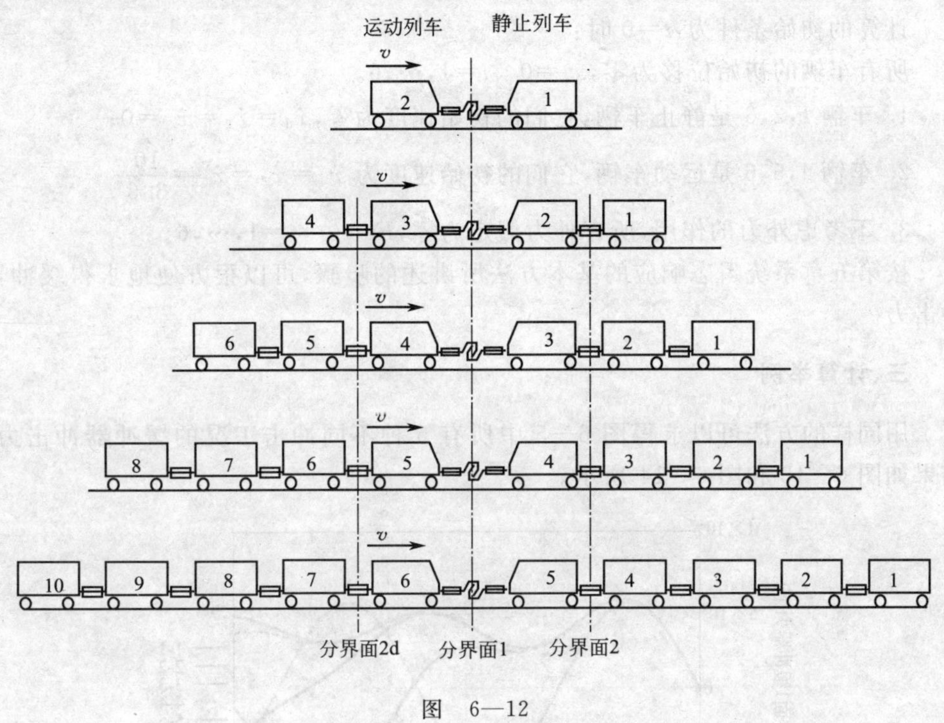

图 6—12

现以 3 辆车对 3 辆车冲击为例来计算缓冲器的冲击力。6 节车辆的加速度方程为：

$$\ddot{x}_1=\frac{-S_1+F_1}{M_1}$$

$$\ddot{x}_2=\frac{S_1-S_2+F_2}{M_2}$$

$$\ddot{x}_3=\frac{S_2-S_3+F_3}{M_3}$$

$$\ddot{x}_4=\frac{S_3-S_4+F_4}{M_4}$$

$$\ddot{x}_5=\frac{S_4-S_5+F_5}{M_5}$$

$$\ddot{x}_6=\frac{S_5+F_6}{M_6}$$

假定计算中所有的车辆都有相同的质量 $M=45\ 000$ kg，弹簧缓冲器的线性刚度 $K=1.7$ MN/m，忽略阻尼和其它外力，运动列车的速度 $v=10$ km/h。

二、系统初始条件

计算的初始条件为：$t=0$ 时：

所有车辆的初始位移为零，$x_i=0 \quad i=1,\cdots,6$。

1. 车辆 1,2,3 是静止车辆，它们的初始速度为零，$\dot{x}_1=\dot{x}_2=\dot{x}_3=0$；

2. 车辆 4,5,6 是运动车辆，它们的初始速度为 $\dot{x}_4=\dot{x}_5=\dot{x}_6=\dfrac{10}{3.6}$；

3. 不考虑外力的作用，所有外力假定为零，$F_i=0 \quad i=1,\cdots,6$。

按第五章系统瞬态响应的基本方法所讲述的步骤，可以很方便地求得缓冲器冲击力。

三、计算举例

用同样的方法可以求得图 6—5 中所有 5 种不同冲击工况的缓冲器冲击力。结果如图 6—13 和图 6—14 所示。

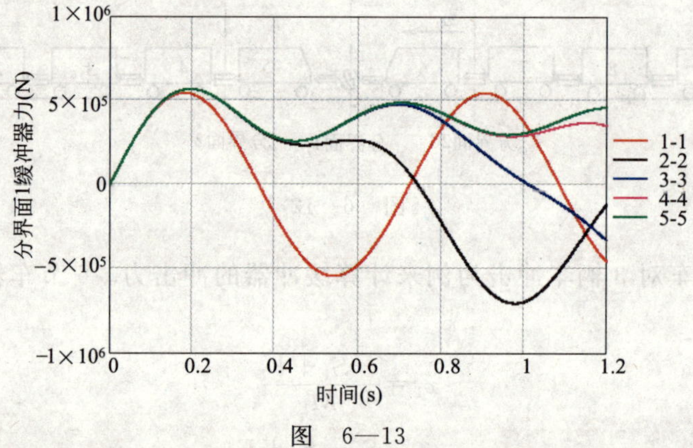

图 6—13

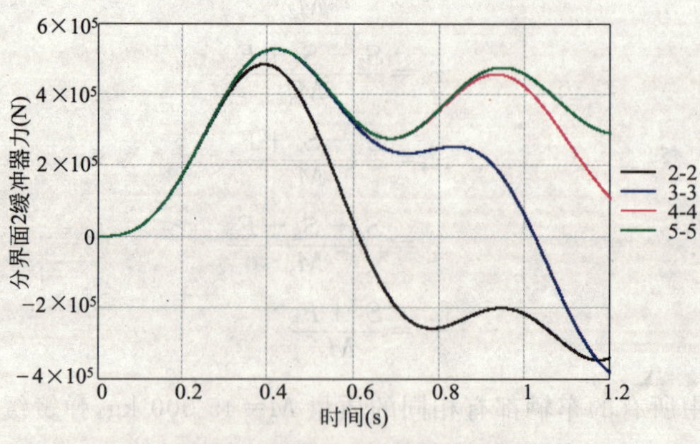

图 6—14

图 6—13 所示为在分界面 1 处的车钩冲击力，可以非常有趣地看到大约在 0.2 s 时，几乎所有工况的第一个波冲击都有相同冲击力峰值，除了 1 辆车对 1 辆车碰撞工况的峰值稍低。这就清楚地表明：对于首车的最大冲击力，列车的车辆数量并不重要。

图 6—14 所示为在分界面 2 处的车钩冲击力，可以看到 4 种工况在分界面 2 处的第一个冲击波发生在大约在 0.4 s 时，也都有几乎相同的冲击力峰值。

现以 3 辆车对 3 辆车冲击为例来比较摩擦缓冲器和弹簧缓冲器的冲击力变化。

假设摩擦缓冲器加载刚度 $k_1=1\times10^7$ N/m；卸载刚度 $k_2=4\times10^6$ N/m；过渡刚度 $k_s=4\times10^7$ N/m；假设弹簧缓冲器的刚度与摩擦缓冲器加载刚度相同，即 $k=k_1$。列车冲击速度为 10 km/h。图 6—15 所示为在分界面 1 处的缓冲器冲击力的变化。

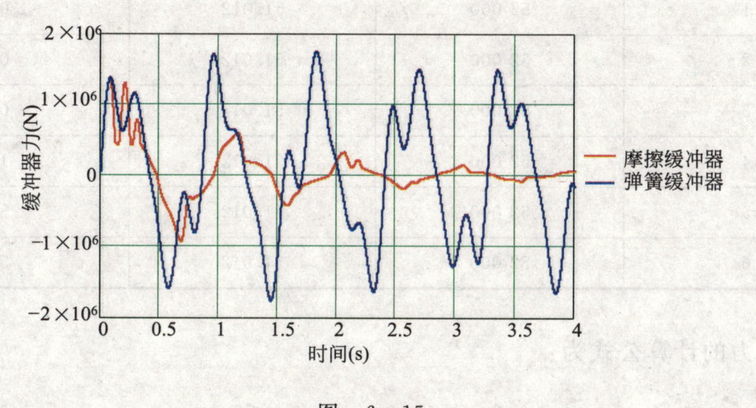

图 6—15

从图 6—15 可以看到，摩擦缓冲器的冲击力随时间的延续很快地衰减，而弹簧缓冲器的冲击力则一直处于不断振荡的状态。

第四节 救援列车紧急制动工况的缓冲器受力和能量吸收

研究在救援过程中，救援列车紧急制动时，救援列车与被救援列车之间的冲击力和缓冲器的能量吸收。

系统模型如图 6—16 所示。车辆 1，2，3 为救援列车，车辆 4，5，6 为被救援列车。图中 $b_1,\cdots,b_6$ 为制动力，列车的质量和制动力如表 6—1 所示，紧急制动力是

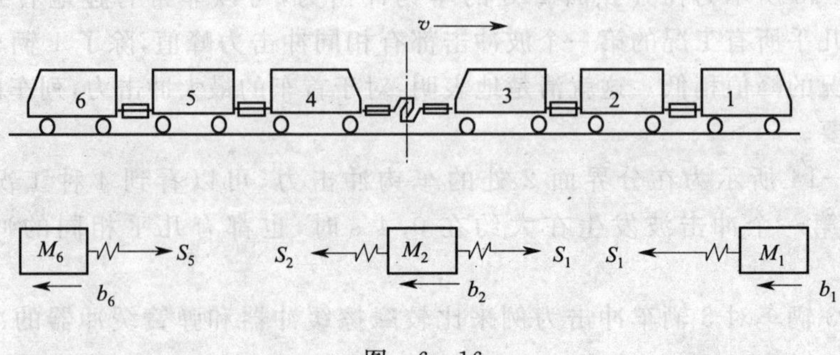

图 6—16

列车重量的 10%。制动力从零到最大值的时间是 1.5 s。

表 6—1 各车制动工况

车辆 (No.)	质量 m (kg)	制动力 b (kN)	制动延迟 δ (s)
1	52 000	51.012	0
2	52 000	51.012	0
3	52 000	51.012	0
4	52 000	51.012	1
5	52 000	51.012	3
6	52 000	51.012	5

制动力的计算公式为：

$$b_i=\begin{cases} 0 & t\leqslant\delta_i \\ m_i\cdot 9.81\cdot 0.1\cdot\left(\dfrac{t-\delta_i}{1.5}\right) & t>\delta_i \qquad i=1,\cdots,6 \\ m_i\cdot 9.81\cdot 0.1 & t\geqslant\delta_i+1.5 \end{cases}$$

式中，δ_i 为制动延迟时间。

图 6—17 所示为第 4 节车制动力的变化，其中包括 1 s 的延迟。

弹簧缓冲器的线性刚度见表 6—2。

表 6—2 弹簧缓冲器的线性刚度

缓冲器 S	1	2	3	4	5
刚度 k	K	K	$K/2$	K	K

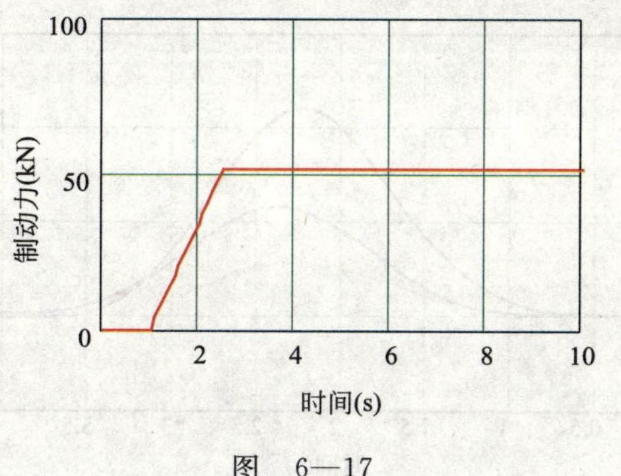

图 6—17

弹簧缓冲器的变形能量与行程的关系式为：

$$E_i=\frac{1}{2}(x_i-x_{i+1})^2\cdot k_i \quad i=1,\cdots,5$$

假定救援速度为 $v=60$ km/h，缓冲器刚度 $K=1.0$ MN/m。

系统的运动方程和前一节的完全一样。

计算的初始条件为：$t=0$ 时：

1. 所有车辆的初始位移为零，$x_i=0,i=1,\cdots,6$；

2. 所有车辆的初始速度为 $v=60$ km/h，$\dot{x}_1=\frac{60}{3.6},i=1,\cdots,6$；

3. 所有车辆的初始制动力为零，$F_i=0,i=1,\cdots,6$；

和前一节的计算不同的是，每一步都要计算制动力 b_i，再计算车辆外力 $F_i=-b_i$，$i=1,\cdots,6$。

紧急制动时，缓冲器 2，3，4 的力和能量吸收变化如图 6—18 和图 6—19 所示。

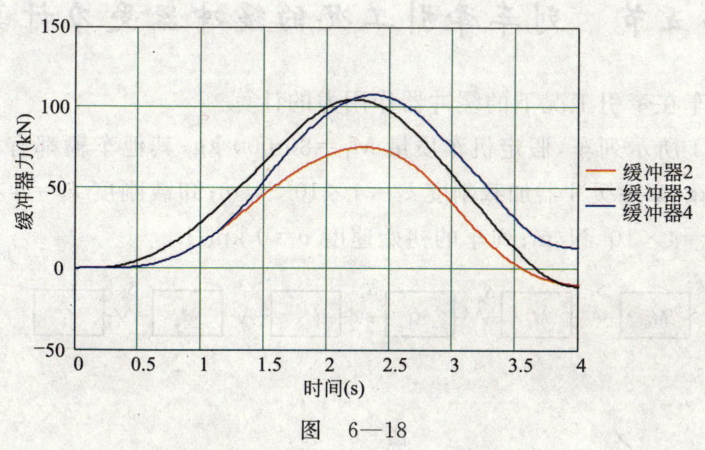

图 6—18

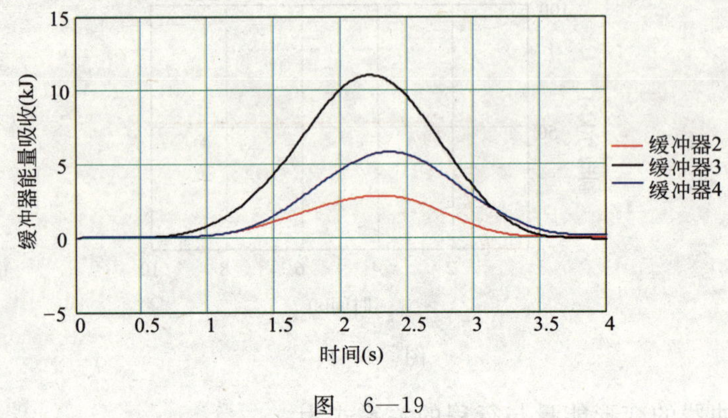

图　6—19

各缓冲器最大变形能量的分布如图 6—20 所示。

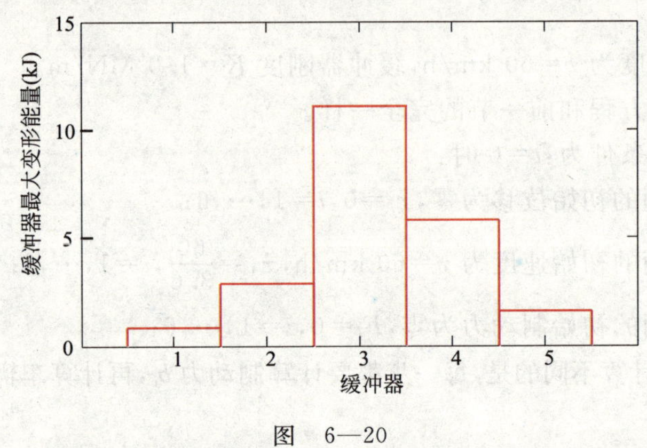

图　6—20

第五节　列车牵引工况的缓冲器受力计算

讨论列车在牵引工况下的缓冲器作用力的计算。

图 6—21 所示列车，假定机车质量 $M_1=80\ 000$ kg，其他车辆都有相同的质量 $M=45\ 000$ kg，摩擦缓冲器加载刚度 $k_1=1\times10^7$ N/m；卸载刚度 $k_2=4\times10^6$ N/m；过渡刚度 $k_s=4\times10^7$ N/m；列车的初始速度 $v=0$ km/h。

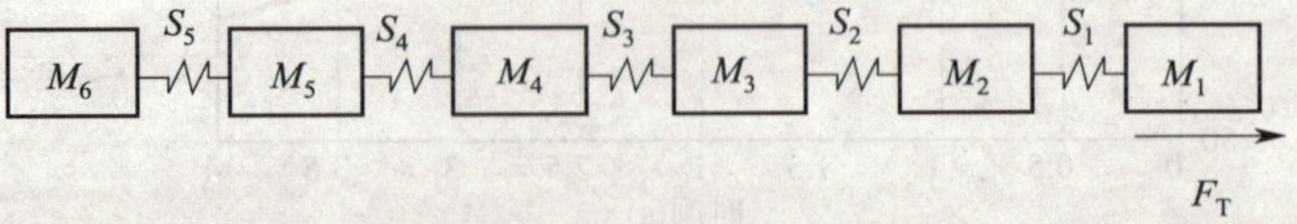

M_6 —S_5— M_5 —S_4— M_4 —S_3— M_3 —S_2— M_2 —S_1— M_1 → F_T

图　6—21

在首车上作用有牵引力 F_T，最大启动牵引力为 200 kN，牵引力变化如图6—22所示。

假定机车和车辆的单位基本阻力公式都为：

$$R'(v)=1.66+0.0075\cdot v+0.000155\cdot v^2\left(\frac{N}{kN}\right)$$

式中：v——速度(km/h)

需要注意的是，公式中速度的单位是(km/h)，而在瞬态响应计算中速度的单位是(m/s)。此外上述公式 $R'(v)$ 是单位基本阻力公式，即单位车辆质量（重量）的阻力，还必须根据车辆的质量（重量）计算出每一节车的阻力 R_i。

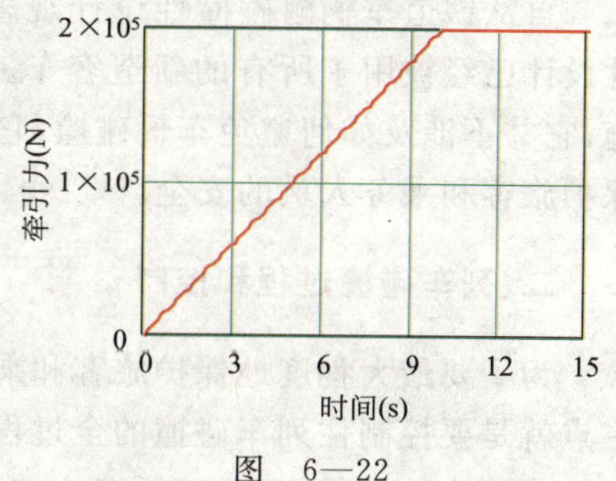

图 6—22

计算的初始条件为：$t=0$ 时：

1. 所有车辆的初始位移为零，$x_i=0$ $i=1,\cdots,6$；

2. 所有车辆的初始速度为零，$\dot{x}_i=0$ $i=1,\cdots,6$；

3. 第一节车的外力为牵引力和机车阻力 $F_1=F_T-R_1$，其他车辆外力为车辆阻力，$F_i=-R_i$ $i=2,\cdots,6$。

按第五章所讲述的步骤，可以很方便地求得缓冲器的作用力。结果如图6—23所示。

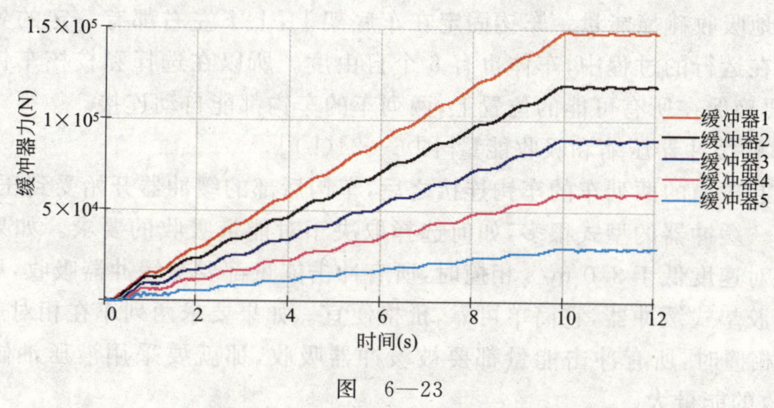

图 6—23

第六节 列车碰撞工况的冲击力和能量吸收计算

一、铁道车辆的耐碰撞设计概念

列车碰撞与列车冲击在概念上有所不同，前面讨论的列车冲击工况通常是指在正常运行的情况下，两列车在低速时的冲击，例如编组调车作业，通常的速度范围都低于 10 km/h，由车钩缓冲器来承受和吸收冲击力和冲击能量。列车碰撞则是指非正常的事故，两列车在高速度下的碰撞，因车钩缓冲器无法承受和吸收巨大的冲击力和冲击能量，而导致车体的破坏。目前车辆耐碰撞性设计所考虑的碰撞速度范围在 25 km/h 至 60 km/h，在这种情况下，主要靠车体端部结构的变形来承受冲击力和吸收冲击能量。

自从铁道车辆耐碰撞性设计观念在 1990 年代被许用国家采用以来，耐碰撞性设计已经被用于所有的新造客车。耐碰撞性设计实际上是一项被动的安全措施，它并不涉及如何避免车辆碰撞，它关心的是一旦碰撞发生后，如何最大程度地保护旅客和乘务人员的安全。

二、列车碰撞过程和控制

为了要最大程度地保护旅客和乘务人员在列车发生碰撞时的安全，最重要的一点就是要控制住列车碰撞的全过程，让整个碰撞过程按人们预先所设想好的顺序一步一步地进行，使碰撞所造成的破坏局限在车辆两端的很小的范围里，避免旅客乘坐的车厢受损。

车辆设计的任务就是要采取必要的措施来保证预先所设想的碰撞顺序的实施。列车碰撞的顺序和过程可以分解为以下几个阶段：

1. 两列车的车钩自动连接[图 6—24(a)]

两列车相撞时，首先要保证两列车的车钩能自动连接，确保车钩后部的缓冲器能够有效地吸收碰撞能量。车钩固定在车底架上，上下左右都有一定的晃动自由度。列车在运行的过程中，车体也有 6 个自由度。所以在选择和校核车钩连接器时，一定要确保在所有可能的位置上，两列车的车钩都能自动连接。

2. 车钩缓冲器压缩和吸收能量[图 6—24(b)]

当相互碰撞的两列车的车钩连接之后，车钩后部的缓冲器开始受到压缩，吸收碰撞能量。缓冲器的型式很多，如何选择取决于对能量吸收的要求。如果要求两列车在相对速度低于 2.0 m/s 相撞时，所有冲击能量都要被缓冲器吸收，那可以考虑选用橡胶垫式缓冲器，它简单可靠，价格便宜。如果要求两列车在相对速度低于 4.0 m/s 相撞时，所有冲击能量都要被缓冲器吸收，那就要采用液压油缸式缓冲器，它吸收的能量大。

3. 安全剪切装置脱卸，车钩缓冲器与车体分离[图 6—24(c)]

为了保护车体(包括底架)，当缓冲器的受力超过一定数值时，用于把车钩缓冲器与车底架连在一起的安全剪切装置开始脱卸，使得车钩缓冲器与车底架脱离。这样一来，两列车之间就没有任何东西连接。

4. 两列车自由移动，调整位置[图 6—24(c)]

车钩缓冲器与车底架脱离的瞬间，两列车之间还应保有一段自由间隙，以便于列车在经过这段间隙时，调整列车在轨道上的位置，为下一步防爬器的咬合作准备。应当指出，自由间隙的设定是非常重要的。

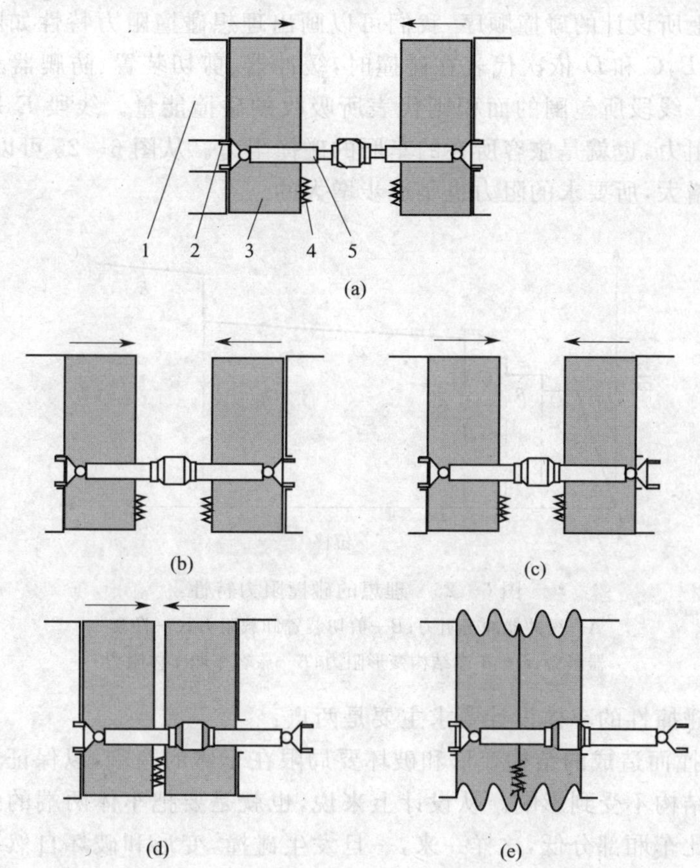

图 6—24

1—旅客车厢结构；2—剪切装置；3—车端能量吸收结构；4—防爬器；5—车钩缓冲器

5. 两列车第二次相撞，防爬器咬合[图 6—24(d)]

随着两列车的相对运动，自由间隙逐渐变小并消失，防爬器咬合，两列车第二次相撞。防爬器的作用顾名思义就是防止一节车爬到另一节车的上面，以强度很大的车底架撞击另一节车的车端的腰部，这样会造成很大的损坏。防爬器的咬合，确保了列车的面对面的碰撞，进而保证了能量吸收结构对碰撞能量的吸收。

6. 车体端部结构变形，吸收碰撞能量[图 6—24(e)]

车体端部的结构是吸收碰撞能量的关键部位，绝大部分的碰撞能量都是由它来吸收。车体端部结构要设计得比车厢部分弱，一旦发生碰撞，首先变形的是车体端部结构，以保护车厢内的旅客。其次车体端部结构的设计要确保在结构变形的过程中，能满足能量吸收的要求。

三、理想的碰撞阻力特性

根据以上所设计的碰撞顺序，我们可以画出理想碰撞阻力特性如图 6—25 所示。线段 A,B,C 和 D 依次代表在碰撞时，缓冲器、剪切装置、防爬器和车辆端部结构的阻力。线段所包围的面积则代表所吸收的碰撞能量。线段 E 是代表车体本身的碰撞阻力，也就是旅客所在的车厢的碰撞阻力。从图 6—25 可以看到，随着碰撞位移的增大，所要求的阻力也是逐步增大的。

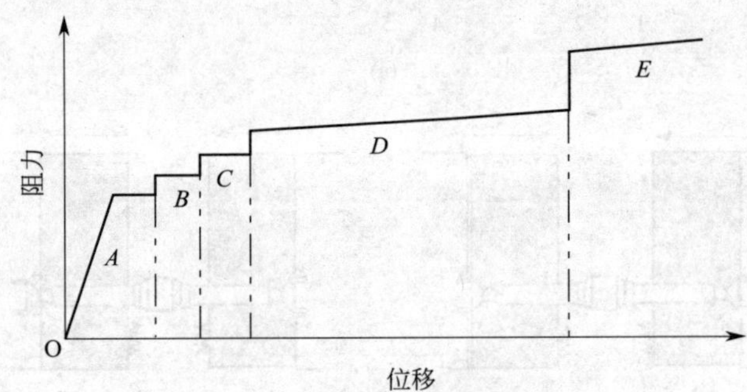

图 6—25　理想的碰撞阻力特性

A—缓冲器冲击阻力；B—剪切装置卸载阻力；C—防爬器阻力；D—车端结构变形阻力；E—旅客车厢车体阻力

车辆耐碰撞性的车体设计要求主要是两点：

1. 由碰撞而造成的结构变形和破坏要局限在车体的两端，以保证旅客所在的车厢部分的结构不受到影响。从设计上来说，也就是要把车体两端的强度和刚度都要设计得比车厢部分低，这样一来，一旦发生碰撞，变形和破坏自然就会集中在车的两端。

2. 在车体两端结构的变形过程中，要有能力吸收所有的碰撞能量，以保护在车厢里的旅客。

对于车端结构的变形阻力，吸收的能量和最大行程，一般都会有所规定或限制，英国铁路标准 GM/RT 2100 第 9 章规定：假设两个相似的车辆进行对称的面对面冲击，当车端所承受的载荷超过许用载荷时，车辆每端的结构至少要吸收 1.0 MJ 的冲击能量。碰撞行程，也就是能量吸收结构的永久变形不大于 1.0 m，最大变形阻力不超过 4 000 kN。这里所规定的 1.0 MJ 是最低要求，最新设计和投入运行的车辆，司机室端的能量吸收能力都大大高于这一数值。

车端能量吸收结构的变形特性可用 3D 有限元法计算，但是计算结果还必须要用实验室的挤压试验来进行验证。图 6—26 所示为一动车组司机室端的能量吸收结构的特性曲线，图中曲线 1 是有限元的计算结果，曲线 2 是实验室的实测结果。

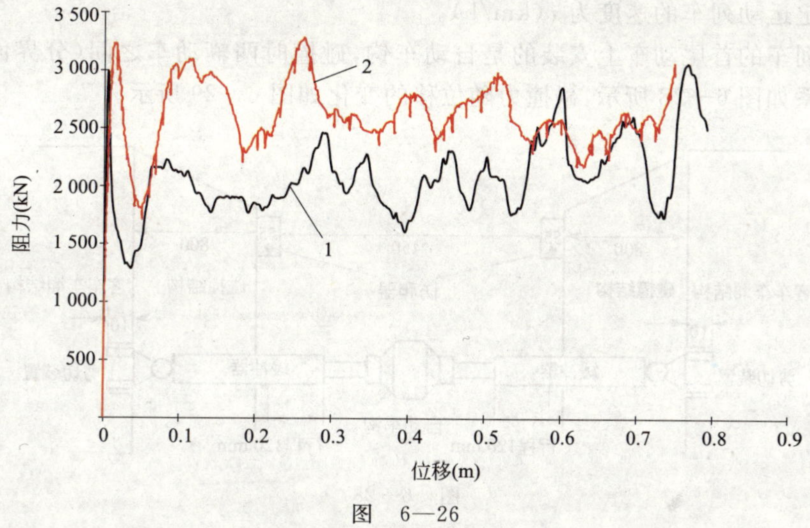

图 6—26

四、列车碰撞时的力和能量计算

列车碰撞时的冲击力和冲击能量计算与第三节列车冲击工况的缓冲器受力分析中所用的方法和过程基本相同，不同点是：

1. 列车碰撞计算时，通常都假定静止车辆处于制动状态，所以要考虑静止车辆上作用的制动外力；

2. 列车碰撞时两节车之间的相对位移大于缓冲器的最大行程，所以必须要按照图 6—25 和图 6—26 所示的阻力曲线来计算车辆与车辆之间的作用力。

现以 4 节车组成的电动车组与另一列相同的列车相撞为例来介绍计算过程，编组如图 6—27 所示。

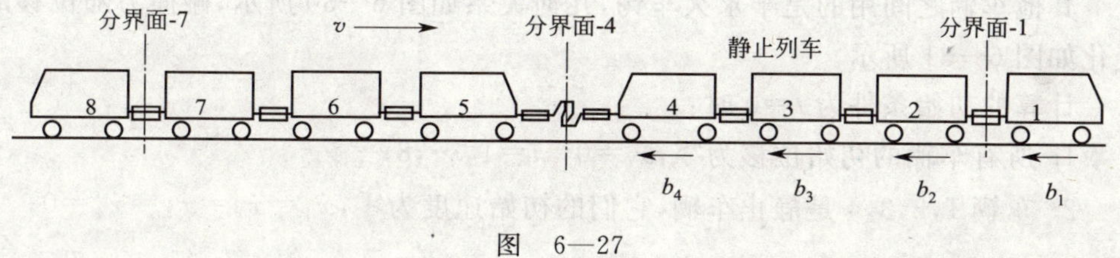

图 6—27

计算中车辆的质量为：

带驾驶室的动车：$M_1=M_4=M_5=M_8=45\ 197$ kg；

拖车：$M_2=M_7=33\ 267$ kg；

普通动车：$M_3=M_6=40\ 580$ kg；

液压缓冲器的最大行程 $d=0.12$ m，静止列车车轮与钢轨之间的滑动摩擦系数为 $\mu=0.2$。

假定运动列车的速度为 v(km/h)。

每列车的首尾动车上安装的是自动车钩，碰撞时两辆动车之间(分界面-4)的几何关系如图 6—28 所示，碰撞力随位移的变化如图 6—29 所示。

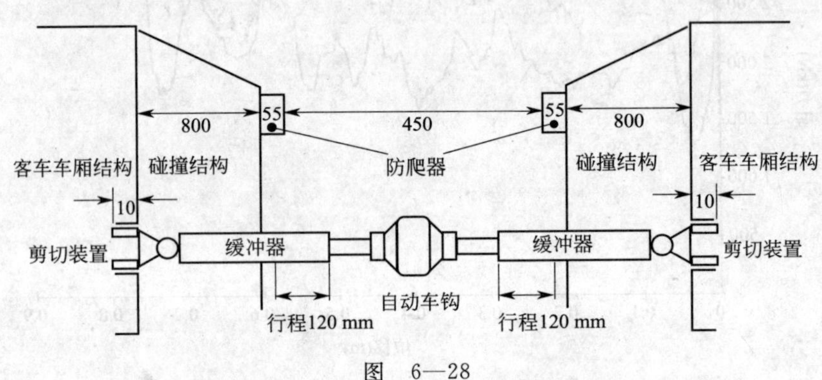

图 6—28

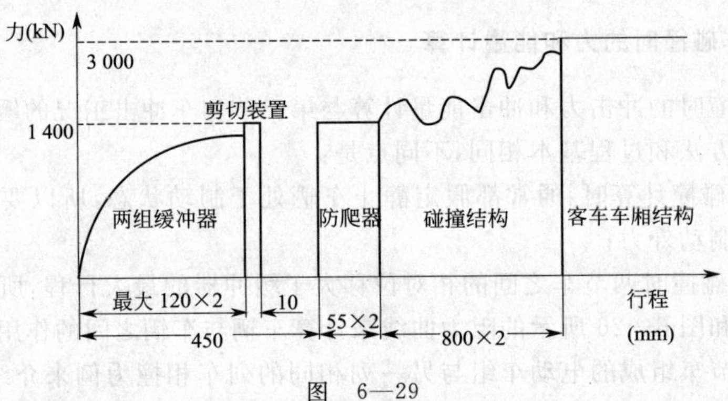

图 6—29

其他车辆之间用的是半永久车钩，几何关系如图 6—30 所示，碰撞力随位移的变化如图 6—31 所示。

计算的初始条件为 $t=0$ 时：

1. 所有车辆的初始位移为零，$x_i=0 \quad i=1,\cdots,8$；

2. 车辆 1,2,3,4 是静止车辆，它们的初始速度为零，$\dot{x}_1=\dot{x}_2=\dot{x}_3=\dot{x}_4=0$；

3. 车辆 5,6,7,8 是运动车辆，它们的初始速度为 $\dot{x}_5=\dot{x}_6=\dot{x}_7=\dot{x}_8=\dfrac{v}{3.6}$；

4. 考虑外力的作用，$F_i=-b_i \quad i=1,\cdots,4$；

$$F_i=0 \qquad i=5,\cdots,8。$$

按与第三节、第四节和第五节中所讲述的步骤，可以求得各分界面处车辆与车辆之间的冲击力和能量吸收。

假定列车的碰撞速度为 25.2 km/h。分界面-4 和分界面-1 的碰撞行程和碰

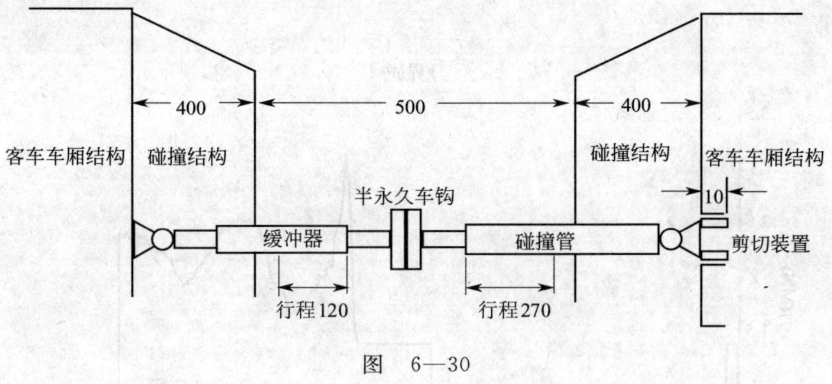

图 6—30

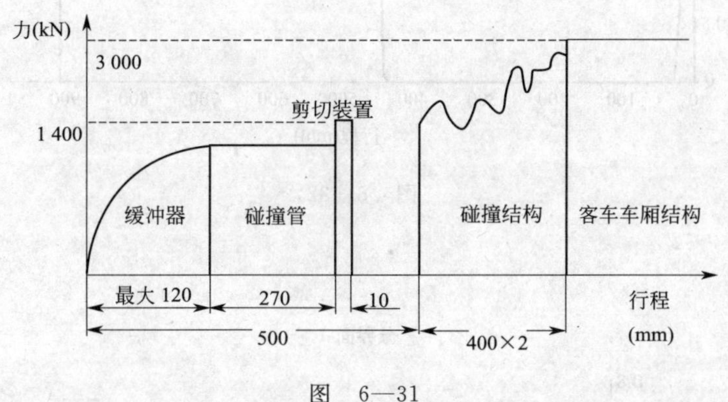

图 6—31

撞力的变化曲线如图 6—32 和图 6—33 所示。从图 6—32 可以看到,分界面-4 的车钩缓冲器在碰撞的一开始就已经与车体脱离,由车体的端部结构变形来吸收碰撞能量。图 6—33 则显示,分界面-1 液压缓冲器还没有到达最大压缩行程(120 mm),并且能看到碰撞后的反弹,缓冲器受到拉伸力的作用。

表 6—3　各分界面的冲击力、行程及碰撞能量

碰撞速度 25.2 km/h			列车动能 4 024.0 kJ			
分界面的序号	分界面的最大冲击力(kN)	分界面的最大行程(mm)	分界面消散的能量		缓冲器脱离	分界面消散的总能量
			(kJ)	(%)		
1	748.2	110.0	57.1	1.42	否	2 163 kJ (53.74%)
2	1 250.0	119.7	93.5	2.32	否	
3	1 300.0	366.8	454.2	11.29	否	
4	3 264.9	913.4	960.9	23.88	脱离	
5	1 300.0	358.8	446.7	11.10	否	
6	1 248.7	119.7	93.4	2.32	否	
7	748.3	109.8	56.8	1.41	否	

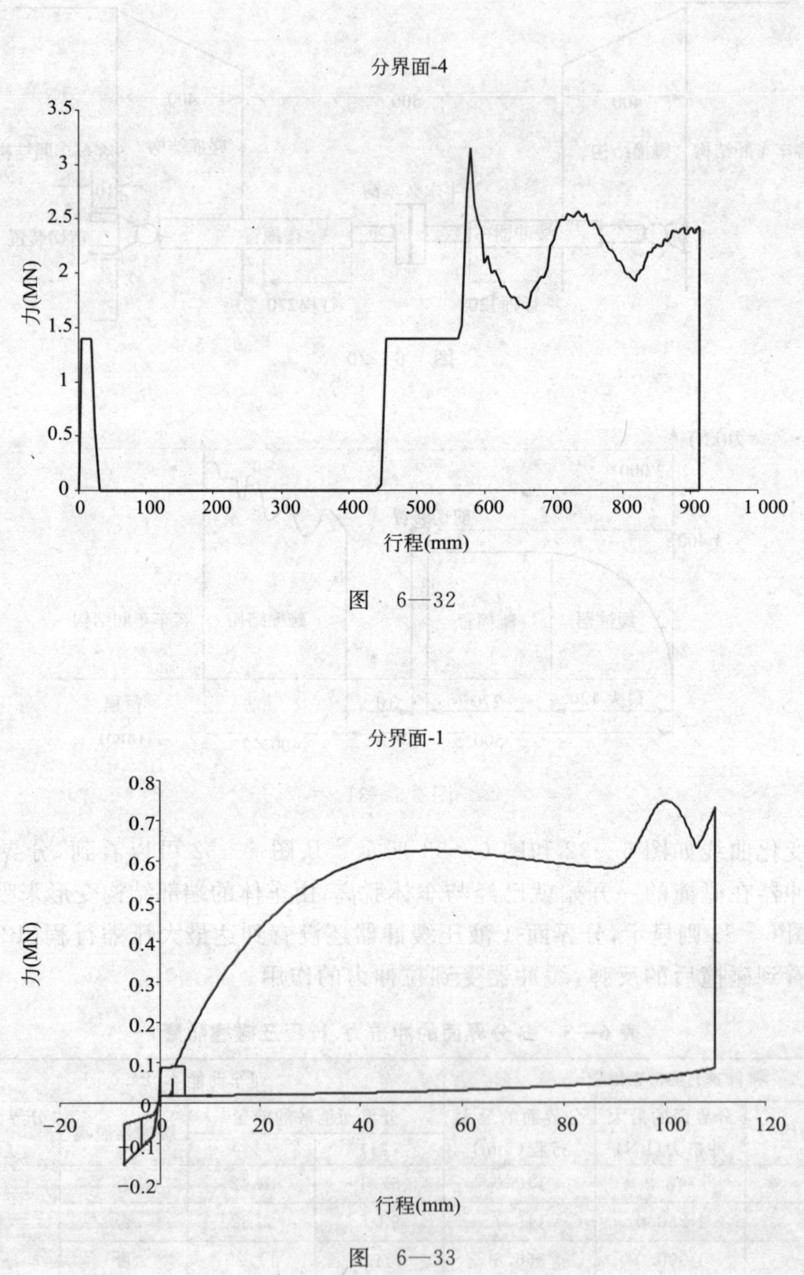

图 6—32

图 6—33

各分界面(车钩)的冲击力和行程以及碰撞能量的吸收如表 6—3 所示。碰撞能量的分布如图 6—34 所示。

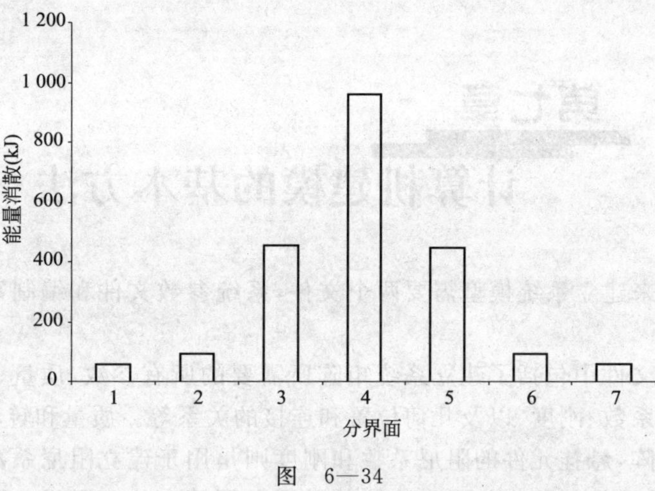

图　6—34

第七章 计算机建模的基本方法

用计算机来建立系统模型需要两个文件，系统参数文件和编制系统模型的执行文件（软件）。

系统参数文件中包括了建立系统矩阵所需要的所有参数，质量、转动惯量、悬挂元件的阻尼系数、刚度、以及几何位置和连接的关系等。质量和转动惯量是要用于建立质量矩阵，悬挂元件的阻尼系数和刚度则是用于建立阻尼系数矩阵和刚度系数矩阵，悬挂元件的几何位置和连接关系则是要用来建立阻尼关联矩阵和刚度关联矩阵。执行文件（软件）取得参数文件所提供的数据后，建立相关的矩阵，再通过简单的矩阵运算，整个系统矩阵就建成了。

系统参数文件一般用“记事本”（Notepad）来编写，“记事本”应用普遍，每个字母的宽度是一样的，便于固定格式的编辑。编制系统模型的执行文件（软件）的源程序通常用“FORTRAN”语言来编写，也有用其他语言或混合语言编写的。

系统参数文件和编制系统模型的执行文件（软件）是配套的。从表面上看，不同的车辆动力学软件对系统参数文件的编制方法、格式和界面的要求似乎都不尽相同，但其实都是大同小异，没有本质差别。现以两轴车为例来介绍一种系统参数文件编制的基本方法及其演变，以及执行软件对参数文件的解读和处理。

图 7—1 所示为一两轴车模型，车体质量为 m_1，前轴（轮对 1）的质量为 m_2，后轴（轮对 2）的质量为 m_3；一系横向刚度和阻尼为 k_1, c_1 和 k_2, c_2；一系垂向刚度和阻尼为 $k_3, c_3, k_4, c_4, k_5, c_5$ 和 k_6, c_6；一系纵向刚度为 k_7, k_8, k_9 和 k_{10}；车辆轴距为 6 m，纵向刚度的横向间距为 2 m，垂向刚度的横向间距也是 2 m，车轮半径为 0.5 m，车体重心高度为 1.5 m。6 个自由度为纵向（X），横向（Y），垂向（Z），绕 X 轴的滚动（T），绕 Y 轴的点头（P），和绕 Z 轴的摇头（W）。

第一节　系统变量赋值

为了便于参数文件的编制以及参数的修改，通常将频繁使用的参数（轴距，心盘距，悬挂元件的横向间距，刚度，阻尼等）用文字变量来定义。系统变量赋值部分的表达格式如下：

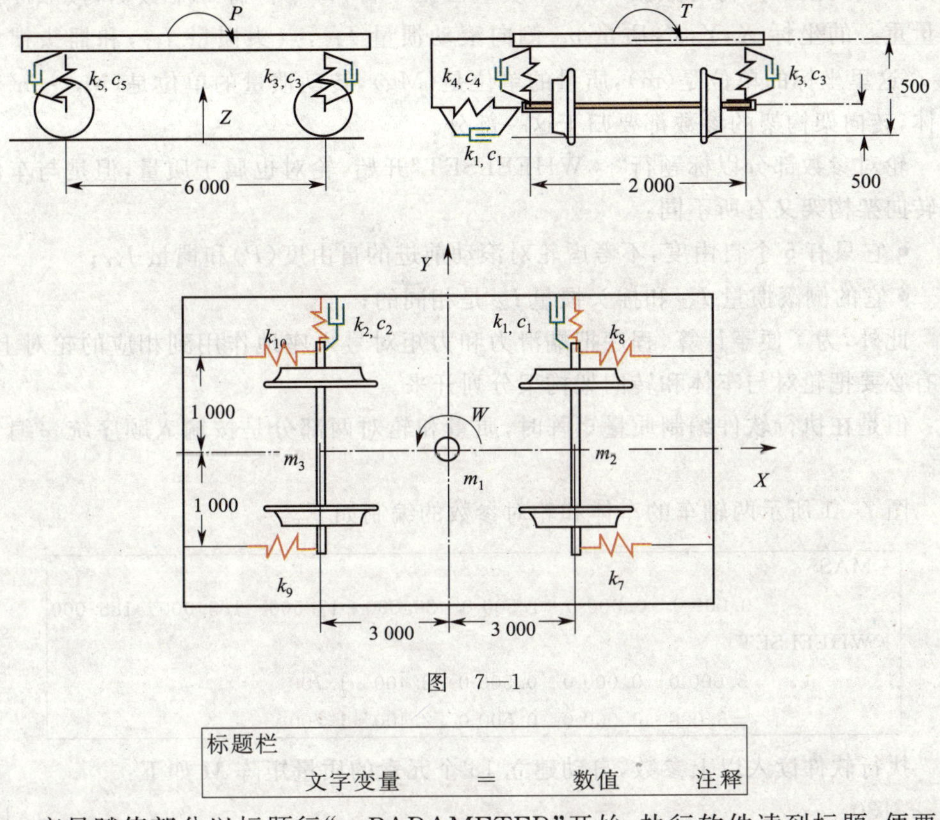

图 7—1

标题栏			
文字变量	=	数值	注释

变量赋值部分以标题行“＊PARAMETER”开始，执行软件读到标题，便要按照变量输入的格式阅读下一行的数据，给文字变量赋值，注释部分则不予输入处理。

变量赋值部分的具体例子如下：

```
＊PARAMETER
        A=3.000 0          轴距之半
        B=1.000 0    一系纵向弹簧横向间距之半
        C=1.000 0    一系垂向弹簧横向间距之半
```

第二节 质量参数和质量矩阵的编制

车体和轮对在参数文件中的表达格式如下：

标题栏						
X坐标	Y坐标	Z坐标	质量 m	滚动惯量 I_{XX}	点头惯量 I_{YY}	摇头惯量 I_{ZZ}

质量参数部分以标题行“＊MASS”开始，执行软件读到标题，便要按照质量输

入的格式阅读下一行的数据，每一个质量占据一行，每一行有 7 个数据，按顺序是质量重心的坐标 X,Y,Z，质量 m，侧向滚动惯量 I_{XX}，点头惯量 I_{YY}，和摇头惯量 I_{ZZ}。这里坐标的单位是(m)，质量的单位是(Mg)，转动惯量的单位是(Mg・m^2)。车体，转向架构架的参数都要归于这一部分。

轮对参数部分以标题行"＊WHEELSET"开始，轮对也属于质量，但是与车体和转向架构架又有所不同：

- 它只有 5 个自由度，不考虑轮对滚动前进的自由度(P)和惯量 I_{YY}；
- 它的侧滚惯量 I_{XX} 和摇头惯量 I_{ZZ} 是相同的；

此外，为了便于计算，程序把蠕滑力和力矩对号入座地作用到相应的轮对上，也有必要把轮对与车体和转向架构架分列开来。

但是在执行软件编制质量矩阵时，质量和轮对两部分是按输入顺序统一编号的。

图 7—1 所示两轴车的车体和轮对参数的编制如下。

```
* MASS
            0.000 0   0.000 0   1.500 0   30.000   17.500   185.000   185.000
* WHEELSET
            3.000 0   0.000 0   0.500 0   2.400   1.700
           -3.000     0.000 0   0.500 0   2.400   1.700
```

执行软件读入以上参数，自动建立 16 个元素的质量矩阵 $\boldsymbol{M}$ 如下：

$$\boldsymbol{M}=\begin{bmatrix}
30 &&&&&&&&&&&&&&& \\
& 30 &&&&&&&&&&&&&& \\
&& 30 &&&&&&&&&&&&& \\
&&& 17.5 &&&&&&&&&&&& \\
&&&& 185 &&&&&&&&&&& \\
&&&&& 185 &&&&&&&&&& \\
&&&&&& 2.4 &&&&&&&&& \\
&&&&&&& 2.4 &&&&&&&& \\
&&&&&&&& 2.4 &&&&&&& \\
&&&&&&&&& 1.7 &&&&&& \\
&&&&&&&&&& 1.7 &&&&& \\
&&&&&&&&&&& 2.4 &&&& \\
&&&&&&&&&&&& 2.4 &&& \\
&&&&&&&&&&&&& 2.4 && \\
&&&&&&&&&&&&&& 1.7 & \\
&&&&&&&&&&&&&&& 1.7
\end{bmatrix}$$

与之对应的系统质量和自由度的编号为：

质量 1-车体						质量 2-轮对 1					质量 3-轮对 2				
1X	1Y	1Z	1T	1P	1W	2X	2Y	2Z	2T	2W	3X	3Y	3Z	3T	3W

第三节　刚度参数和刚度矩阵的编制

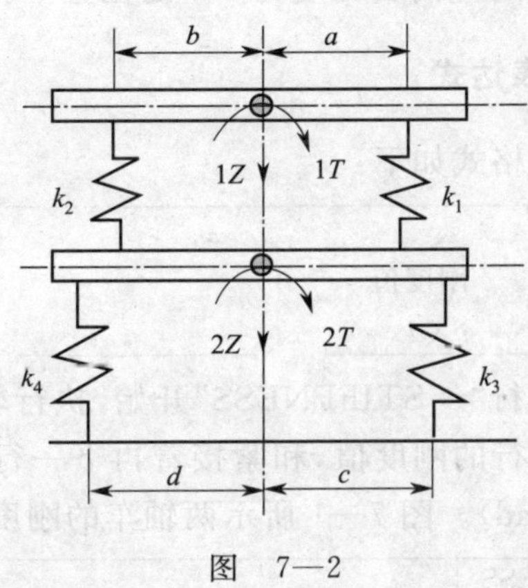

图　7—2

图 7—2 所示系统的刚度关联矩阵用列表的形式可表达，见表 7—1。

表 7—1　刚度关联矩阵

自由度 / 刚度	垂向 1Z	侧滚 1T	垂向 2Z	侧滚 2T
k_1	1	a	-1	$-a$
k_2	1	$-b$	-1	b
k_3	0	0	1	c
k_4	0	0	1	$-d$

在参数文件中的刚度部分，除了要提供每一个刚度元件的数值之外，还必须提供建立刚度关联矩阵所需要的所有信息，也就是每一个刚度元件所对应的刚度关联矩阵元素。参数文件中无法列表，因此要用其他表达方式来表达与自由度一一对应的刚度关联矩阵元素，例如表 7—1 中各刚度的关联矩阵元素可表达为：

```
k1
1Z 1.00   1T 1.00 * a   2Z-1.00   2T-1,00 * a
k2
1Z 1.00   1T-1.00 * b   2Z-1.00   2T 1,00 * b
k3
2Z 1.00 2T 1,00 * c
k4
```

2Z 1.00 2T-1,00 * d

上述表达关联矩阵元素的基本形式为：

$$nXd$$

式中，n 是质量的编号，X 代表自由度，d 是对应的刚度关联矩阵元素。可以看到，这种表达形式是把自由度和关联矩阵元素组合在一起，执行软件可以很方便地把关联矩阵元素 d 送到对应的自由度为 nX 的位置上。

一、刚度参数的关联表达式

刚度参数的关联表达格式如下：

```
标题栏
        刚度值
        nXd      …      …      nXd
```

刚度参数部分以标题行"＊STIFFNESS"开始，执行软件读到标题，便要按照刚度输入的格式阅读下一行的刚度值，和紧接着再下一行的关联矩阵值。刚度的单位是(MN/m)(MNm/rad)。图 7—1 所示两轴车的刚度参数部分可表达为：

```
* STIFFNESS
* * 横向刚度
    0.400 0
    1Y-1.00   2Y 1.00   1T-1.00   1W-3.00
    0.400 0
    1Y-1.00   3Y 1.00   1T-1.00   1W 300
* * 垂向刚度
    1.000 0
    1Z-1.00   2Z 1.00   1T 1.00   2T-1.00   1P 3.00
    1.000 0
    1Z-1.00   2Z 1.00   1T-1.00   2T 1.00   1P 3.00
    1.000 0
    1Z-1.00   3Z 1.00   1T 1.00   3T-1.00   1P-3.00
    1.000 0
    1Z-1.00   3Z 1.00   1T-1.00   3T 1.00   1P-3.00
* * 纵向刚度
    2.350 0
    1X-1.00   2X 1.00   1P 1.00   1W-1.00   2W 1.00
    2.350 0
    1X-1.00   2X 1.00   1P 1.00   1W 1.00   2W-1.00
    2.350 0
    1X 1.00   3X-1.00   1P-1.00   1W 1.00   3W-1.00
    2.350 0
    1X 1.00   3X-1.00   1P-1.00   1W-1.00   3W 1.00
```

以＊＊为开始的为注释行，执行软件自行跳过，阅读下一行。执行软件读入以上参数，首先将依次读到的刚度值自动建立 10 个对角元素的刚度系数矩阵 k，和 10×16 个元素的刚度关联矩阵 T_k 如下，为了便于读者对照，这里把关联矩阵中每一列所代表的自由度列在关联矩阵的上方位置上。

$$
\boldsymbol{k}=\begin{bmatrix}
0.4 & & & & & & & & & \\
 & 0.4 & & & & & & & & \\
 & & 1.0 & & & & & & & \\
 & & & 1.0 & & & & & & \\
 & & & & 1.0 & & & & & \\
 & & & & & 1.0 & & & & \\
 & & & & & & 2.35 & & & \\
 & & & & & & & 2.35 & & \\
 & & & & & & & & 2.35 & \\
 & & & & & & & & & 2.35
\end{bmatrix}
$$

$$
\begin{array}{cccccccccccccccc}
1X & 1Y & 1Z & 1T & 1P & 1W & 2X & 2Y & 2Z & 2T & 2W & 3X & 3Y & 3Z & 3T & 3W
\end{array}
$$

$$
\boldsymbol{T}_k=\begin{bmatrix}
0 & -1 & 0 & -1 & 0 & -3 & 0 & 1 & 0 & 0 & 0 & 0 & 0 & 0 & 0 & 0 \\
0 & -1 & 0 & -1 & 0 & 3 & 0 & 0 & 0 & 0 & 0 & 0 & 1 & 0 & 0 & 0 \\
0 & 0 & -1 & 1 & 3 & 0 & 0 & 0 & 1 & -1 & 0 & 0 & 0 & 0 & 0 & 0 \\
0 & 0 & -1 & -1 & 3 & 0 & 0 & 0 & 1 & 1 & 0 & 0 & 0 & 0 & 0 & 0 \\
0 & 0 & -1 & 1 & -3 & 0 & 0 & 0 & 0 & 0 & 0 & 0 & 0 & 1 & -1 & 0 \\
0 & 0 & -1 & -1 & -3 & 0 & 0 & 0 & 0 & 0 & 0 & 0 & 0 & 1 & 1 & 0 \\
-1 & 0 & 0 & 0 & 1 & -1 & 1 & 0 & 0 & 0 & 1 & 0 & 0 & 0 & 0 & 0 \\
-1 & 0 & 0 & 0 & 1 & 1 & 1 & 0 & 0 & 0 & -1 & 0 & 0 & 0 & 0 & 0 \\
1 & 0 & 0 & 0 & -1 & 1 & 0 & 0 & 0 & 0 & 0 & -1 & 0 & 0 & 0 & -1 \\
1 & 0 & 0 & 0 & -1 & -1 & 0 & 0 & 0 & 0 & 0 & -1 & 0 & 0 & 0 & 1
\end{bmatrix}
$$

有了刚度系数矩阵和刚度关联矩阵，系统的刚度矩阵 K 也就可以方便地求得：

$$
\boldsymbol{K}=\boldsymbol{T}_k^{\mathrm{T}}\cdot\boldsymbol{k}\cdot\boldsymbol{T}_k
$$

刚度参数的关联表达式是一种最基本的、直接显示的表达方式，它把关联矩阵元素 d 和所对应的自由度 nX 直接表达出来，对于执行软件来说，很方便地就可把关联矩阵元素 d 送到对应的自由度为 nX 的位置上。但是对于刚度参数文件的编制者来讲，还是会感到有一定的难度和复杂性，尤其是在编制自由度比较多的复杂系统时，容易出错。这样就引出了刚度参数的另一种表达式：连接位置表达式。

二、刚度参数的连接位置表达式

刚度参数的位置表达格式如下：

```
标题栏
        刚度值
            端部 1-X 坐标   端部 1-Y 坐标   端部 1-Z 坐标   端部 1-质量编号
            端部 2-X 坐标   端部 2-Y 坐标   端部 2-Z 坐标   端部 2-质量编号
```

刚度参数部分还是以标题行“ * STIFFNESS”开始，执行软件读到标题，便要按照刚度输入的格式阅读下一行的刚度值，和紧接着下面两行的元件端部的坐标值，以及所连接的质量编号。位置坐标的单位是(m)。图 7—1 所示两轴车的刚度参数部分用连接位置表达式可表达为：

```
* STIFFNESS
* * 横向刚度
            0.400
            3.000     0.200   0.500   1
            3.000    -0.200   0.500   2
            0.400
           -3.000     0.200   0.500   1
           -3.000    -0.200   0.500   3
* * 垂向刚度
            1.000
            3.000    -1.000   0.800   1
            3.000    -1.000   0.400   2
            1.000
            3.000     1.000   0.800   1
            3.000     1.000   0.400   2
            1.000
           -3.000    -1.000   0.800   1
           -3.000    -1.000   0.400   3
            1.000
           -3.000     1.000   0.800   1
           -3.000     1.000   0.400   3
* * 纵向刚度
            2.350
            3.15    -1.000   0.500   1
            3.05    -1.000   0.500   2
            2.350
            3.15     1.000   0.500   1
            3.05     1.000   0.500   2
            2.350
           -3.15    -1.000   0.500   1
           -3.05    -1.000   0.500   3
            2.350
           -3.15     1.000   0.500   1
           -3.05     1.000   0.500   3
```

显而易见，对于刚度参数文件的编制者来讲，这种方法不单是简单方便，而且便于校核检查。尤其是在悬挂元件本身是倾斜连接或是空间连接的情况下，用连接位置表达式显得尤为方便。只是这种方法所提供的数据没法直接用于构建刚度关联矩阵，执行软件在读入位置参数后，还需经过计算，把位置参数转换成刚度关联矩阵的元素,再组建刚度关联矩阵。这是一种隐式的或称间接式的表达方式,但是用软件来计算关联矩阵元素,要比人工计算快捷和可靠得多。

并不是所有的悬挂元件都可以用连接位置表达式来表示,例如现代客车上广泛使用的抗侧滚扭杆,还必须要用前面所讲的关联表达式来表示。例如:

```
* * 二系扭杆
                          1.500 0
            1T 1.00                2T-1.00
                          1.500 0
            1T 1.00                3T-1.00
```

三、换算公式

把刚度元件的连接位置信息转换成刚度关联矩阵元素,需要结合所连接的质量的位置,进行简单的计算。设 *X*1,*Y*1,*Z*1 为刚度元件端部 1 的坐标,*XG*1,*YG*1,*ZG*1 为端部 1 所连接的质量的重心坐标,*X*2,*Y*2,*Z*2 为刚度元件端部 2 的坐标,*XG*2,*YG*2,*ZG*2 为端部 2 所连接的质量的重心坐标,计算步骤如下:

```
c calculations
c
  DX=X1-X2
  DY=Y1-Y2
  DZ=Z1-Z2
C
  XL1=X1-XG1
  XL2=X2-XG2
  YL1=Y1-YG1
  YL2=Y2-YG2
  ZL1=Z1-ZG1
  ZL2=Z2-ZG2
C
  L=SQRT(DX*DZ+DY*DY+DZ*DZ)
C
  C1=-DX/L          ! 关联矩阵 n1-X 元素
  D1=DX/L           ! 关联矩阵 n2-X 元素
C
  C2=-DY/L          ! 关联矩阵 n1-Y 元素
  D2=DY/L           ! 关联矩阵 n2-Y 元素
```

```
C
   C3=-DZ/L                                  ! 关联矩阵 n1-Z 元素
   D3=DZ/L                                   ! 关联矩阵 n2-Z 元素
C
   Ct=ZL1*DY/L-YL1*DZ/L                      ! 关联矩阵 n1-T 元素
   Dt=-ZL2*DY/L+YL2*DZ/L                     ! 关联矩阵 n2-T 元素
C
   Cp=XL1*DZ/L-ZL1*DX/L                      ! 关联矩阵 n1-P 元素
   Dp=-XL2*DZ/L+ZL2*DX/L                     ! 关联矩阵 n2-P 元素
C
   Cw=-XL1*DY/L+YL1*DX/L                     ! 关联矩阵 n1-W 元素
   Dw=XL2*DY/L-YL2*DX/L                      ! 关联矩阵 n2-W 元素
C
```

执行软件在读入刚度元件连接位置坐标和连接质量的编号后，找到连接质量的重心坐标，进行上述计算，再把结果送到刚度关联矩阵的相应位置上。

第四节 阻尼参数和阻尼矩阵的编制

参数文件中阻尼参数的表达方式和刚度参数一样，也有两种不同的表达方式，关联表达方式和连接位置表达方式，阻尼参数的位置表达格式如下：

```
标题栏
        阻尼值          (卸载力)          (串联刚度)
    端部 1-X 坐标    端部 1-Y 坐标    端部 1-Z 坐标    端部 1-质量编号
    端部 2-X 坐标    端部 2-Y 坐标    端部 2-Z 坐标    端部 2-质量编号
```

阻尼参数部分还是以标题行“*DAMPING”开始，执行软件读到标题，便要按照刚度输入的格式阅读下一行的阻尼值、卸载力、串联刚度和紧接着下面两行的元件端部的坐标值，以及所连接的质量编号。表中卸载力和串联刚度是可选项。阻尼的单位是(MNs/m)(MNms/rad)，卸载力的单位是(kN)，串联刚度的单位是(MN/m)。图 7—1 所示两轴车的阻尼参数部分用连接位置表达式可表达为：

```
*DAMPING
**横向阻尼
        0.047
        3.000      0.200   0.500   1
        3.000     -0.200   0.500   2
```

```
        0.047
       −3.000    0.200   0.500  1
       −3.000   −0.200   0.500  3
**垂向阻尼
        0.060
        3.000   −1.000   0.800  1
        3.000   −1.000   0.400  2
        0.060
        3.000    1.000   0.800  1
        3.000    1.000   0.400  2
        0.060
       −3.000   −1.000   0.800  1
       −3.000   −1.000   0.400  3
        0.060
       −3.000    1.000   0.800  1
       −3.000    1.000   0.400  3
```

执行软件读入以上参数，首先将依次读到的阻尼值自动建立 6 个对角元素的阻尼系数矩阵 $\boldsymbol{c}$：

$$\boldsymbol{c}=\begin{bmatrix} 0.047 & & & & & \\ & 0.047 & & & & \\ & & 0.06 & & & \\ & & & 0.06 & & \\ & & & & 0.06 & \\ & & & & & 0.06 \end{bmatrix}$$

执行软件在读入阻尼元件连接位置坐标和连接质量的编号后，找到连接质量的重心坐标，进行计算，再把结果送到阻尼关联矩阵的相应位置上。最终的 6×16 个元素的阻尼关联矩阵 $\boldsymbol{T}_c$ 如下：

$$\boldsymbol{T}_c=\begin{bmatrix} 0 & -1 & 0 & -1 & 0 & -3 & 0 & 1 & 0 & 0 & 0 & 0 & 0 & 0 & 0 & 0 \\ 0 & -1 & 0 & -1 & 0 & 3 & 0 & 0 & 0 & 0 & 0 & 0 & 1 & 0 & 0 & 0 \\ 0 & 0 & -1 & 1 & 3 & 0 & 0 & 0 & 1 & -1 & 0 & 0 & 0 & 0 & 0 & 0 \\ 0 & 0 & -1 & -1 & 3 & 0 & 0 & 0 & 1 & 1 & 0 & 0 & 0 & 0 & 0 & 0 \\ 0 & 0 & -1 & 1 & -3 & 0 & 0 & 0 & 0 & 0 & 0 & 0 & 0 & 1 & -1 & 0 \\ 0 & 0 & -1 & -1 & -3 & 0 & 0 & 0 & 0 & 0 & 0 & 0 & 0 & 1 & 1 & 0 \end{bmatrix}$$

有了阻尼系数矩阵和阻尼关联矩阵，系统的阻尼矩阵 $\boldsymbol{C}$ 也就可以方便地求得：

$$\boldsymbol{C}=\boldsymbol{T}_c^{\mathrm{T}}\cdot\boldsymbol{c}\cdot\boldsymbol{T}_c$$

第五节 参数文件编制举例

```
** 250 km/h high speed coach
*PARAMETER
        A= 1.2500    Bogie semi-wheelbase (m)
        B= 8.3000    Bogie semi-pivot spacing (m)
        C= 0.9400    Lat. semi-spacing of sec. vert. springs (m)
        D= 1.0000    Lat. semi-spacing of pri. vert. springs (m)
        E= 1.1000    Body height - sec. lat. spring height  (m)
        F= 0.2500    Sec. lat. spring height - bogie height  (m)
        G= 0.0350    Bogie height - pri. lat spring height  (m)
        H= 0.0050    Pri. lat. spring height - axle height  (m)
        I= 0.9400    Lat. semi-spacing of sec. vert. dampers (m)
        J= 1.0000    Lat. semi-spacing of pri. vert. dampers (m)
        K= 1.2500    Body height - sec. lat. damper height  (m)
        L= 0.1000    Sec. lat. damper height - bogie height  (m)
        M= 1.0000    Lat. semi-spacing of pri. vert. bumpstops (m)
        N= 1.4600    Body C-o-G to Traction Linkage (vertical) (m)
        O= 0.1100    Bogie C-o-G to Traction Linkage (vertical) (m)
        Q= 0.0400    G + H
        U= 0.9400    Lat. semi-spacing of sec. vert. bumps. (m)
        W= 1.2700    Body height - sec. lat. bumps. height  (m)
        X= 0.0800    Sec. lat. bumps. height - bogie height (m)
        Y= 0.3000    Prim. Vert. Damper to Axle Ctr. (longitudinal) (m)
*MASS
          0.000    0.000    1.850   32.688   47.007  1797.307  1797.307
           B       0.000    0.500    2.600    1.130     1.138     2.150
          -B       0.000    0.500    2.600    1.130     1.138     2.150
*WHEEL
**         X      Y      Z     Mass   Roll+Yaw I  A'box Pitch I.
          A+B    0.0   0.460   1.800   0.925       0.0000
         -A+B    0.0   0.460   1.800   0.925       0.0000
          A-B    0.0   0.460   1.800   0.925       0.0000
         -A-B    0.0   0.460   1.800   0.925       0.0000
*STIFFNESS
**  PRIMARY LATERAL
```

```
      9.4110
   4Y 1.00  2Y -1.00  2W -1.00*A  2T 1.00*G  4T 1.00*H
      9.4110
   5Y 1.00  2Y -1.00  2W  1.00*A  2T 1.00*G  5T 1.00*H
      9.4110
   6Y 1.00  3Y -1.00  3W -1.00*A   3T 1.00*G 6T 1.00*H
      9.4110
   7Y 1.00  3Y -1.00  3W  1.00*A  3T 1.00*G  7T 1.00*H
** PRIMARY VERTICAL
      1.0000
   4Z 1.00  2Z -1.00  2P  1.00*A  2T 1.00*D  4T -1.00*D
      1.0000
   4Z 1.00  2Z -1.00  2P  1.00*A  2T-1.00*D  4T  1.00*D
      1.0000
   5Z 1.00  2Z -1.00  2P -1.00*A  2T 1.00*D  5T -1.00*D
      1.0000
   5Z 1.00  2Z -1.00  2P -1.00*A  2T-1.00*D  5T  1.00*D
      1.0000
   6Z 1.00  3Z -1.00  3P  1.00*A  3T 1.00*D  6T -1.00*D
      1.0000
   6Z 1.00  3Z -1.00  3P  1.00*A  3T-1.00*D  6T  1.00*D
      1.0000
   7Z 1.00  3Z -1.00  3P -1.00*A  3T 1.00*D  7T -1.00*D
      1.0000
   7Z 1.00  3Z -1.00  3P -1.00*A  3T-1.00*D  7T  1.00*D
** PRIMARY LONGITUDINAL
      30.000
   4X  1.00  2X -1.00  2P -1.00*Q  2W -1.00*D  4W  1.00*D
      30.000
   4X  1.00  2X -1.00  2P -1.00*Q  2W  1.00*D  4W -1.00*D
      30.000
   5X -1.00  2X  1.00  2P  1.00*Q  2W  1.00*D  5W -1.00*D
      30.000
   5X -1.00  2X  1.00  2P  1.00*Q  2W -1.00*D  5W  1.00*D
      30.000
   6X  1.00  3X -1.00  3P -1.00*Q  3W -1.00*D  6W  1.00*D
      30.000
```

```
        6X  1.00   3X -1.00   3P-1.00*Q   3W   1.00*D   6W -1.00*D
          30.000
        7X -1.00  3X  1.00  3P  1.00*Q  3W  1.00*D  7W -1.00*D
          30.000
        7X -1.00  3X  1.00  3P  1.00*Q  3W -1.00*D  7W  1.00*D
** SECONDARY LATERAL
          0.2300
        1Y 1.00   2Y-1.00   1W 1.00*B 1T-1.00*E 2T-1.00*F
          0.2300
        1Y 1.00    3Y-1.00     1W-1.00*B 1T-1.00*E 3T-1.00*F
 ** SECONDARY VERTICAL
          0.4840
        1Z-1.00 2Z 1.00 1P 1.00*B 1T 1.00*C 2T-1.00*C
          0.4840
        1Z-1.00 2Z 1.00 1P 1.00*B 1T-1.00*C 2T 1.00*C
        0.4840
        1Z-1.00 3Z 1.00 1P-1.00*B 1T 1.00*C 3T-1.00*C
          0.4840
        1Z-1.00 3Z 1.00 1P-1.00*B 1T-1.00*C 3T 1.00*C
 ** SECONDARY ROLL
          0.9000
        1T 1.00    2T-1.00
          0.9000
        1T 1.00    3T-1.00
 ** SECONDARY YAW
          0.2000
        1W 1.00    2W-1.00
          0.2000
        1W 1.00    3W-1.00
 ** TRACTION LINKAGE
         1.000
        1X 1.00    2X-1.00    1P 1.00*N   2P -1.00*O
         1.000
        1X -1.00  3X  1.00  1P -1.0*N  3P  1.00*O
 ** BODY GROUNDING STIFFNESS
          0.010
        1X 1.00
 *DAMPING
 ** PRIMARY VERTICAL
          0.0306   0.00   7.10
```

```
      4Z 1.00  2Z -1.00  2P  1.00*A  2T 1.00*D  4T -1.00*D
        0.0306   0.00   7.10
      4Z 1.00  2Z -1.00  2P  1.00*A  2T-1.00*D  4T  1.00*D
        0.0306   0.00   7.10
      5Z 1.00  2Z -1.00  2P -1.00*A  2T 1.00*D  5T -1.00*D
        0.0306   0.00   7.10
      5Z 1.00  2Z -1.00  2P -1.00*A  2T-1.00*D  5T  1.00*D
        0.0306   0.00   7.10
      6Z 1.00  3Z -1.00  3P  1.00*A  3T 1.00*D  6T -1.00*D
        0.0306   0.00   7.10
      6Z 1.00  3Z -1.00  3P  1.00*A  3T-1.00*D  6T  1.00*D
        0.0306   0.00   7.10
      7Z 1.00  3Z -1.00  3P -1.00*A  3T 1.00*D  7T -1.00*D
        0.0306   0.00   7.10
      7Z 1.00  3Z -1.00  3P -1.00*A  3T-1.00*D  7T  1.00*D
** SECONDARY LATERAL
        0.0175    0.0000    5.4000
         8.580     0.076     0.565   1
         8.580    -0.388     0.522   2
        0.0175    0.0000    5.4000
         8.020    -0.076     0.565   1
         8.020     0.388     0.522   2
        0.0175    0.0000    5.4000
        -8.020     0.076     0.565   1
        -8.020    -0.388     0.522   3
        0.0175    0.0000    5.4000
        -8.580    -0.076     0.565   1
        -8.580     0.388     0.522   3
** SECONDARY VERTICAL
** Sec. vert. damping comes from an orifice in the air suspension
** Equivalent rate, series stiffness used
        0.0270    0.0000    0.6500
          B        -I       0.910   1
          B        -I       0.410   2
        0.0270    0.0000    0.6500
          B         I       0.910   1
          B         I       0.410   2
```

```
        0.0270   0.0000   0.6500
         -B       -I       0.910    1
         -B       -I       0.410    3
        0.0270   0.0000   0.6500
         -B        I       0.910    1
         -B        I       0.410    3
**
** SECONDARY YAW
        0.2954   7.8000   5.9500
         8.004   -1.230    0.644    1
         8.840   -1.270    0.537    2
**
        0.2954   7.8000   5.9500
         8.004    1.230    0.644    1
         8.840    1.270    0.537    2
**
        0.2954   7.8000   5.9500
        -8.004   -1.230    0.644    1
        -8.840   -1.270    0.537    3
**
        0.2954   7.8000   5.9500
        -8.004    1.230    0.644    1
        -8.840    1.270    0.537    3
**
** TRACTION LINK DAMPING
         0.005
      1X 1.00   2X -1.00  1P 1.00*N  2P -1.00*O
         0.005
      1X -1.00  3X  1.00  1P -1.0*N  3P  1.00*O
** BODY GROUNDING DAMPING
         0.018
      1X 1.00
*BUMPSTOPS
** PRIMARY VERTICAL
        0.0 32.5  33.0
        0.0  0.0 500.0
      2Z 1.00  4Z-1.00   2P-1.00*A 2T-1.00*M 4T 1.00*M
```

```
 0.0 32.5  33.0
 0.0  0.0 500.0
2Z 1.00  4Z-1.00   2P-1.00*A 2T 1.00*M 4T-1.00*M
 0.0 32.5  33.0
 0.0  0.0 500.0
2Z 1.00  5Z-1.00   2P 1.00*A 2T-1.00*M 5T 1.00*M
 0.0 32.5  33.0
 0.0  0.0 500.0
2Z 1.00  5Z-1.00   2P 1.00*A 2T 1.00*M 5T-1.00*M
 0.0 32.5  33.0
 0.0  0.0 500.0
3Z 1.00  6Z-1.00   3P-1.00*A 3T-1.00*M 6T 1.00*M
 0.0 32.5  33.0
 0.0  0.0 500.0
3Z 1.00  6Z-1.00   3P-1.00*A 3T 1.00*M 6T-1.00*M
 0.0 32.5  33.0
 0.0  0.0 500.0
3Z 1.00  7Z-1.00   3P 1.00*A 3T-1.00*M 7T 1.00*M
 0.0 32.5  33.0
 0.0  0.0 500.0
3Z 1.00  7Z-1.00   3P 1.00*A 3T-1.00*M 7T 1.00*M
** SECONDARY LATERAL
 0.0 22.0 32.0 42.0 52.0 62.0
 0.0  0.0 3.60 9.40 18.4 35.2
1Y 1.00   2Y-1.00   1W 1.00*B 1T-1.00*W 2T-1.00*X
 0.0 22.0 32.0 42.0 52.0 62.0
 0.0  0.0 3.60 9.40 18.4 35.2
1Y 1.00   3Y-1.00   1W-1.00*B 1T-1.00*W 3T-1.00*X
** SECONDARY VERTICAL
 0.0 31.5 32.0
 0.0  0.0 100.
1Z-1.00  2Z 1.00 1P 1.00*B 1T 1.00*U 2T-1.00*U 1M
 0.0 31.5 32.0
 0.0  0.0 100.
1Z-1.00  2Z 1.00 1P 1.00*B 1T-1.00*U 2T 1.00*U 1M
 0.0 31.5 32.0
 0.0  0.0 100.
```

```
1Z-1.00  3Z 1.00 1P-1.00*B 1T 1.00*U 3T-1.00*U 1M
 0.0 31.5 32.0
 0.0  0.0 100.
1Z-1.00  3Z 1.00 1P-1.00*B 1T-1.00*U 3T 1.00*U 1M
```

上面是一高速客车的参数文件，几点说明如下：

1. 车辆模型在纵向没有约束，有必要人为地设立车体的纵向接地刚度和阻尼予以约束，这样也有助于在准静态计算中求解刚度矩阵的逆矩阵。

2. 在阻尼参数部分采用关联表达式和位置表达式混合编制，二系横向减振器和抗摇头减振器的安装位置都是三维立体的，用位置表达式就显得比较方便。

3. 例中的阻尼参数由三部分组成，它的输入格式为：

阻尼值(MN·s/m)　　卸载力(kN)　　串联刚度(MN/m)

例如抗摇头减振器的阻尼参数为：

0.295 4　7.800 0　5.950 0

同时规定：如果阻尼参数中的卸载力为 0.00，表明对阻尼力不设限制，卸载力为无穷大，在编制和阅读阻尼参数时需要加以注意，例如二系横向减振器的阻尼参数为：

0.017 5　0.000 0　5.400 0

有关串联刚度和卸载力的概念和计算方法，请参阅书后参考文献。

4. 止挡的关联表达格式如下：

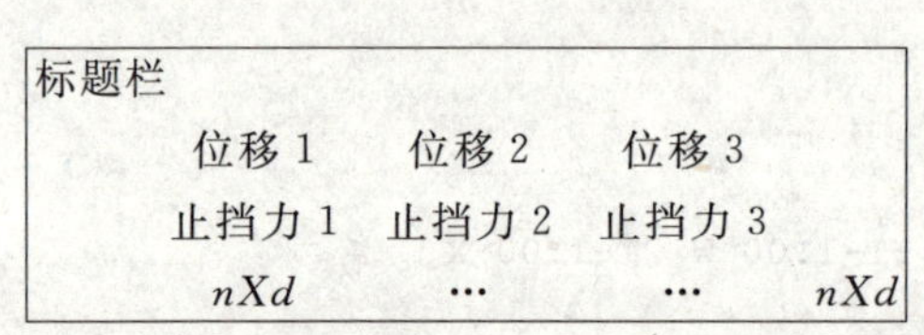

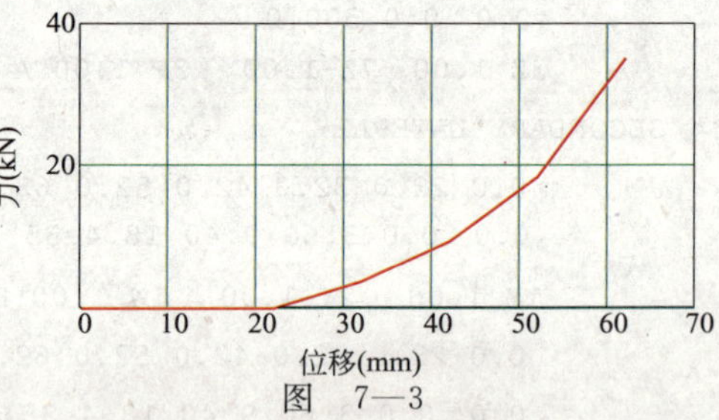

图　7—3

止挡参数部分以标题行"＊BUMPSTOP"开始，执行软件读到标题，便要按照止挡输入的格式阅读下一行的位移值和对应的止挡力的数值，以及紧接着再下一行的关联矩阵值。位移的单位是(mm)，力的单位是(kN)

如二系横向：

0.0　22.0　32.0　42.0　52.0　62.0

0.0　0.0　3.60　9.40　18.4　35.2

1Y 1.00　2Y-1.00　1W 1.00＊B　1T-1.00＊W　2T-1.00＊X

止挡特性如图 7—3 所示。

5. 文件最后的"＊"表明车辆 参数文件的结束。

参考文献

[1] 孙竹生.内燃机车总体及机车走行部[M].北京:中国铁道出版社,1984.

[2] 鲍维千.内燃机车总体及走行部[M].北京:中国铁道出版社,2004.

[3] 王福天.车辆系统动力学[M].北京:中国铁道出版社,1994.

[4] 谭浩强,田淑清.FORTRAN 语言[M].北京:清华大学出版社,1981.

[5] 陆冠东.机车轴重转移和理想牵引高度的计算与分析[J].内燃机车,1986(11):20-25.

[6] 陆冠东.机车悬挂弹簧载荷分析[J].内燃机车,1988(8):1-5.

[7] 陆冠东.吕映华.机车轴重调整的计算与分析[J].内燃机车,1988(7):1-6.

[8] 陆冠东.ND_5 型机车的轴重转移问题[J].内燃机车,1987(4):28-31.

[9] 余业宏,陆冠东,龚积球,等.两轴模型车蛇行运动的试验研究[J].上海铁道学院学报,1983,4(2):85-101.

[10] 陆冠东.两轴模型车蛇行运动基本规律研究[D].上海:上海铁道学院,1981.

[11] 陆冠东.抗蛇行减振器在高速列车上的应用[J].铁道车辆,2006(8):6-8.

[12] 陆冠东.串联刚度对液压减振器特性的影响[J].铁道车辆,2007(2):1-4.

[13] 陆冠东.铁道车辆的耐碰撞性设计[J].铁道车辆,2007(10):1-5.

[14] 陆冠东.高速列车的稳定性分析方法[J].铁道车辆,2008(1):6-10.

[15] 陆冠东,徐荣华.脱轨安全分析与线路扭曲[J].铁道车辆,2008(7):1-4.

[16] G. Lu. Energy Absorption Requirement for Crashworthy Vehicles[J]. Proceedings of the Institution of Mechanical Engineers, Part F, Journal of Rail and Rapid Transit, 2002, Vol. 216 (F1):31-39.

[17] G. Lu. Collision Behaviour of Crashworthy Vehicles in Rakes[J]. Proceedings of the Institution of Mechanical Engineers, Part F, Journal of Rail and Rapid Transit, 1999, Vol. 213 (F3):143-160.

[18] G. Lu, K. F. Gill. Track-Transmission System Dynamic Analysis[J]. Proceedings of the Institution of Mechanical Engineers, Part F, Journal of Rail and Rapid Transit, 1993, Vol. 207 (F2):99-113.

[19] G. Lu. Improvement of the Dynamic Behaviour of Rail Vehicles[D]. The University of Leeds, 1992.

[20] G. Lu, R. S. Sharp. A Simulation Study of Some Starting Behaviour Problems of Diesel Hydraulic Locomotives[J]. Proceedings of the Institution of Mechanical Engineers, Part F, Journal of Rail and Rapid Transit, 1990, Vol. 204 (F2):81-90.

[21] G. Lu, R. S. Sharp. Modelling and Simulation of the Wheelspin and Gear Loading Processes of A Locomotive During Starting[J]. Proceedings of the Institution of Mechanical En-

gineers, Part F, Journal of Rail and Rapid Transit, 1990, Vol. 204 (F1):63-74.

[22] D. J. Hatter. Matrix Computer Methods of Vibration Analysis[M]. Butterworth & Co (Publishers) Ltd, 1973.

[23] V. K. Garg, R. V. Dukkipati. DYNAMICS OF RAILWAY VEHICLE SYSTEMS[M]. ACADEMIC PRESS, 1984.

[24] VAMPIRE User Manual. AEATECHNOLOGY/RAIL, 1999.